collection eupalinos

série ARCHITECTURE ET URBANISME

David Mangin
Philippe Panerai

Projet urbain

Éditions Parenthèses

Remerciements :

Ce travail trouve son origine dans un séminaire tenu à l'Institut français d'architecture à l'initiative de Bruno Fortier. Une première présentation a été diffusée à la fin des années quatre-vingt sous le titre *Le temps de la ville*. Les années qui ont passé ont permis de poursuivre cette réflexion et de tester la validité de certaines propositions dans des projets concrets.
Nos remerciements s'adressent en premier lieu à l'IFA et à l'Union des fédérations d'organisme HLM, au Plan urbain et au Plan construction qui ont permis son élaboration. Ils s'adressent également aux maîtres d'ouvrages qui ont fourni l'occasion de l'indispensable confrontation de la théorie à la pratique. Ils s'adressent enfin aux nombreux étudiants et enseignants dont les attentes, les réactions, les critiques ou les encouragements ont contribué à stimuler le débat.
Hélène Fernandez et Vito Martelliano ont eu la lourde tâche de reprendre et coordonner l'iconographie. Qu'ils trouvent ici l'expression de notre gratitude.

Ouvrage publié avec le concours du Pir-Villes du CNRS.

ISBN 2-86364-604-4 / ISSN 1279-7650

Avant-propos

La forme choisie pour cet ouvrage s'apparente à celle d'un manuel, un peu à l'image des traités d'urbanisme anciens qui mêlent l'observation de l'existant aux projets. Elle peut surprendre : le ton du manuel, sa visée didactique, le caractère normatif des dimensions avancées donnent l'apparence d'un énoncé péremptoire. Elle s'accordait à l'urbanisme naissant dans une société industrielle confiante.

Nous sommes loin aujourd'hui des certitudes d'un Stübben ou même d'un Danger. La foi dans un urbanisme scientifique aux vérités universelles a cédé la place au doute : l'urbanisme ne peut plus prétendre au contrôle total de l'environnement (de la ville à la petite cuillère...), le pouvoir politique est directement impliqué dans la forme de la ville, les habitants revendiquent à juste titre un territoire et une capacité d'action.

Pourtant la forme rhétorique du manuel conserve un avantage : mettre en évidence l'enchaînement des questions et l'interdépendance des échelles. En l'adoptant nous avons voulu faciliter cette compréhension globale, éviter les visions spécialisées et les propos des spécialistes, provoquer le lecteur et l'inciter à construire à partir de son expérience personnelle sa propre théorie. L'urbaniste, en fin de compte, devrait être d'abord un habitant.

Quelque part en France

Chapitre 1

La forme urbaine comme enjeu

À partir des années cinquante, l'augmentation de la taille des opérations, le développement de la copropriété ou de la construction locative, l'évolution des théories sur l'architecture et la ville ont empêché la redivision des grandes propriétés. En même temps, était proclamée l'autonomie de la voirie par rapport au bâti. Ainsi la ville s'étend sans que soient créés de nouveaux espaces publics, sans que soit repensée l'organisation d'ensemble. Les opérations se succèdent au gré des opportunités foncières comme autant d'isolats plus ou moins bien rattachés au réseau des voies existantes. Routes et chemins ruraux parfois doublés par de nouvelles voies rapides forment l'infrastructure primaire tandis que la desserte locale s'organise de manière autonome à l'intérieur de chaque opération en accentuant les différences et les discontinuités.

Dans les ensembles HLM, l'effet de banalisation générale des espaces libres — au mieux de vastes parcs, souvent une succession de parkings et de pelouses mal entretenues — a comme conséquence les difficultés d'entretien et de gestion dont les charges sont presque entièrement reportées sur la collectivité. L'absence d'espaces appropriables (individuellement ou par petits groupes) aggrave ces difficultés en suscitant, face à l'anonymat des espaces, vandalisme et agressivité. La situation paraît à première vue paradoxale : une dilution excessive de l'espace entraînant une gestion coûteuse et difficile tandis que le logement ne connaît pas de prolongement extérieur appropriable.

Par contrecoup la maison individuelle est présentée comme la seule alternative sans que soient pris en compte réellement les coûts d'infrastructure et de gestion à long terme de ce type d'urbanisation. Nouveaux villages et groupements résidentiels s'organisent en cul-de-sac, parfois à l'intérieur d'un enclos dont l'entrée est contrôlée, loin des services et des équipements publics. L'extension des réseaux, l'augmentation des distances, la dilapidation progressive des meilleures terres agricoles à proximité des grandes villes sont ignorées comme sont souvent écartées les réflexions sur la vie urbaine, l'insertion des lieux de travail dans le tissu résidentiel, les logiques commerçantes et la réduction des déplacements.

Prise dans cette opposition simpliste entre individuel et collectif, la construction de logements, excepté quelques expériences isolées et malgré des tentatives louables, s'avère en général encore incapable aujourd'hui en France de produire un tissu. La ville continue d'être pensée par catégories fonctionnelles, par programmes séparés, par quantités de bâtiments à édifier.

À l'étranger la situation n'est guère plus satisfaisante ; il suffit de parcourir les réalisations de l'urbanisme officiel de la plupart des villes pour s'en convaincre. La crise théorique de la forme urbaine est générale et les qualités indéniables de telle ou telle opération ne constituent que des contre-exemples, des « îlots de résistance » face au désastre généralisé.

Construire la ville

On a dit pendant longtemps que cette situation et l'insatisfaction, voire le rejet qu'elle suscite chez les habitants, étaient la conséquence de la mauvaise qualité de bâtiments construits trop vite et à bas prix sous la pression de l'urgence. L'inadaptation des logements aux modes de vie, répétition et monotonie des formes et des matériaux ont conduit à la condamnation de la « barre » et du béton. Il n'est pas dans notre intention ici de nier l'utilité d'un travail sur la distribution du logement et de faire fi de ces critiques. On peut simplement remarquer que les tentatives pour varier les volumes, les styles et les couleurs n'ont souvent fait que masquer les problèmes. Elles révèlent les limites d'une action qui ne touche que l'aspect des bâtiments sans remettre en cause leurs relations. D'où cet essai qui propose d'élargir la question, du bâtiment vers la forme de la ville, ou si l'on veut les formes urbaines. Avec une conviction que la forme urbaine constitue aujourd'hui un enjeu qui dépasse le domaine strict des techniciens pour intéresser les aspects économiques, culturels et sociaux.

Que toute activité d'urbanisme ou de construction ait des implications économiques et politiques n'est guère une nouveauté, et la sociologie urbaine nous a largement habitués à en faire l'analyse. Grands ensembles et rénovations urbaines, nouveaux villages et centres historiques, logements de masse et autoconstruction ont fait et font encore l'objet de nombreuses études qui enrichissent notre connaissance de la ville et notre compréhension des phénomènes urbains. Ce qui nous intéresse ici est différent. Le bâti ou plus largement les formes urbaines incluent des tracés, des découpages, des dispositions matérialisées, construites, inscrites sur le sol qui conditionnent les capacités de développement et de renouvellement des activités sur un territoire. Inscrites dans une longue durée, ces formes échappent rapidement aux conditions de leur création ; de produits elles deviennent contraintes voire causes. Si dans le passé il semble que l'élaboration de formes susceptibles d'accueillir, voire de favoriser le développement de la vie urbaine ait été de soi, tellement était partagée par les techniciens divers et les habitants une idée de la ville, la question aujourd'hui ne peut plus être résolue d'une manière quasi naturelle. Trop de ruptures sont intervenues dans les théories et les pratiques de l'urbanisme et la réflexion doit être reprise à la base.

L'enjeu est clair : sommes-nous encore capables de contribuer modestement au développement des villes, c'est-à-dire non seulement d'étendre les territoires urbanisés et d'accroître le nombre de bâtiments mais de continuer à proposer aux habitants un cadre susceptible de s'adapter aux changements de modes de vie et aux modifications économiques ? Ou verrons-nous se perpétuer les dysfonctions et les problèmes issus des urbanisations récentes ? Devrons-nous à nouveau démolir dans quinze ans des logements construits aujourd'hui ou reconvertir à grands frais des équipements inutiles avant d'avoir été achevés ? L'hypothèse de ce travail est que les villes, fruits d'une longue expérience, ont souvent résolu par tâtonnement ou par habitude un grand nombre des problèmes auxquels nous sommes confrontés aujourd'hui. En d'autres termes que nous avons encore à tirer les leçons de cette expérience, et que face aux échecs de l'urbanisme moderne il est plus que temps de s'en inspirer.

On notera par ailleurs qu'à côté de l'urbanisme officiel, produit par les spécialistes et porté par les administrations, une part non négligeable de l'urbanisation s'effectue selon des modalités qui perpétuent les mécanismes anciens. Au Caire, à Mexico, à São Paulo ou dans d'innombrables localités moins connues, l'extension de la ville qui échappe au contrôle du pouvoir municipal procède par l'occupation des terrains périphériques qui sont distribués par des réseaux de voies (souvent héritées des tracés ruraux) le long desquelles s'implante le bâti. Sans faire appel à des techniciens, les habitants établissent une hiérarchie entre ces voies et les proportionnent en conséquence. Ils distinguent sans ambiguïté les rues principales où se localisent les commerces et les services (équipements, stations des taxis collectifs…), exploitent les propriétés des carrefours, déterminent et localisent les lots de terrain en fonction de leur destination.

Il n'y a donc pas d'un côté une ville ancienne, charmante mais dépassée, à laquelle s'opposerait une ville moderne née du progrès technique, mais deux conceptions concurrentes de la ville qui s'affrontent aujourd'hui, parfois sur des terrains contigus.

Comprendre ces logiques encore vivaces, mais aussi leurs limites (l'initiative des habitants ne peut seule réussir à régler de manière satisfaisante la question des infrastructures techniques sur une grande échelle, ni celle des prévisions pour le long terme) nous semble être un antidote nécessaire aux errements de l'urbanisme moderne que sa croyance parfois naïve aux vertus de la planification, de la programmation, de la ségrégation et du contrôle a conduit à une impasse.

À l'échelle urbaine c'est moins la forme des bâtiments, ou leur style qui compte mais leur capacité à créer des tissus urbains compatibles avec les dispositions courantes des villes et ce que nous savons des pratiques qui s'y rattachent. Créer des tissus urbains aujourd'hui, c'est-à-dire susceptible d'accueillir les formes architecturales héritées du mouvement moderne et de ses développements récents aussi bien que celles qui n'entrent pas dans ce que nous considérons généralement comme la culture architecturale. Notre propos part d'une analyse réaliste des conditions actuelles de la construction, mais pose comme hypothèse qu'un travail mettant en relation d'une manière rigoureuse le découpage du sol avec les types de bâtiments à édifier permet de donner le cadre initial d'un tissu urbain, favorise les appropriations et les adaptations, et constitue un facteur d'économie important aussi bien pour les coûts initiaux que pour l'entretien et la gestion.

Partir d'une analyse réaliste, c'est admettre d'abord notre incapacité à produire dans un temps restreint (5 à 10 ans) la complexité de la ville ancienne. Plutôt que de la singer ou d'en donner les « signes », en privant par là les habitants de la possibilité d'y inscrire eux-mêmes ceux de leur propre

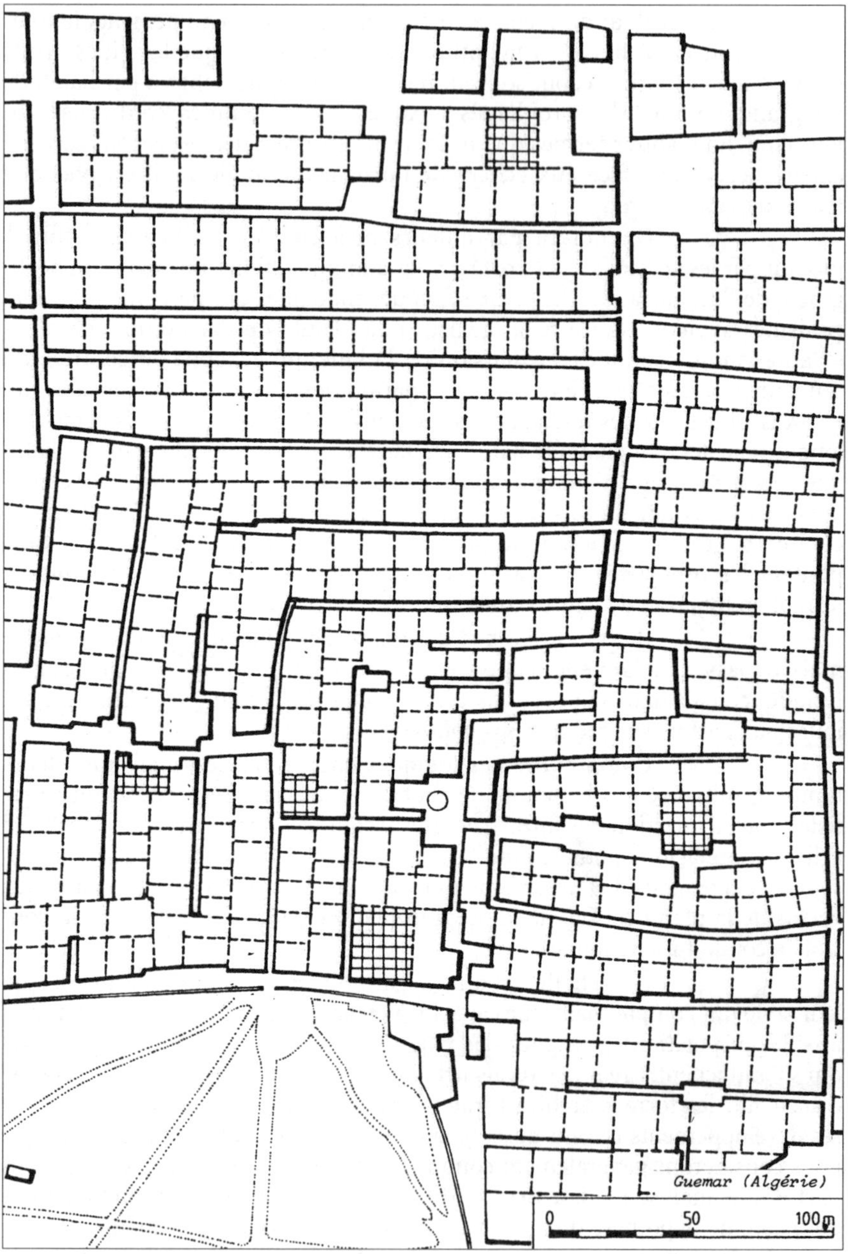

Fig. 1 : Guémar (Algérie).

histoire, nous proposons donc de repenser les techniques de lotissement comme moyen de créer le cadre initial qui permettra à la vie urbaine de se développer. Depuis les quartiers ouvriers de Tell el Amarna ou les quartiers résidentiels de Babylone, les villes en effet se constituent par assemblage de monuments, de lotissements et de faubourgs. Les villes ont presque toujours été d'abord nouvelles et le plus souvent sous la forme d'un lotissement régulier ; elles ont très tôt connu des banlieues qu'elles ont progressivement absorbées et réunies au centre initial. Si leur tissu présente aujourd'hui des dispositions complexes, des imbrications, des irrégularités, ce sont en général le fruit de l'apport des générations plus que d'une volonté a priori. Aussi semble-t-il un peu vain de prétendre recréer ex nihilo la variété et la complexité des tissus anciens, et les tentatives pittoresques ne produisent, au mieux, qu'un décor de théâtre réussi…

Aujourd'hui la question du lotissement se pose à différentes échelles : réutilisations des grandes enclaves libérées dans les centres et les périphéries anciennes (enclaves industrielles ou ferroviaires, anciennes casernes…) ; opérations de rénovation des tissus anciens ; extensions périurbaines (dont les villes nouvelles ne sont qu'un cas particulier). Elle se pose aussi dans les situations très diverses. Avec urgence dans les pays à forte expansion démographique où la demande de logements est telle qu'il est illusoire de penser la satisfaire par la seule production de bâtiments. L'expérience de l'habitat informel, marginal ou autoconstruit comme réponse des habitants eux-mêmes à cette demande montre la nécessité d'offrir à grande échelle un cadre à cette production en limitant aux espaces publics et aux infrastructures la part des investissements publics tout en créant les conditions morphologiques d'une intégration dans la ville.

Partir de la réalité c'est admettre les programmes actuels tels qu'ils sont établis et financés, et les inscrire dans une perspective nouvelle qui prenne en compte dès l'origine les évolutions possibles, les densifications, les substitutions, les changements d'usage. Prévoir que tôt ou tard les commerces viendront s'établir dans un quartier résidentiel, que les formes de travail évoluent, que le tissu urbain devra être capable de répondre à des demandes qui n'ont pas encore émergé au moment de la construction. C'est admettre les types d'édifices majoritairement produits par l'industrie du bâtiment : villas et maisons sur catalogue, pavillons en série, petits immeubles de résidences, barres de HLM, immeubles de bureaux, équipements normalisés, centres commerciaux, locaux sportifs, nouveaux hôtels, bâtiments administratifs… mais aussi l'autoconstruction, les hangars industriels, les ateliers de fortune, et se demander comment ces éléments qui sont généralement disposés selon une logique antiurbaine, séparés et dispersés, peuvent être avec quelques adaptations réinsérés dans un tissu, remis en situation urbaine.

Ce point est important : sans négliger l'intérêt des expériences architecturales et l'effet d'entraînement qu'elles peuvent avoir sur la production, l'ampleur des problèmes que soulève aujourd'hui l'urbanisation impose de rechercher des solutions d'ensemble qui répondent au plan quantitatif d'une manière satisfaisante. Cela nécessite de travailler à partir de la production courante, c'est-à-dire des financements habituels, des procédés constructifs usuels et des maîtres d'œuvre moyens.

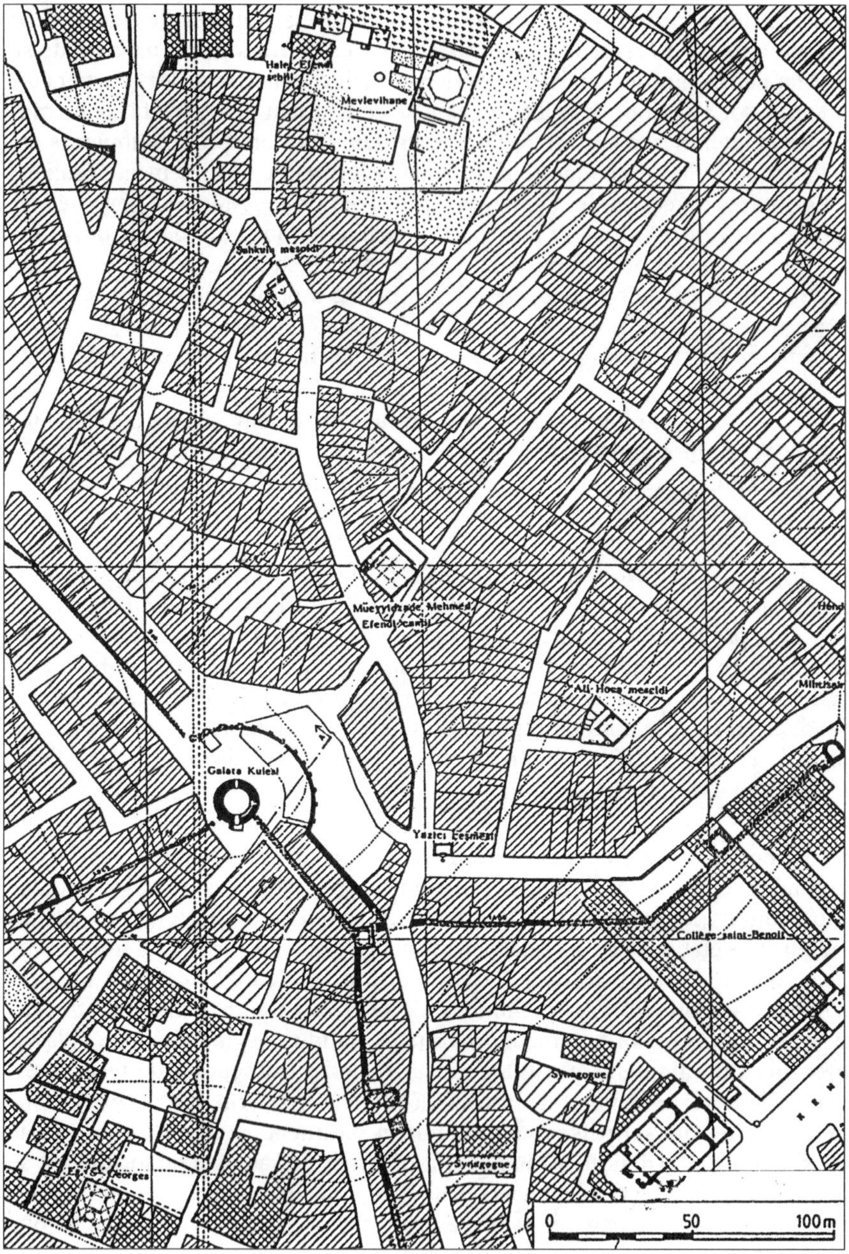

Fig. 2 : Istanbul (Turquie).

Engager la production courante, partir de ce qui existe pour la transformer en lui assignant d'autres objectifs que la simple réponse au programme initial, est le seul moyen aujourd'hui de construire la ville, sans quoi on continuera de développer des expériences isolées, intéressantes mais de portée limitée, et à accentuer la coupure entre un secteur de recherche marginal et une production dominante maintenue à l'écart de la réflexion urbaine.

Reconstruire une discipline

Notre travail n'est pas isolé. Il prend place dans un débat qui s'est développé en France depuis une vingtaine d'années à partir des travaux menés en Italie ; ce débat touchait également l'Espagne, l'Amérique latine, l'Europe du Nord et plus tardivement les pays anglo-saxons. Il passe par des personnes, des conférences, des articles et des livres, mais aussi par des projets et des réalisations. Jean-Louis Cohen (1984) dans son étude sur les rapports entre la France et l'Italie en a relevé les premiers jalons.

En ce qui nous concerne, l'histoire commence sans doute à Venise dans les années cinquante quand Saverio Muratori engage un travail d'ensemble sur la ville et procède à une première définition des outils de l'analyse urbaine avec les notions de croissance, de typologie et de morphologie. De cette première expérience est issu, non sans des débats parfois conflictuels, l'essentiel du courant italien : Carlo Aymonino, Aldo Rossi et Gorgio Grassi qui mêlent analyse de la ville ancienne et relecture du mouvement moderne ; Gregotti et l'échelle territoriale ; Maretto, Caniggia et Maffei plus préoccupés de la dimension parcellaire ; Eduardo Detti, Fanelli, Di Pietro, Marco Massa, Paolo Sica et le travail sur les villes moyennes de Toscane ; Cervellati, Scannavini et l'expérience de Bologne ; etc.

L'importance du courant italien est indéniable et tout travail sur la ville aujourd'hui ne peut faire l'économie de s'y référer. Du développement parfois tumultueux de ce courant est ressortie l'idée, rapidement reprise et développée par d'autres, qu'il était possible de reconstruire une discipline : l'architecture. La formulation au cours des années soixante de l'autonomie disciplinaire de l'architecture, la relation établie à la même époque entre l'architecture et la ville — et entre la crise de l'architecture et la crise de la ville — marquent la prise de conscience de l'impasse dans laquelle se trouvaient l'enseignement et les pratiques professionnelles de l'aménagement urbain après la guerre. Il ne nous semble pas inutile de le rappeler en ce moment où la consommation effrénée des modes architecturales remet au goût du jour sans aucune distance critique la production des « fifties ».

La nécessaire reconstitution d'un savoir sur la ville, sur l'architecture et sur leurs rapports n'est pas le seul fait de l'Italie. Et la fin des années soixante-dix voit se monter çà et là dans les facultés et les écoles des départements d'Urbanistica, d'Urban design ou de Projet Urbain qui tentent une double et difficile entreprise. D'une part inverser la tendance majoritaire dans l'enseignement de l'architecture de penser la ville à partir du bâtiment. D'autre part combler le vide de l'enseignement de l'urbanisme sur les aspects morphologiques. Ces tentatives théoriques et didactiques se développent souvent en même temps qu'un travail de proposition et de projets qui intéresse

Fig. 3 : Amsterdam (Hollande).

la ville ou la région où sont situées les écoles. Soit que celles-ci soient mises à contribution directement pour l'étude de tel ou tel problème ; soit que l'osmose entre le milieu universitaire, l'administration municipale et les bureaux d'architecture privés, relayée par le dynamisme de l'édition, permette le passage des idées et l'aller-retour théorie/pratique.

Sur ce point, le cas de Barcelone paraît exemplaire. Avec la fin du franquisme et le retour à la démocratie, la conscience collective d'appartenir à une ville, Barcelone, et à une nation, la Catalogne accélère les revendications des habitants, notamment en matière de logement et de cadre de vie et oriente la réflexion des techniciens. Sur cette toile de fond s'élabore alors une théorie de l'intervention sur la ville qui va en quelques années se concrétiser dans des projets et des réalisations exemplaires. Dix ans séparent la nomination de Manuel de Solà-Morales à la chaire d'urbanisme de l'école d'architecture de Barcelone (1968) du premier ensemble de Plans et Projets pour la ville élaborés à l'initiative des services municipaux dirigés par Oriol Bohigas (1978-1980). Dix années de projets, de contre-projets, de concours, de plans d'aménagement pour différentes villes d'Espagne mais aussi d'articles, d'analyses, de publications, de conférences, de cours et d'exercices didactiques où se précise progressivement une méthode de projet urbain. Celle-ci est précisément décrite par M. de Solà-Morales dans l'*Art de ben establir* (1983) qui constitue la référence de l'enseignement à l'école d'architecture. Y sont abordés dans l'ordre : le tracé des voies, le découpage parcellaire, les règles d'ordonnancement de l'espace public. Notions que l'auteur a mises en œuvre dans différents projets, notamment celui du polygone 10 de Lacua à Vitoria (1975, avec Rafaël Moneo).

Redécouverte de la forme de la ville et de son histoire par les Italiens, mise en avant de l'espace public et de l'importance des découpages parcellaires avec Barcelone, les bases du projet urbain s'élaborent depuis vingt ans dans un réseau d'échanges et de relations internationales, où tour à tour une ville, une école, un groupe, un concours fait avancer la question.

Hormis les Italiens — les premiers projets de lotissements de Carlo Aymonino datent de l'immédiat après-guerre — la revendication du projet urbain est portée par une tranche d'âge assez homogène, la génération née entre 1935 et 1955 qui accède aux responsabilités à partir de 1968. Il s'agit donc d'une rupture à la fois avec la grosse production de logements sociaux et d'équipements des années cinquante-soixante généralement contrôlée particulièrement en France par des cabinets importants mis en place à la faveur de la Reconstruction, et dont l'inquiétude théorique s'est dissipée avec l'abondance des commandes ; mais aussi avec la génération qui précède immédiatement, enlisée dans le brutalisme constructif, les systèmes proliférants et les mégastructures issus de l'après CIAM et Team 10.

Le cas d'Aldo Van Eyck (et dans une moindre mesure celui de Gian Carlo di Carlo — tous les deux de Team 10) nous apparaît comme une exception. Le plan de réaménagement du quartier de Jordaan à Amsterdam (1973) et plus encore celui du secteur Waterstraat-Bitterstraat à Zwolle (1970) présentent déjà un grand nombre de caractères du projet urbain tel que nous tentons de le définir : primauté des espaces publics et respect des tracés existants ; découpage parcellaire en accord avec les types de bâtiments à édifier ;

Fig. 4 : New York (États-Unis).

dessin des façades et dispositions typologiques en relation avec les « conventions » du quartier. On peut penser que la localisation à l'intérieur d'un tissu existant, la prégnance du parcellaire flamand, l'engagement des architectes aux côtés des habitants contre les rénovations bulldozer expliquent cela. Encore fallait-il accepter ce contexte, le prendre en compte de manière positive. Constatons que l'expérience du projet urbain comme alternative à l'urbanisme de plan de masse commence souvent à l'intérieur des villes existantes où des contraintes fortes s'imposent à l'architecte quelque peu sensible tandis qu'il faudra attendre la fin des années soixante-dix pour voir revendiquer la possibilité d'utiliser les mêmes notions dans des urbanisations nouvelles.

L'expérience des villes nouvelles pourtant aurait pu depuis longtemps fournir matière à réflexion. Curieusement elle a plutôt brouillé les cartes et retardé la recherche. Une première raison est sans doute dans le fait que les villes nouvelles (au sens moderne) se présentent comme des solutions nouvelles à des problèmes nouveaux. Même si Raymond Unwin introduit son ouvrage *Town Planning in Practice* (1909) par une analyse historique complète accordant une place importante au phénomène de création de villes depuis l'antiquité, il semble que les théories officielles de l'urbanisme aient été rapidement plus préoccupées de programmation, de schéma de circulation et de répartition des flux que de la compréhension des phénomènes morphologiques et de leur rapport au site et au passé. Assez vite la cité-jardin apparaît comme un jalon, historique mais dépassé, dont les leçons ne sont pas utilisables. Pas plus que n'est envisagé de tirer profit de l'étude des villes neuves antiques, des bastides médiévales ou des créations de villes classiques. L'extraordinaire mouvement de création urbaine de l'Amérique espagnole, de l'Amérique anglo-saxonne, de l'urbanisme colonial en Méditerranée, en Afrique ou dans le Sud-Est asiatique reste pour l'essentiel méconnu, voire inconnu de l'histoire officielle jusqu'à une date récente. Et les justifications idéologiques — la mauvaise conscience du passé colonial, dissimulent en fait un désintérêt pour la question. Qu'importe qu'Héliopolis ville nouvelle créée au début du siècle par le baron Empain dans le désert égyptien soit effectivement devenu une ville active de plusieurs millions d'habitants ; que des dizaines et des dizaines de villes neuves dont nous possédons les plans d'origine puissent nous permettre de comprendre les mécanismes de création, de développement et d'adaptation du tissu. La ville nouvelle ne se veut pas d'ancêtres ou alors au seul plan de la référence emblématique. Du modèle anglais au modèle suédois, de la version Charte d'Athènes au Townscape, les villes nouvelles proposent toutes un saut proprement stupéfiant : en amont les délices de la planification de plus en plus sophistiquée, à l'arrivée la prédominance de la forme architecturale et du plan-masse. Plus retenu chez les Anglais qu'une longue pratique du housing public conduit à des bâtiments modestes et réfléchis, impérial à Brasilia où Niemeyer décide de tout, le formalisme architectural atteint dans les villes nouvelles françaises des sommets inédits. Révélations des talents diront les uns ou inversion des priorités...

Parler du contexte français n'est pas facile. Nous avons trop été mêlés depuis vingt ans à ses débats, nous en connaissons trop les protagonistes, les occasions manquées et les non-dits. Parmi les conflits toutefois une réflexion se poursuit, à laquelle ce travail appartient. Réflexion sur la ville

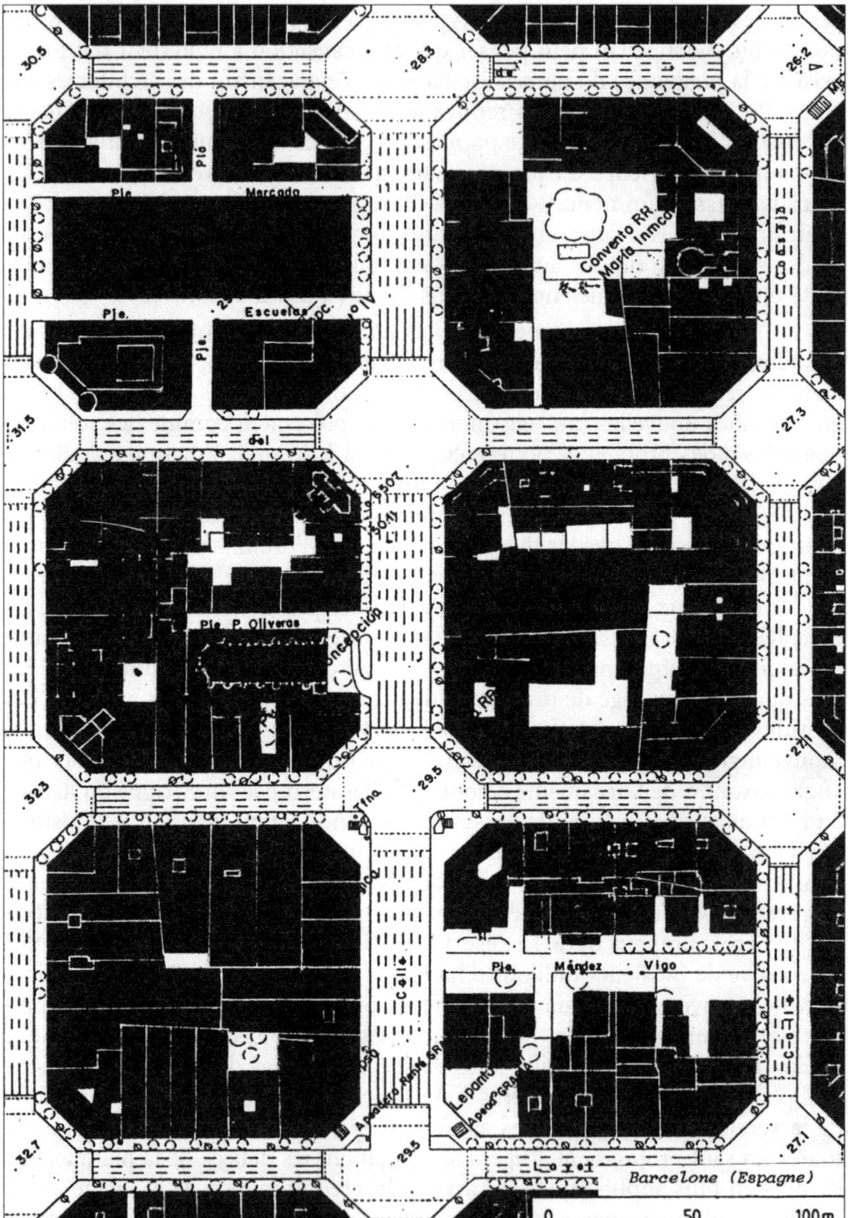

Fig. 5 : Barcelone-Cerda (Espagne).

menée dans les écoles d'architecture, expérience de projets, quelques réalisations. Deux propos de Bernard Huet peuvent servir de référence au développement de cette réflexion. Du constat formulé en 1976 :

« Construire la ville (au lieu de réaliser des grands ensembles de logements) n'a aucun sens si le problème de la quantité urbaine et de la dimension des opérations n'est pas posé de manière différente. Un architecte seul ne pourra jamais transgresser cette condition, néanmoins, il est possible de ne pas l'aggraver. Or, la plupart des architectes conçoivent un ensemble urbain de la même manière qu'ils projettent leurs bâtiments : isolé, replié sur lui-même, agressivement indifférent au contexte [...] c'est le vrai danger qui guette les projets des émules italiens, français ou anglais de la "Tendenza" rossienne, ceux qui privilégient la virtuosité formelle au détriment de la recherche d'une théorie urbaine replacée dans un contexte quantitatif et opératif "possible" sous certaines conditions de transformations structurelles de la société » aux objectifs redéfinis en 1987 :

« La réconciliation de la ville et de l'architecture dépend en premier lieu de notre capacité à imaginer un nouveau projet pour la ville dont les instruments appropriés restent à découvrir. Il ne s'agit en aucune façon de revenir au plan d'urbanisme et au type de règlements qui sont encore en vigueur et qui garantissent la pérennité d'un modèle que nous devons dépasser. Il est nécessaire de repenser les termes "projet urbain" qui servent d'instruments de médiation entre la ville et l'architecture et qui s'appuyant sur les conventions urbaines, fournissent un contexte à partir duquel l'architecture puisse produire son plein effet de différence. Ce projet urbain devrait également nous permettre de renouer avec l'idée de projet permanent, dont la forme de départ est suggérée plus que dessinée, et qui se réalise dans la "longue durée" autour d'un nombre d'évidences culturelles... Déjà certains architectes, et non des moindres, sont prêts à accepter une situation nouvelle où l'architecte s'effacerait devant l'évidence de l'architecture et l'architecture devant la nécessité de la ville. »

Le projet urbain

La redéfinition des rapports entre les édifices et la ville, entre l'architecture débarrassée de ses obsessions formalistes et l'urbanisme délivré de ses pesanteurs technocratiques s'est exprimé en France à travers une revendication formulée en terme de projet urbain. Revendication politique en ce sens qu'elle suppose une nouvelle formulation du rôle des techniciens de l'aménagement et de leurs rapports avec les habitants et les collectivités territoriales. Revendication théorique en ce sens qu'elle appelle de nouveaux outils conceptuels et de nouvelles techniques de projet.

Parmi les notions qui semblent acquises la première concerne l'espace public. La permanence de l'espace public qui appartient à la longue durée a comme conséquence la nécessité d'une distinction nette entre les terrains où s'exercent le contrôle et la gestion de la collectivité et ceux qui sont offerts à l'initiative ou à l'usage privés. Cette distinction qui peut prendre des formes juridiques diverses n'intéresse pas seulement les espaces publics, au sens paysagé du terme, mais plus profondément, la disposition des réseaux

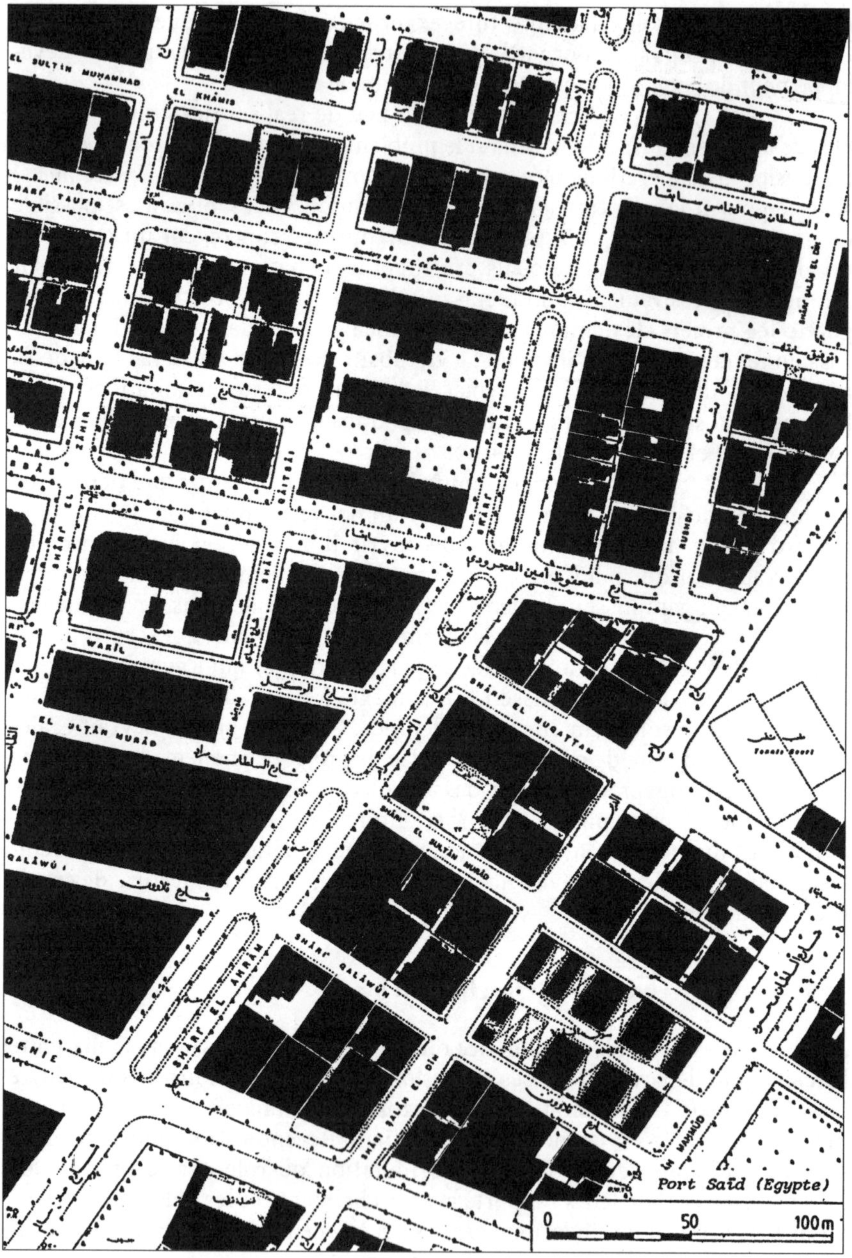

Fig. 6 : Port Said (Égypte).

dont l'entretien, la réparation et la transformation, à la charge et sous la responsabilité de la collectivité, doivent être toujours possibles indépendamment des modifications qui peuvent intervenir sur les terrains privés. Elle suppose la maîtrise des contraintes techniques usuelles concernant ces différents réseaux et la connaissance de leurs dimensionnements afin de pouvoir dépasser la simple juxtaposition des interventions des différents services concessionnaires et repenser l'espace public dans sa globalité. Elle suppose également une réactualisation des techniques de dessin (tracé et profils des voies) et des connaissances élémentaires de topographie.

Cette première distinction permet de poser la question des tracés autrement qu'en termes de composition académique. En effet, de cette distinction dépend la capacité du tissu à se modifier et à se renouveler par opérations de taille variable tout en assurant de manière continue dans le temps le bon fonctionnement de l'ensemble et la compatibilité des états successifs.

Si la distinction espaces publics/espaces privés est aujourd'hui largement admise, le travail de projet semble encore faire l'objet de multiples confusions. Le manque d'outils pour aborder cette question conduit à ces dispositions caricaturales que l'on voit fleurir depuis quelque temps au nom de l'architecture urbaine : des pseudo-îlots constitués d'une périphérie bâtie entourant un centre vide. C'est que là encore les techniques de plan masse n'ont pas disparu et que les formes urbaines sont encore pensées directement à partir de la production des bâtiments.

Substitution, fragmentation, parcellisation, découpage, lotissement posent la question d'une échelle intermédiaire entre tracés et édification. Aux termes de fragmentation ou de subdivision qui évoque l'idée d'une forme préétablie qu'il s'agirait de réaliser par morceaux — ce qui peut être le cas exceptionnel de certains ensembles monumentaux —, nous préférons ceux de découpage du sol, de parcellisation, plus conformes à l'idée de définir un statut et une dimension aux terrains avant d'envisager la forme des constructions. Le projet urbain en effet manipule des dimensions qui ne se réduisent pas à des quantités (si $20\ m \times 25\ m = 500\ m^2$ ce n'est pas la même chose que $10\ m \times 50\ m = 500\ m^2$). Il met en relation plusieurs paramètres souvent envisagés de manière séparée. D'une part, entre découpage du sol et les types de bâtiments prévus en intégrant les dimensions imposées par les techniques constructives, les règlements d'urbanisme et les répartitions de la maîtrise d'ouvrage qui, même quand elle est unique, procède par opérations distinctes ou décalées. Mais également en envisageant les substitutions possibles, soit pendant le temps du projet (changement de programme), soit après (modification du tissu). Ces substitutions ou ces équivalences mettent en jeu des échelles intermédiaires sur lesquelles la réflexion a jusqu'ici peu porté. Ainsi un groupement de quatre maisons jumelées avec un garage latéral sur une trame de 9 m en façade est équivalent à six maisons de ville sur une trame de 6 m ou à deux immeubles de ville de 12 à 15 logements chacun sur une trame de 18 m. Pour approfondir concrètement cette question, une distinction terminologique nous est apparue utile entre le lot défini comme unité opératoire dont les dimensions dépendent de contraintes techniques ou programmatiques, et la parcelle définie comme unité d'usage individuel (maison) ou

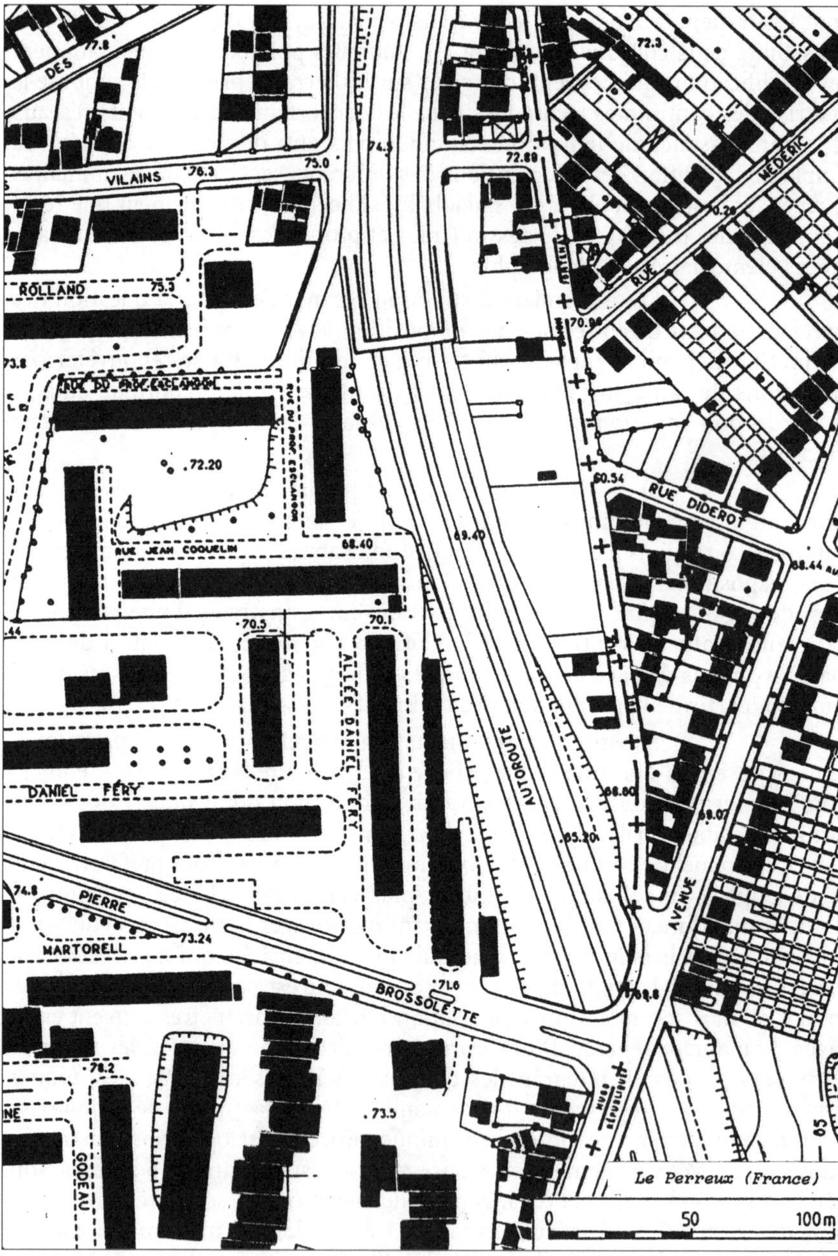

Fig. 7 : Le Perreux (France).

collectif (immeuble). Cette distinction qui joue sur des mots courants et presque synonymes de la langue française n'a pas de prétention à régler durablement le statut juridique du foncier. Elle est utilisée ici pour la commodité de l'exposé.

Selon les cas, le lot peut être égal à la parcelle (propriétaire privé construisant pour lui-même, immeuble collectif, équipement) ou au groupement de parcelles : rangée, petit lotissement. La capacité de passer d'une échelle à l'autre, de mettre en relation des programmes différents, de mêler les typologies nous semble une condition d'un retour non formaliste à la ville qui intègre les réalités de la production contemporaine.

Le jeu des équivalences (et des substitutions) permet à partir des premiers tracés d'engager de manière ouverte la discussion sur les différents secteurs : élus, habitants, maîtres d'ouvrage, techniciens. Un système de simulation simple permet de faire varier les densités, de préciser les programmes, de mesurer leur effet sur les espaces publics, etc. Il permet également de déterminer les phases de réalisation et de répartir les interventions des divers maîtres d'ouvrage, non pas comme une simple attribution de quantité de bâtiments à réaliser mais en fonction des enjeux urbains. Il permet d'articuler des architectures diverses tout en maintenant le contrôle des espaces publics majeurs. La diversité n'est pas posée et imposée comme une volonté formelle a priori mais naît de la gestion de programmes différents, elle participe « naturellement » de la complexité de la ville.

Edification et typologie posent la question du bâti. Le projet urbain à notre sens n'est pas un projet d'édification en ce sens qu'il n'est pas une grosse commande de bâtiments. Son but est de créer les conditions de l'édification et de la gestion du tissu. Néanmoins il ne peut pas se désintéresser des édifices et se cantonner à une définition paysagère des espaces publics agrémentée de quelques prescriptions sur les silhouettes et les couleurs. Le travail sur le découpage, on l'a vu, suppose la prise en compte des types de bâtiments. Il dépasse le problème des maisons individuelles auquel on limite souvent la question de lotissement pour intégrer les immeubles d'habitation, les équipements et les lieux de travail. Nous avons insisté plus haut sur la nécessité de considérer la production actuelle pour ce qu'elle est, de faire la ville avec des types de bâtiments réellement existants. Il ne s'agit pas d'une conception passéiste ou normative de la typologie. Comme la prose, on la manipule sans le savoir et quiconque accepte une commande s'inscrit de fait dans une filiation typologique dont il est libre d'ignorer la logique mais que les maniérismes de façade et les gesticulations de plan de masse ne parviennent pas à camoufler. La question du type comme articulation entre commande et forme architecturale ne peut donc pas être écartée.

Sans assimiler le travail de projet urbain à l'élaboration de prototypes reproductibles à l'identique comme aux temps héroïques des Siedlungen ou des grands ensembles, la mise au point du projet suppose de définir, assez précisément parfois, les caractères typologiques des édifices à construire. Cette définition peut s'appuyer sur des réalisations, et tout projet urbain d'un peu d'ampleur devrait prévoir dans les premières tranches quelques opérations expérimentales où les contraintes, notamment réglementaires, seraient assouplies afin de tester concrètement la validité des types

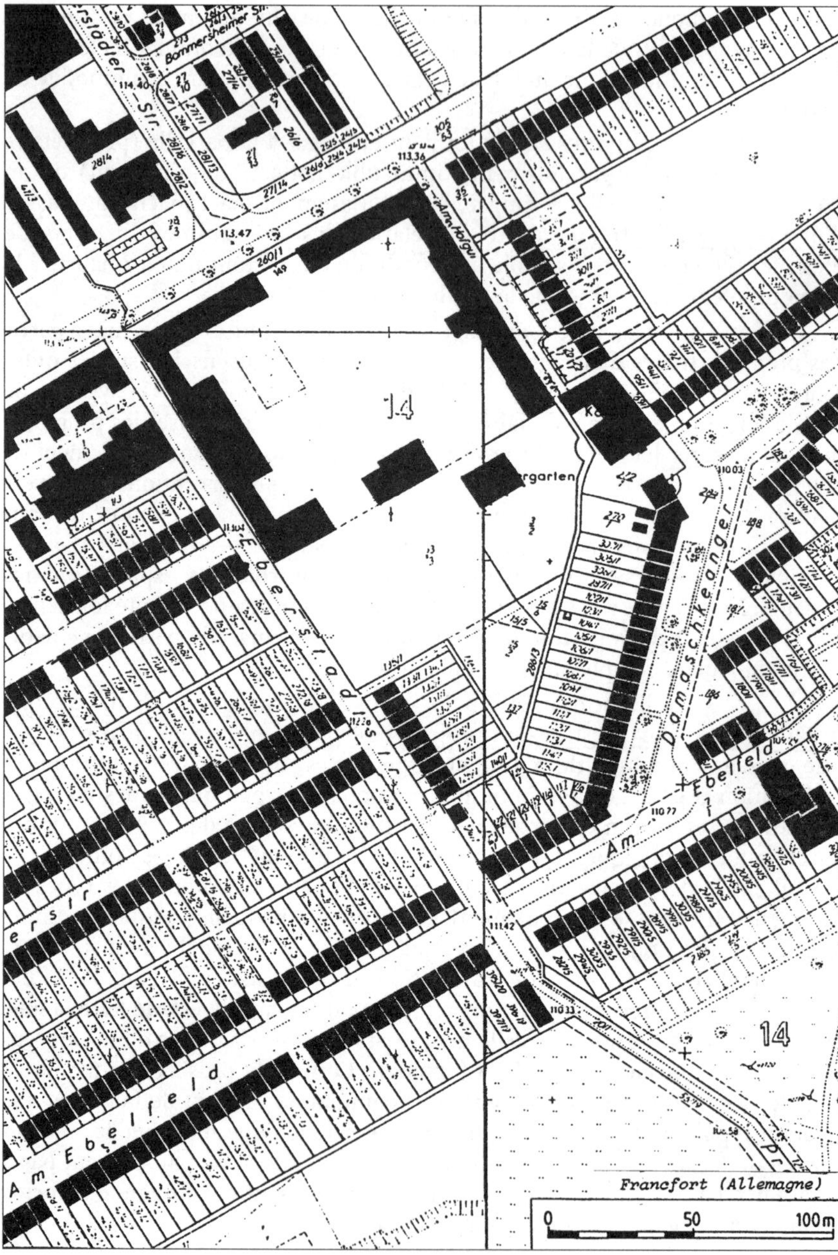

Fig. 8 : Francfort (Allemagne).

retenus. Elle peut également utiliser différentes formes de simulations ou de référence à des bâtiments connus, construits et existants.

Enfin le travail sur l'architecture des bâtiments — et le choix des architectes chargés de les réaliser — n'est pas indifférent à ce que Bernard Huet appelle les hiérarchies monumentales. L'espace du projet urbain comme celui de la ville, n'est pas homogène mais ponctué, rythmé par des alternances de zones actives et de secteurs résidentiels, de lieux symboliques et de tissu banal, d'institutions, d'équipements, de parcs ou d'usines, de terrains en friches et de réserves, de travaux à court terme et de programmes lointains. La constitution de quelques lieux monumentaux, c'est-à-dire que la collectivité puisse identifier et où elle puisse se reconnaître, engage non seulement la localisation des institutions et leur relation avec les espaces publics, mais aussi le traitement architectural des édifices singuliers et l'ordonnancement du bâti banal qui les accompagnent. L'économie des effets peut tirer parti de l'économie des moyens pour éviter de saturer la ville de signes vides.

Redéfinir les techniques du projet urbain : tracé, découpage, implantation du bâti, localisation des activités, ordonnance des espaces publics, etc. devrait permettre d'éviter des gaspillages inconscients (un doublement des égouts par manque de rationalité des tracés est une charge coûteuse, techniquement impossible à supprimer, sans aucun bénéfice pour la vie sociale). Les économies réalisées peuvent trouver une double affectation. Une partie permettra en allégeant la charge foncière de baisser les coûts des logements, ou d'améliorer leurs prestations. Une autre permettra de concentrer sur quelques espaces publics — avenues ou parcs, jardins ou places — des moyens qui font aujourd'hui défaut, ou sont notoirement insuffisants. Ainsi la rationalisation, l'histoire des villes le démontre, n'est pas contradictoire avec un traitement soigné du paysage urbain. Mais cette rationalisation implique une autre manière d'envisager études et projets.

À la succession logique proposée par Manuel de Solà-Morales : tracés viaires, découpage, édification et ordonnancement du bâti ou à celle avancée par Bernard Huet : tracés, hiérarchies monumentales, subdivision, règles d'organisation spatiale, nous avons préféré un exposé qui part des découpages parcellaires et de leur ordonnancement en fonction des types bâtis (chapitre 2) pour situer l'espace de la voie dans ses relations dialectiques avec les terrains desservis (chapitre 3) avant d'aborder à plus grande échelle la constitution du tissu (chapitre 4), l'étude des grands tracés (chapitre 5). Enfin une réflexion sur les activités et leur localisation (chapitre 6) précède quelques remarques sur la durée et la gestion (chapitre 7).

Si les quatre premiers chapitres font largement appel à des dimensions et des dispositions précises (celles-ci doivent être comprises comme des indications, des exemples plutôt que des normes) la seconde partie insiste davantage sur des processus, des logiques non quantifiables.

Les exemples choisis appartiennent souvent à des villes aux tracés réguliers. Deux raisons expliquent ce choix. La régularité est démonstrative. Elle met en évidence des équivalences (entre une rangée de maisons et un équipement, entre un groupe d'îlots et une institution) que des formes plus compliquées ne laissent percevoir qu'à l'issue d'analyses assez longues. En d'autres termes ces exemples didactiques permettent d'illustrer assez

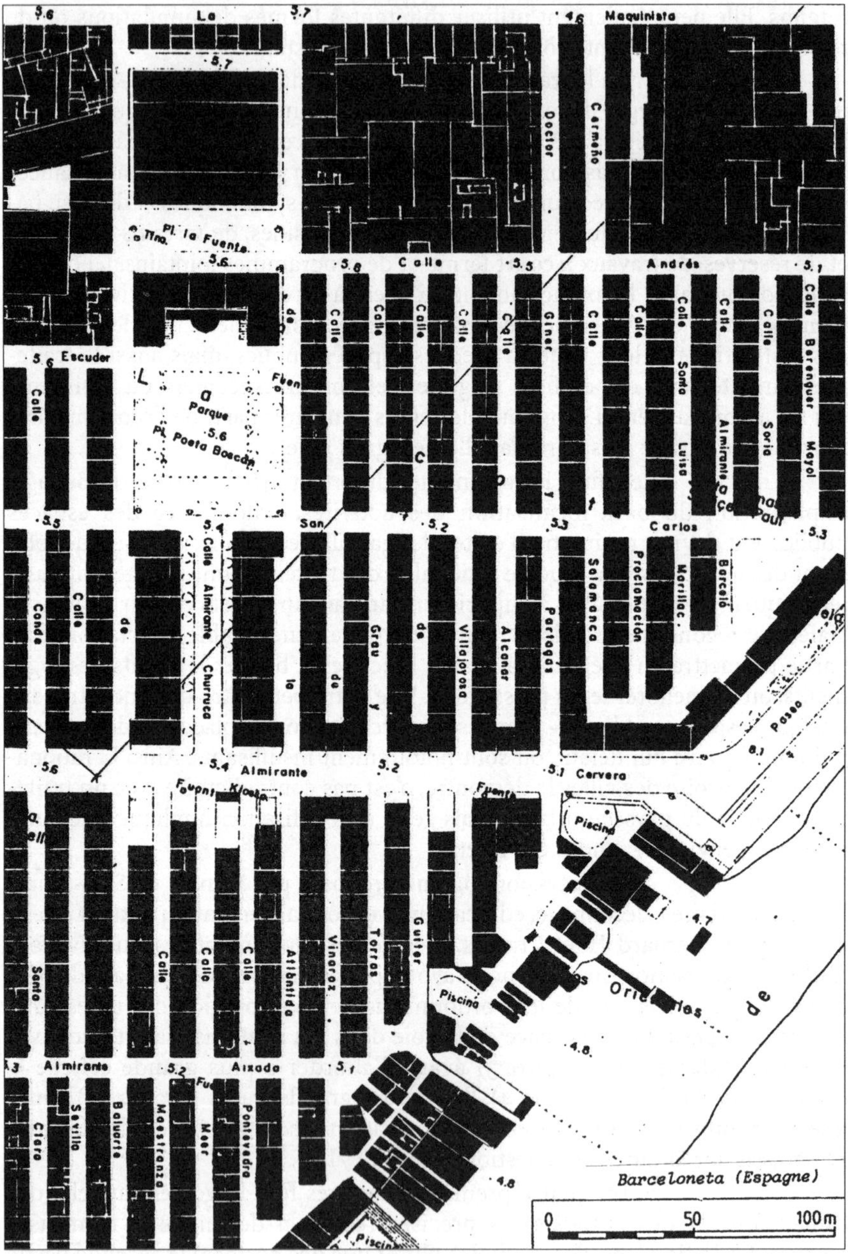

Fig. 9 : Barcelone-Barcelonetta (Espagne).

simplement des phénomènes, des processus ; les ayant saisis il sera plus facile de les lire dans d'autres villes. De plus ces villes sont souvent connues, elles ont fait l'objet d'études et de publications qui en rendent l'histoire accessible par tous. L'examen de leur évolution selon des rythmes historiques différents mais à partir des caractères morphologiques voisins permet des comparaisons stimulantes. Pourtant la régularité ne se limite pas à ces exemples, elle n'est pas synonyme d'orthogonalité. Et d'autres villes aux géométries plus complexes révèlent l'importance d'autres facteurs : le relief, le façonnement antérieur du site, les relations de la ville au territoire, l'influence de leurs propres histoires.

Ainsi organisé cet essai s'apparente à un manuel où se mêlent constats et analyses de la réalité et propositions. Il renoue consciemment avec les traités d'urbanisme du début du siècle comme celui de Stübben (*Der Stadtebau*, 1907) ou Unwin (*Town Planning in Practice*, 1909) qui reste plus que Camille Sitte (*L'art de bâtir les villes*, 1889) ou Eugène Hénard (*Études sur les transformations de Paris*, 1909) des exemples de méthode par leur capacité à relier dans un même exposé l'ensemble des problèmes.

Nous n'avons pas évité un certain nombre de redites et un très grand nombre d'omissions. Les premières sont très directement dues à l'impossibilité quand il s'agit de la ville, de séparer les problèmes et les traiter isolément. Comment parler de la rue sans évoquer les bâtiments qui la bordent, les activités qu'elle supporte, le territoire dans lequel elle s'inscrit. Les secondes sont la conséquence des limites assignées à cet essai. Trop d'exemples ne sont qu'évoqués alors qu'on aurait souhaité les décrire et les illustrer de manière plus complète. D'autres sont absents que nous aurions aimé présenter tant il est vrai que chaque ville nous apprend sur les autres, nous renvoie à une autre semblable ou différente où la même question se pose, parfois dans les mêmes termes, parfois en inventant des solutions nouvelles. Un café à l'angle de deux rues, une parcelle profonde, des ruelles en escalier, un passage couvert, la rue du port… Nantes, Gênes, Istanbul, Port-Saïd, Buenos Aires, Montréal ou Manaus ?

Istanbul.

Chapitre 2 L'échelle parcellaire : découpages, densités, typologies

À l'exception de certains quartiers centraux des grandes métropoles, les villes présentent généralement un mélange des types d'édifices soit que sur le tracé initial il y ait eu dès l'origine et d'une façon ordonnée et volontaire la coexistence de bâtiments différents, soit qu'à partir d'un lotissement homogène le jeu des substitutions ait progressivement apporté une diversité du bâti.

À Versailles le lotissement de la ville neuve fait appel dès 1684 à trois types de bâtiments : gros « pavillons » aristocratiques, maisons en rangées des commerçants, maisons plus modestes des artisans. À Chicago le lotissement du quartier de Humbolt Park associe sur les rues des rangées de maisons individuelles, sur l'avenue des immeubles avec commerces, des hôtels, des bâtiments administratifs. À Barcelone la réalisation du plan de Cerda articule dans un même îlot une implantation périphérique d'immeubles élevés sur les grandes parcelles tandis que le centre est occupé par un passage distribuant des maisons individuelles en rangées. Les tissus urbains de Londres, de Bruxelles, de Florence, de Montréal, de Milan ou de Buenos Aires présentent pour les quartiers du XIXe siècle ou du début du XXe siècle des juxtapositions semblables, plus systématiquement réglées dans les pays de culture anglaise ou flamande, plus variées ailleurs.

Dans les lotissements moins planifiés l'action d'une maîtrise d'ouvrage, qui investit par opérations plus petites, crée un dosage subtil entre l'initiative de la spéculation privée et le respect des règles d'urbanisme. Les potentialités des localisations précises suscitent des constructions diversifiées. Avenues, bordures de parcs, positions d'angle, places commerçantes, proximité des gares incitent à des occupations du sol différentes de celles des rues plus banales. Le lotissement autour de Wondel Park d'Amsterdam celui des quartiers d'Ismaël au Caire, de l'île Vassilevski à Saint-Pétersbourg ou les multiples communes de la banlieue parisienne en fournissent l'illustration.

Si on ne s'intéresse pas seulement aux dispositions d'origine, mais à l'état du tissu après quelques années, voire quelques siècles, la variété observée est encore plus grande. Densification des bâtiments par croissances internes et surélévations, substitutions à la parcelle ou à la rangée modifient parfois très rapidement les implantations initiales. À Versailles, quelques années après la mort de Louis XV, le bâti de la ville n'a plus grand chose à voir avec les dispositions initiales. Pourtant, le dessin des rues et le tracé parcellaire restent inchangés. À New York comme le montre Richard Plunz (1982), un même lotissement voit en quelques années son bâti se renouveler plusieurs fois sous l'effet d'une forte spéculation qui profite à l'explosion démographique. Dans les années 1860 des maisons de maîtres coexistent, sur des parcelles voisines et identiques, avec les « logements-wagons » des immigrants les plus pauvres. L'histoire des villes est celle de cette diversité, voire de ces hiatus qui sont l'expression de leur dynamisme. Nous reviendrons dans un chapitre ultérieur sur les enseignements que l'on peut tirer de l'étude des phénomènes de densification en remarquant simplement à ce stade que les procédures réglementaires actuelles qu'elles soient d'ordre quantitatif : le cos, ou d'ordre esthétique : la notion de secteur homogène, ont pour effet de figer le tissu dans son état actuel, ou dans un état supposé idéal, d'empêcher son évolution normale et d'interdire l'exploitation des potentialités différentielles qui s'y sont peu à peu inscrites.

La diversité du bâti que nous pouvons lire dans différentes villes n'a pas été voulue comme une réaction esthétique contre la monotonie. Elle n'est pas pensée comme un décor, mais résulte d'une façon logique, on pourrait dire presque « naturelle », du jeu des intérêts contradictoires qui façonnent le tissu urbain. Là est la différence avec les villes nouvelles qui en font une qualité formelle en recherchant par la fragmentation des volumes et la découpe des silhouettes, par la diversité des architectures et la variation des couleurs à créer l'illusion du temps.

À l'opposé de cette variété postulée qui révèle dans le développement de la pensée urbanistique l'influence des théories pittoresques nées en Angleterre avec Pugin en réaction au développement industriel, la diversité qui caractérise les villes est la conséquence d'un ensemble de dispositions simples qui assure de manière dialectique l'indépendance des parties — donc leurs variations — et la cohésion du tout — donc l'identité de la ville.

Pour comprendre cette relation, nous ne raisonnerons pas en « plan masse », en épannelage ou « urban design » ; nous étudierons la logique du découpage parcellaire et les différentes manières d'utiliser une même parcelle ou un même groupement de parcelles, afin de montrer comment une réflexion systématique sur l'utilisation d'un même « lot » permet d'inventer des solutions différentes à l'intérieur d'un même réseau de voirie.

Découpage du sol

On raisonnera sur un lot à bâtir rectangulaire de dimension constante : 36 m d'ouverture sur la rue et 30 m de profondeur, soit 1 080 m². Cette unité de découpage peut correspondre à des parcelles effectivement disponibles et à des opérations immobilières d'importance moyenne. Elle peut dans le cas de grands lotissements constituer une unité intermédiaire dont on verra ultérieurement les avantages.

La détermination de ces dimensions n'est pas seulement une facilité de démonstration. Elle correspond à la prise en compte en amont du projet d'une double rationalité : celle technique de la construction en béton armé qui impose dans les conditions courantes de fractionner les bâtiments

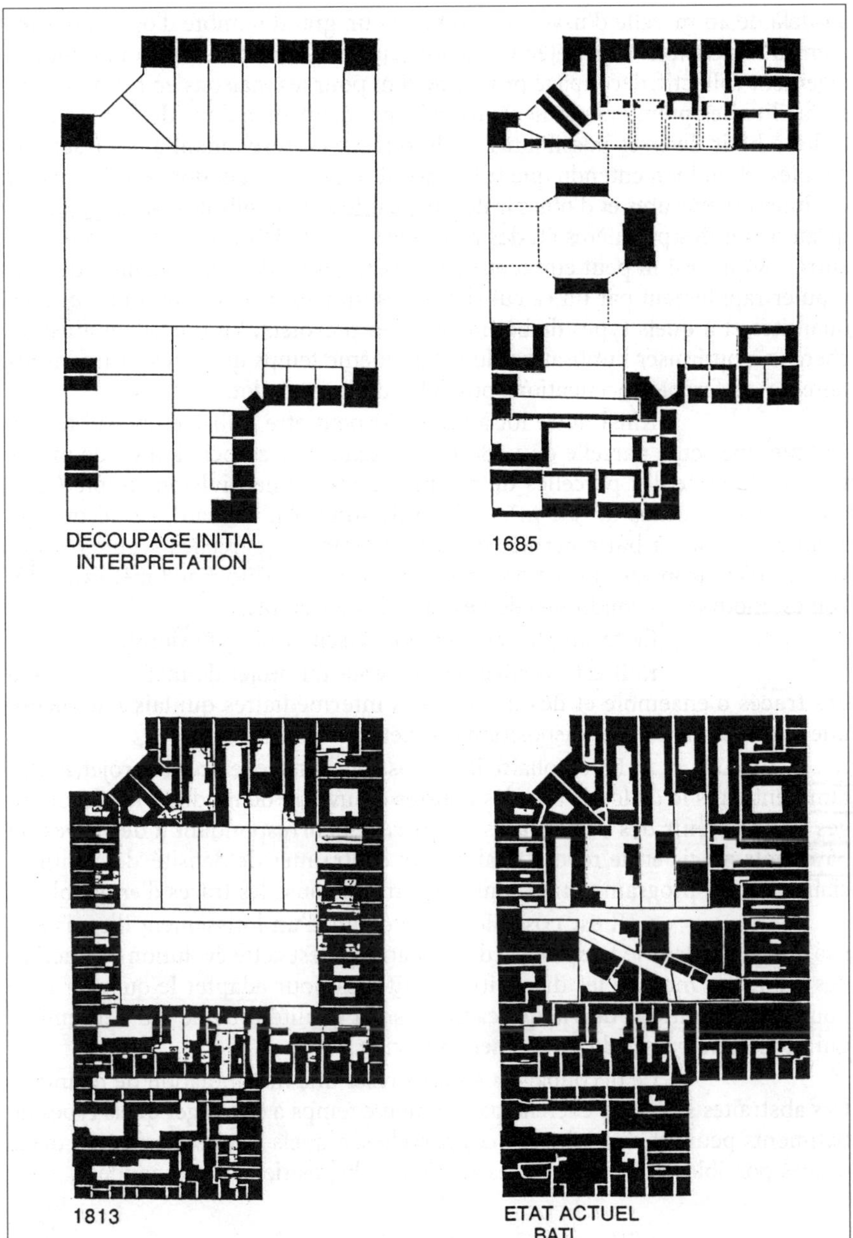

Fig. 10 : Versailles, évolution d'un îlot sur 3 siècles.
(D'après J. Castex, P. Céleste, P. Panerai, *Lecture d'une ville, Versailles*, 1980).

au-delà de 40 m, celle d'usage qui voit dans un grand nombre d'opérations les mêmes dimensions se répéter, trame de 5,40 m ou 5,60 m entre voiles pour le logement collectif, découpage proche de 6 m pour les maisons en rangées. Afin de faciliter les premiers moments du raisonnement, on a donc déterminé pour ce lot à bâtir diverses possibilités de découpage correspondant à des fractions simples, étant bien entendu que le travail en se poursuivant donnera l'occasion d'affiner ces mesures et d'obtenir des dispositions plus subtiles. Mais il est clair qu'au début des premières études à l'échelle de 1/2000 ou 1/1000, la différence entre 5,80 m et 6 m peut être tenue pour négligeable devant l'avantage de manipuler rapidement par un calcul simple les dimensions dont on sait à quelles quantités et à quels types de bâtiments elles renvoient. En procédant ainsi on cherche à optimiser l'utilisation du sol en même temps qu'à dresser un inventaire des différentes occupations possibles d'un même lot.

Ainsi notre lot à bâtir (A) peut être utilisé d'un seul tenant comme une seule parcelle de 1 080 m² ou, dans une association de deux lots voisins, fournir des parcelles de 720 m² (2 A/3) ; une division simple (A/2) donne des parcelles de 540 m², et ainsi de suite (Cf. tableau). Le découpage simple d'un lot à bâtir permet donc d'obtenir des parcelles régulières qui varient d'environ 100 m² à 1 000 m² (A/12 = 90 m², A/10 = 108 m²) sans que l'on ait modifié les conditions de desserte de l'ensemble.

Cette simple énumération suscite trois réflexions :

1. Il est possible dès le début du projet de mettre en œuvre des tracés d'ensemble et des découpages intermédiaires qui laissent encore une extrême variété des dispositions de détail et des densités.

2. En corollaire il est possible dans le temps du projet, et notamment dans le dialogue avec les maîtres d'ouvrage de modifier les découpages pour obtenir des dimensions de parcelles correspondant à des types de bâtiments précis et de répondre ainsi aux contraintes de densité, de commercialisation, de programmation sans remettre en cause les tracés d'ensemble.

3. Il est possible dès le début d'un lotissement d'envisager son évolution dans le temps et sa densification. C'est cette évolution où l'action des habitants modifie les dispositions initiales pour adapter le quartier à de nouvelles conditions de vie qui caractérise la qualité urbaine d'un ensemble, qui permet de passer du lotissement à la ville.

Ce découpage « à plat » reste une manipulation de quantités très abstraites si l'on ne cherche pas en même temps à envisager quels types de bâtiments peuvent s'inscrire sur ces parcelles, à quels statuts d'espace, à quels usages possibles et à quels modes de vie ces dispositions correspondent.

Villas, maisons jumelées, maisons à cour

Le premier « remplissage » qui vient à l'esprit, le plus simple, consiste à envisager une maison individuelle sur chaque parcelle. On décrit ainsi, toujours pour le même lot, une occupation qui se déduit directement du découpage parcellaire. Aux grandes parcelles (de 1 080 à 540 m²) correspond l'implantation assez libre de grosses villas. De 360 m² à 216 m², les contraintes vis-à-vis des mitoyens déterminent de plus en plus précisément la position de la maison et incitent à penser des groupements de pavillons jumelés et à limiter les ouvertures latérales à des jours secondaires. Avec 12 m d'ouverture l'accolement sur une des limites mitoyennes devient presque obligatoire, à 9 m il s'impose. À partir de 180 m², et d'une ouverture sur la rue de 6 m, il est difficile d'échapper à la construction de maisons en rangées.

Les dimensions proposées ici peuvent provoquer l'étonnement. Si la borne supérieure (1 080 m²) est adaptée à des maisons aisées dans les lotissements résidentiels des banlieues cossues, elle ne constitue pas réellement, pour peu que le terrain soit encore à un prix modéré, une catégorie luxueuse. Certains lotissements imposent aujourd'hui des parcelles minimum de 2 000 voire 5 000 m². Nous ne les avons pas introduites ici car, aux dimensions près, elles ne posent pas de problèmes différents : la taille du terrain est telle que la maison peut s'y implanter librement, des garages, voire des annexes, y trouver leur place sans difficulté.

Les dimensions moyennes méritent réflexion. En effet, un terrain à bâtir de 350 à 500 m² à proximité d'une ville n'est pas destiné à du logement économique et l'on a souvent tendance (voir les nouveaux villages) à privilégier dans l'implantation les signes du niveau de vie des habitants plutôt que l'utilisation rationnelle du terrain. Ceci n'a pas beaucoup d'importance quand il s'agit de quelques maisons isolées, mais conduit à un gaspillage de voirie et d'infrastructure dès que le lotissement dépasse la vingtaine d'unités. En reprenant la démonstration de R. Unwin, on remarque que l'utilisation rationnelle du terrain procure pour des parcelles de dimensions moyennes des distributions plus amples, des jardins plus généreux et une économie de 10 % à 15 % du poste voirie/clôtures/VRD. Enfin elle garantit en général de meilleures conditions de densification et de complexification ultérieures.

Pour les deux cas évoqués jusqu'ici on remarquera que l'ampleur relative des terrains laisse une grande liberté d'implantation. En général, le problème du stationnement se résout dans chaque parcelle sans qu'il soit utile de définir une stratégie sur l'ensemble du groupement ; le garage peut être vaste, incorporé à la maison ou accolé, en fond de parcelle (et accessible par une allée dans le jardin ou commune à deux maisons) ou à l'alignement sur la rue. La relation du bâti à l'espace public est faiblement déterminée, elle se résume à un problème d'accès, et la maîtrise de l'aspect d'ensemble ne peut venir que de prescriptions surajoutées : imposition de clôtures et de plantations (ou leur interdiction), obligation d'alignement (sur la rue ou en retrait), codification des formes, des matériaux et des couleurs.

On se trouve dans le cas du lotissement « ouvert » qui offre des terrains viabilisés éventuellement accompagnés d'un cahier des charges plus ou moins contraignant. La réalisation des bâtiments peut se faire à l'unité avec un maître d'œuvre différent pour chaque logement, ou le recours à des maisons sur catalogue. Plus rarement, elle peut être le fait d'une maîtrise d'œuvre unique et l'objet de traitement d'ensemble sur le lot initial et sur plusieurs lots associés.

Dans ce dernier cas, et pour des parcelles de faible ouverture, une disposition simple et économique utilise l'alternance de maisons jumelées. Avec une construction de 6 m et des cours et jardins latéraux de 3 m de largeur,

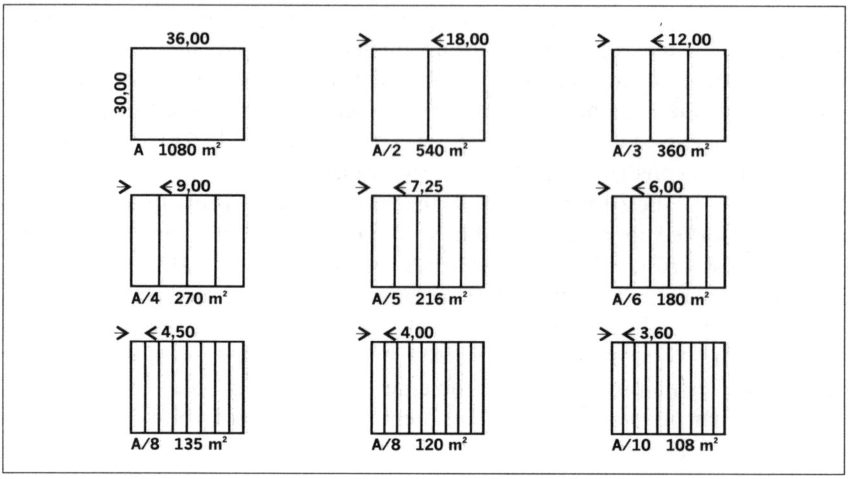

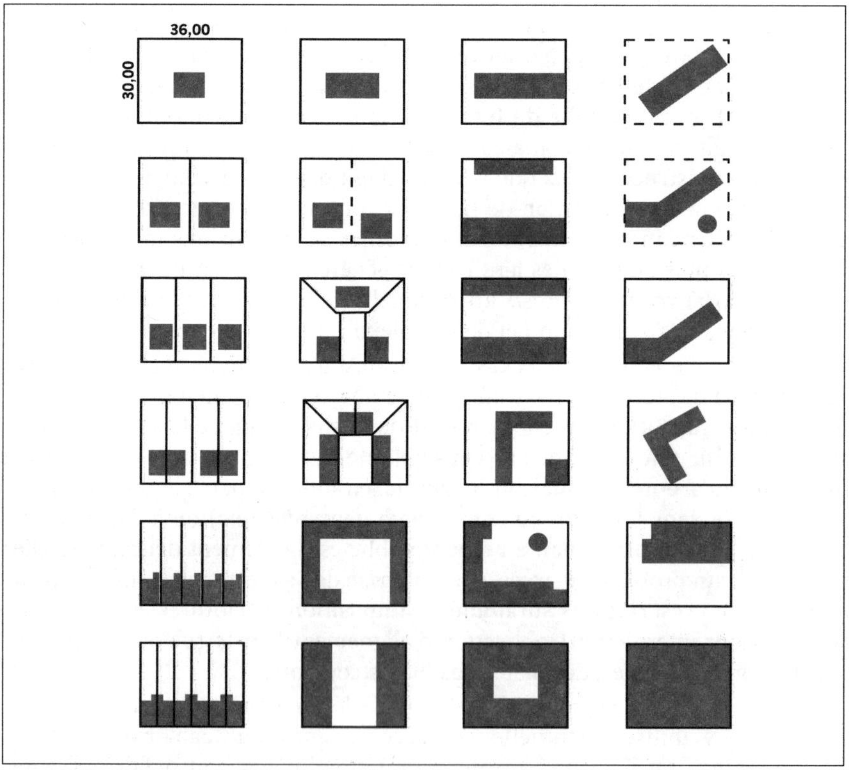

Fig. 11 : Découpage d'un lot en parcelles.

Fig. 12 : Différentes occupations d'un lot de 1080 m², villas, maisons groupées, maisons en rangée, immeubles, hangars, etc.

on obtient un prospect latéral de 6 m suffisant en maisons individuelles pour ménager des ouvertures principales. Si on implante les bâtiments à l'alignement, l'espace entre deux maisons forme une transition entre la rue et le logement. Soit cet espace reste privé et clos, avec éventuellement un portail qui permet l'accès aux véhicules à l'intérieur du jardin où la construction du garage peut se limiter à un simple abri, soit il devient commun à deux maisons et forme une cour collective de 6 m de large où peuvent prendre place les entrées des logements et les garages. Ces jardins strictement privés se développent au-delà sur l'arrière. Cette dernière solution limite les accès des voitures sur la voie publique, procure une seconde place de stationnement dans la cour et permet un accès au logement par le milieu qui évite un long couloir latéral. L'implantation des garages sur la rue conduit vers d'autres solutions. Pour les grands logements la possibilité de l'étage garage, pour les plus petits l'aménagement d'une terrasse au-dessus de la rue.

Une place doit être faite ici aux maisons à cour. À l'opposé d'une conception « pavillonnaire » de la maison, les traditions méditerranéennes ont mis au point des types de bâtiments dont on peut mesurer aujourd'hui l'adaptation au climat et au mode de vie des habitants. Patio en Espagne, cortile en Italie, ouest-ed-dar au Maghreb (littéralement : le centre de la maison) sont l'expression de cultures profondes et vivaces. Bien qu'acceptant la mitoyenneté, ces maisons s'établissent sur des trames assez larges dont la cour occupe le centre, ce qui pose en des termes différents la question de l'éclairage et des prospects. Une cour ordonnancée (sans être luxueuse) suppose une largeur minimum de parcelle de 12 m si l'on veut distribuer des pièces sur les quatre côtés, de 9 m avec des pièces de trois côtés. Des dimensions inférieures risqueraient de conduire à une conception résiduelle de la cour, prolongement de l'espace intérieur plutôt que principe d'organisation de l'ensemble de la maison. On retrouve alors le cas particulier des maisons en rangées.

Maisons en rangées

Les dimensions comprises entre 139 m² et 300 m², soit une ouverture sur rue de 4,5 à 9 m, correspondent à la tradition ancienne des maisons en rangées remise au goût du jour sous le nom de « maisons de ville ». Très profondément inscrit dans certaines cultures (anglo-saxonne, flamande...) ce type de maisons est peu développé en France où la tradition déjà bien établie du « pavillon » isolé et « dont on peut faire le tour » lui crée une concurrence certaine. Il constitue pourtant une forme d'habitat particulièrement économe d'espace, de distribution et d'énergie. La réduction de la largeur de la parcelle entraîne une réduction des linéaires de voirie, de réseaux et de clôtures sur la rue et la mitoyenneté une économie de façades (deux au lieu de quatre) et une réduction des déperditions.

Cette formule est celle du logement économique par excellence depuis le Moyen Âge. Expérimentée par les constructions « charitables » : béguinages flamands, Fuggerei d'Augsburg, elle a été systématisée dans le logement social et le logement ouvrier : les « case operai » vénitiennes reprennent les dimensions et les distributions des maisons de pêcheurs de la lagune, les corons et les cités ouvrières celles des maisons pauvres des villages et des faubourgs. Son appréciation par les classes moyennes nous semble être un phénomène éminemment culturel : une maison de 7 m de large à Bruxelles ou à Anvers peut être l'occasion d'un aménagement raffiné et luxueux, il n'est qu'à observer les manifestations de l'Art Nouveau belge pour s'en convaincre, tandis qu'elle sera considérée a priori comme exiguë — malgré l'ampleur réelle des distributions intérieures dans d'autres régions où la parcelle pauvre ne descend guère au-dessous de 8 m de large.

Les dimensions inférieures que nous avons indiquées (de 3 m à 4 m d'ouverture) peuvent sembler encore moins réalistes. Bien qu'elles fassent l'objet de quelques expériences, elles ne correspondent pas aujourd'hui à une production courante. Nous les avons néanmoins retenues pour plusieurs raisons. Elles peuvent être une réponse à des programmes analogues à ceux lancés en Angleterre dans les années soixante : « low rise, high density » ; avec une densité résidentielle de 100 logements à l'hectare en maisons individuelles (grande voirie non comprise) à condition de mener un travail original sur les distributions intérieures. Elles permettent avec des dispositions plus conventionnelles de faire rentrer dans le champ des lotissements courants de très petits logements qui en sont généralement exclus : logements pour personnes âgées ou pour personnes seules, studios d'artistes, voire logements de vacances. Elles ouvrent enfin des voies pour la construction de logements ultra-économiques répondant à un véritable programme de logements minimum pour des populations à très faibles revenus. On peut d'ailleurs remarquer des phénomènes de ce type sur les parcellaires maraîchers.

À la différence de ce que nous avons appelé les villas, et sauf dans certaines régions où la tradition du petit parcellaire est encore assez vivace pour que l'on envisage de construire les maisons une à une, ces dimensions se prêtent peu à une conception « ouverte » du lotissement. Il s'agira donc le plus souvent de constructions groupées réalisées avec maîtrise d'ouvrage et maîtrise d'œuvre uniques (une exception doit être signalée : le recours dans le cas de programmes à très faible coût à une autoconstruction partielle ou totale).

La faible autonomie du bâti sur la parcelle et de la maison par rapport à sa voisine a plusieurs conséquences. L'ensemble des maisons constitue un front bâti continu qui sépare nettement la partie frontale (vers la rue), de l'arrière de la parcelle (cour ou jardin). Ce qui dans le cas de parcelles plus grandes devait être obtenu par des prescriptions ou des artifices : créer une clôture continue avec du bâti discontinu est ici obtenu d'emblée. Le jeu sur les relations de l'espace public est réduit à deux paramètres : alignement ou recul avec dans ce cas matérialisation ou non d'un jardin privé sur l'avant, traitement architectural des façades qui peuvent accuser au choix l'individualité de chaque maison ou l'unité d'ensemble, ou, comme dans la tradition des cités-jardins, procéder par des motifs associant plusieurs maisons dans une composition pittoresque.

La continuité du bâti qui forme « barrière » entre la rue et l'arrière de la parcelle pose en des termes nouveaux la question du stationnement dont la résolution ne peut plus être laissée à l'initiative de chaque habitant, mais conditionne dès l'origine la conception même du logement. Le stationnement extérieur devant la maison, le long du trottoir, est la solution la plus simple. On la trouve dans les quartiers qui ont été planifiés avant l'obsession automobile. On remarquera que l'ouverture de la parcelle sur la rue de 6 m environ correspond à une place de stationnement latéral, ou deux places en épi ; 7,20 m permet d'alterner un arbre d'alignement et une voiture, ou d'obtenir trois places en épi. En dessous de 4 m, seul le stationnement en épi procure autant de places que de logements.

Cette solution impraticable dans la plupart des quartiers nouveaux du fait des règlements qui imposent généralement deux places par logements, dont une couverte, devrait faire l'objet de réflexions et ne pas être écartée a priori, surtout s'il s'agit d'abaisser sensiblement le coût du logement. Elle a l'inconvénient de supprimer le garage dont on sait qu'il constitue, s'il est directement lié au logement, bien autre chose que le simple lieu de stationnement des véhicules (rangements divers, lieux de bricolage, salle de jeux des enfants, voire possibilité ultérieure de se transformer en pièce supplémentaire).

Au lieu d'être sur la rue et séparé de la maison par le trottoir, le stationnement en épi peut être résolu dans le recul du bâti par rapport à l'alignement. Cette marge qui sépare le domaine public du bâtiment est favorable à des appropriations qui transforment le simple emplacement en un garage léger. La combinaison d'un perron d'entrée, d'une contre-pente pour le parking et d'une clôture marque le début de l'incorporation du stationnement au bâti. Dans les cas favorables, la couverture du garage par une terrasse prolongeant l'espace intérieur manifeste plus fortement encore cette intégration que la maison avec garage incorporé réalise. Ici, l'étroitesse du parcellaire ne permet plus comme dans les trames de 9 m et plus, de penser le logement avec un garage latéral. La distribution de la maison se trouve donc profondément affectée par cette disposition. L'infinie variété des solutions se développe entre deux extrêmes : la construction à l'alignement qui ne laisse à côté du garage que la place de l'entrée et renvoie les pièces de séjour sur le jardin ou à l'étage ; la construction en retrait qui, grâce à une rampe, donne accès à un garage au sous-sol ou à demi enterré.

Nous nous sommes assez longuement arrêtés sur la question de stationnement devant la maison car elle nous semble, notamment en France, être devenue une cause de blocage. Le retour mal compris à une architecture urbaine (vue le plus souvent sous l'angle du décor) combiné à l'obligation de répondre quantitativement au problème du stationnement, conduit à un véritable contresens. La difficulté réelle d'intégrer la porte du garage dans le dessin d'une façade qui se prétend traditionnelle, le discours mythique sur les cheminements piétonniers supposés plus sûrs et plus animés ont comme conséquence le refus de la voiture. Indispensable dans les lotissements qui sont le plus souvent éloignés des centres anciens et des lieux de travail, elle est rejetée sur l'arrière, dissimulée, ignorée alors que c'est en voiture que l'on accède à la maison — et non par une façade arbitrairement déclarée principale au nom d'une ordonnance qui ne correspond pour les habitants à aucune pratique. Il en résulte une confusion du statut symbolique des espaces qui va à l'encontre du développement d'une vie urbaine, et s'oppose en fait à la consolidation du tissu.

A contrario, les exemples d'ingéniosité que révèle le tissu des banlieues non soumises à une codification tatillonne montrent la capacité des habitants à résoudre ces problèmes de façon pratique, pittoresque et souvent poétique. S'il y a un travail prioritaire à mener sur le lotissement de maisons individuelles, il passe, pour les parcelles étroites, par une réflexion sur l'accès et la desserte automobile du logement. Le stationnement alors n'est qu'un aspect d'un problème plus vaste qui englobe le ramassage des ordures ménagères, la distribution du courrier, l'accès des véhicules d'entretien, de déménagement et de secours. Penser le garage non comme la boite où l'on cache la voiture, mais comme un espace dont l'usage dépasse la fonction initiale, penser l'entrée des piétons en même temps que celle des voitures, retenir, notamment dans les climats tempérés, l'idée de l'abri peuvent inciter à imaginer des solutions plus subtiles, que l'alternance porte d'entrée, porte de garage le long du trottoir. Enfin, il n'est peut-être pas trop tôt pour se demander si la voiture individuelle dont l'omniprésence n'a pas cinquante ans ne disparaîtra pas soudain et quelles seront les utilisations possibles des lieux prévus à son intention.

Le stationnement sur l'arrière s'inscrit dans une longue tradition qui, des bastides médiévales aux villes anglaises et américaines, procède par une alternance de rues nobles et de rues de service (carreyrou, ruelle, *mews* ou *back-street*).

Ramené à l'échelle d'une maison individuelle économique, ce redoublement des voiries semble peu justifié. Il crée cette ambiguïté de l'entrée évoquée plus haut : l'accès se fait d'un côté à pied, de l'autre en voiture ; l'adresse ne signifie plus qu'un matricule abstrait, l'orientation du logement et le repérage dans le quartier en souffrent. Cette disposition pourtant peut être justifiée dans un tracé d'ensemble dont nous étudierons plus loin la logique. En ce qui concerne la parcelle, malgré l'inconvénient du double accès, le garage à l'arrière, en relation directe avec le jardin, se prête assez bien au rôle de pièce de rangement et de bricolage que les habitants lui donnent volontiers. De plus la succession des garages et des portes de jardins peut créer sur l'arrière le lieu d'une pratique collective différente de celle qui se développe sur la rue ; l'espace y a un caractère plus privé favorable à certaines activités.

Enfin deux solutions sont également utilisées pour le stationnement. L'une consiste à regrouper, pour un ensemble de logements, parkings ou garages dans une même parcelle formant « cour de stationnement », avec l'inconvénient d'interdire les relations directes du garage au logement. L'autre à établir un parking collectif sous l'ensemble de la rangée. Cette solution qui permet d'ailleurs d'individualiser avec des boxes reliés par des escaliers intérieurs à chaque logement une partie du sous-sol commun fait toucher du doigt l'ambiguïté des définitions usuelles. Ainsi, la rangée doit-elle être considérée à la fois comme une série de maisons individuelles mitoyennes et comme un immeuble bas divisé pour l'usage en logements indépendants. Avec des procédés de constructions identiques et une distribution intérieure de logements semblable, les mêmes bâtiments peuvent avoir des statuts très différents, donc se prêter à des usages divers. La culture urbaine locale (elle change dans un même pays d'une région à l'autre), le statut juridique (location, copropriété, propriété), la réglementation, le mode de gestion plus ou moins contraignants et l'appartenance sociale des habitants se combinent pour créer, à partir des dispositions de base identiques, des habitats différents.

Outre qu'elle constitue pour la maison individuelle la solution la plus économique, la maison en rangées représente une proposition urbaine à faible ou moyenne densité dont les qualités sont démontrées par l'ancienneté de son existence. La définition de l'espace public et sa séparation d'avec le domaine privé est claire, stable et continue : la façade sur une rue renvoie aux conventions de la ville, l'arrière de la parcelle est le lieu des manifestations individuelles ou collectives des habitants. Cette opposition permet une extension du logement au gré des besoins et des moyens de chacun, sans que l'image « publique » de l'ensemble en soit affectée. La succession des agrandissements, et des appentis, des terrasses, des excroissances, des courettes et des jardins que l'on peut observer sur l'arrière des maisons en rangées en Angleterre, en Belgique et dans le Nord de la France montre combien ces dispositions peuvent devenir stimulantes.

Maisonnettes superposées et logements intermédiaires

Poursuivant la logique des maisons en rangées, les Anglais ont depuis plus d'un siècle mené une exploration systématique des possibilités de superposition de logements et d'imbrication de logements et de commerces, anticipant largement sur ce qu'il est convenu d'appeler aujourd'hui logement intermédiaire. De cette expérience et des autres exemples qui se sont développés ailleurs et, depuis, on peut retenir, sans les détailler, les principes suivants :

— La superposition sur la même trame de cellules de logements identiques a pour effet de doubler la densité sans modifier sensiblement le statut des espaces. La desserte des logements inférieurs se fait comme pour des maisons en rangées ; celle des logements supérieurs par une coursive dont le statut veut être le même qu'un « morceau de trottoir où passent le laitier, le facteur et où jouent les enfants » (Rainer Banham, 1970) ou par des escaliers communs à deux logements. Les logements bas disposent d'un jardin prolongeant directement la maison, les logements hauts de terrasses qui en constituent le substitut. Le garage commun sous l'ensemble représente la solution la plus logique. On remarquera qu'une trame de logement de 6 m environ correspond à deux places de stationnement en sous-sol avec la possibilité de cloisonner les boxes.

— La combinaison dans un même bâtiment de logements à un seul niveau (flat) et de logements en duplex (maisonnettes) permet de varier les types d'habitat et de diversifier la population (petits logements pour personnes âgées et grands logements pour familles, etc.). Un ensemble de maisonnettes ou de logements superposés peut s'établir au-dessus d'une série de magasins, de locaux d'activités ou d'équipements de quartier. Cette disposition permet une mixité des fonctions qui renoue avec les dispositions habituelles des tissus anciens. À partir de ces superpositions simples, on peut obtenir des imbrications plus complexes associant des grands appartements ou des logements à niveaux décalés sur trame large et des duplex sur trame étroite ; la coordination dimensionnelle assurant la simplicité constructive.

Bien qu'issus d'une tradition de la maison en rangées, et s'inscrivant facilement parmi des logements individuels, ces types de bâtiments constituent en fait des « barres » qui volumétriquement ne sont pas très éloignées des immeubles HLM souvent décriés. C'est leur inscription dans le tissu qui leur confère un caractère urbain : l'évidence des façades sur la rue qui s'opposent aux arrières, leur capacité à accueillir voire à susciter l'appropriation par les habitants.

Si l'on compare aux maisons individuelles évoquées précédemment, le nombre de logements toujours pour le même lot à bâtir de 36 × 30 m (1 080 m²) qui était de 1 à 5 pour les villas isolées ou jumelées et de 4 à 12 pour les maisons en rangées passe ici de 10 à 20 pour une superposition simple, de 15 à 25 pour une imbrication plus complexe. Dans le premier cas les bâtiments ne dépassent pas R + 3 (deux duplex superposés) mais peuvent se limiter à R + 1 ou R + 2 (deux appartements ou un appartement et un duplex). Dans le second cas la hauteur du bâtiment peut varier du R + 2 + combles (deux appartements et un duplex) à R + 7 (trois duplex superposés sur un rez-de-chaussée commercial) on mesure là, combien la notion de densité reste abstraite si on ne la rapporte pas à des dimensions et des dispositions précises.

L'immeuble entre mitoyens

La tradition de l'immeuble urbain est assez riche pour que l'on puisse dans une épaisseur libre de 10 à 15 m, voire au-delà, inscrire entre mitoyens une infinité de bâtiments correspondant à des programmes variés. Le but de ce paragraphe n'est donc pas d'en faire l'inventaire, mais de décrire quelques cas et de donner les moyens d'une première approximation des quantités.

On remarquera d'abord que l'ouverture sur rue de 36 m correspond à la dimension maximum entre deux joints de structure pour un bâtiment d'une épaisseur de 16 m (40 m sur la diagonale), largeur minimale d'un parking. L'idée qui a prévalu ici est la suivante : utiliser une contrainte technique banale, mais qui marque constructivement l'unité du bâtiment, et la mettre en relation avec les dimensions parcellaires et le mode distributif. En d'autres termes, tenter de rationaliser le projet en coordonnant des dimensions qui proviennent de logiques habituellement séparées : technique, foncière et distributive.

Là encore il ne s'agit pour l'instant que de mettre en situation urbaine des « barres » banales. Car ce n'est pas tellement la qualité des bâtiments définie dans l'abstrait qui est en jeu, mais à qualité égale, la capacité de s'adapter à une localisation précise et d'en tirer parti pour constituer un tissu.

À la différence des maisonnettes superposées qui perpétuent avec une plus forte densité la tradition des maisons en rangées, l'immeuble urbain se caractérise par la non-obligation d'appropriation individuelle du sol, et par une distribution collective. Halls d'entrée, cages d'escaliers et d'ascenseurs, paliers, cours, ne sont pas seulement des moyens fonctionnels d'accéder au logement, mais des lieux identifiables où se développent les relations de voisinage. Le nombre de logements desservis par une cage d'escalier n'est pas indifférent à la qualité de ces relations et des espaces. La possibilité pour les habitants de reconnaître et de nommer les lieux dans la langue de tous les jours incite à repenser dans une situation urbaine les dispositions héritées de l'expérience du logement social : l'espace vert redevient cour ou jardin, le bloc B a une adresse et une façade sur une rue.

La relation à l'espace public est à la fois individuelle : les fenêtres d'un logement, éventuellement prolongées par un balcon, une loggia ou une terrasse ; et collective : l'entrée de l'immeuble et la séquence d'accès, la façade en tant qu'elle représente collectivement l'image du bâtiment, les espaces communs en relation avec la ville (arcade ou portique au rez-de-chaussée, terrasse ou belvédère aux étages supérieurs). On remarquera que la façade sur rue prend du sens par son dessin qui doit mettre en relation plusieurs échelles : celle individuelle des percements, celle, unitaire ou fractionnée, du bâtiment (dans son double rôle d'exprimer les immeubles et de constituer l'enveloppe des espaces publics).

Mais l'état d'entretien est également révélateur de l'attention que lui accordent les responsables de la gestion et les habitants. D'où l'importance des revêtements, des matériaux, et le rôle de la modénature qui permet de « découper » la gestion de la façade.

À l'arrière, au contraire, l'image moins stable, accepte plus facilement les modifications apportées par le temps. Sur le lot à bâtir pris comme support de notre réflexion, nous pouvons envisager plusieurs cas, évaluer leur capacité et les comparer à celles des solutions déjà examinées. Quand l'immeuble occupe la totalité du linéaire sur rue, il se confond avec le bâtiment (on appellera bâtiment l'unité constructive entre deux joints ; immeuble l'unité distributive définie à partir de son entrée, de son adresse). Pour une épaisseur de 12 m on obtient une surface hors œuvre de 432 m² par niveau soit avec des logements moyens (3 P, 4 P) quatre à cinq appartements par étage. À partir du hall d'entrée, l'accès aux logements peut se faire soit par une montée verticale (ascenseur et escaliers) ce qui entraînera aux étages un couloir ou une petite coursive de distribution, soit par deux montées verticales, ce qui double le nombre d'ascenseurs. L'utilisation d'un sous-sol d'une épaisseur de 16 m correspond à un parking de 20 à 25 places. La construction de 5 niveaux (R + 4) représente un bâtiment de 14 m de haut avec une capacité de 24 logements environ et un cos de 2. Cette solution moyenne peut être comparée aux solutions moyennes des villas (3 ou 4 logements), des maisons de rangées (6 à 8 logements), ou des maisonnettes superposées (12 à 16 logements). Elle démontre l'éventail des densités possibles sur ce même lot en restant dans des distributions courantes, des cos assez faibles et des prospects généreux (en montant à R + 6, soit environ 20 m, on aurait 30 à 40 logements).

Comme pour les maisons, le bâtiment peut être à l'alignement ou en retrait, ou encore par un décalage entre le rez-de-chaussée et les étages (ou entre les étages bas et les étages supérieurs) assurer l'alignement sur une hauteur de quelques mètres et offrir une terrasse au-dessus. Cette dernière solution est intéressante dans le cas où le rez-de-chaussée est occupé par des commerces ou des équipements dont la profondeur est supérieure à celle du

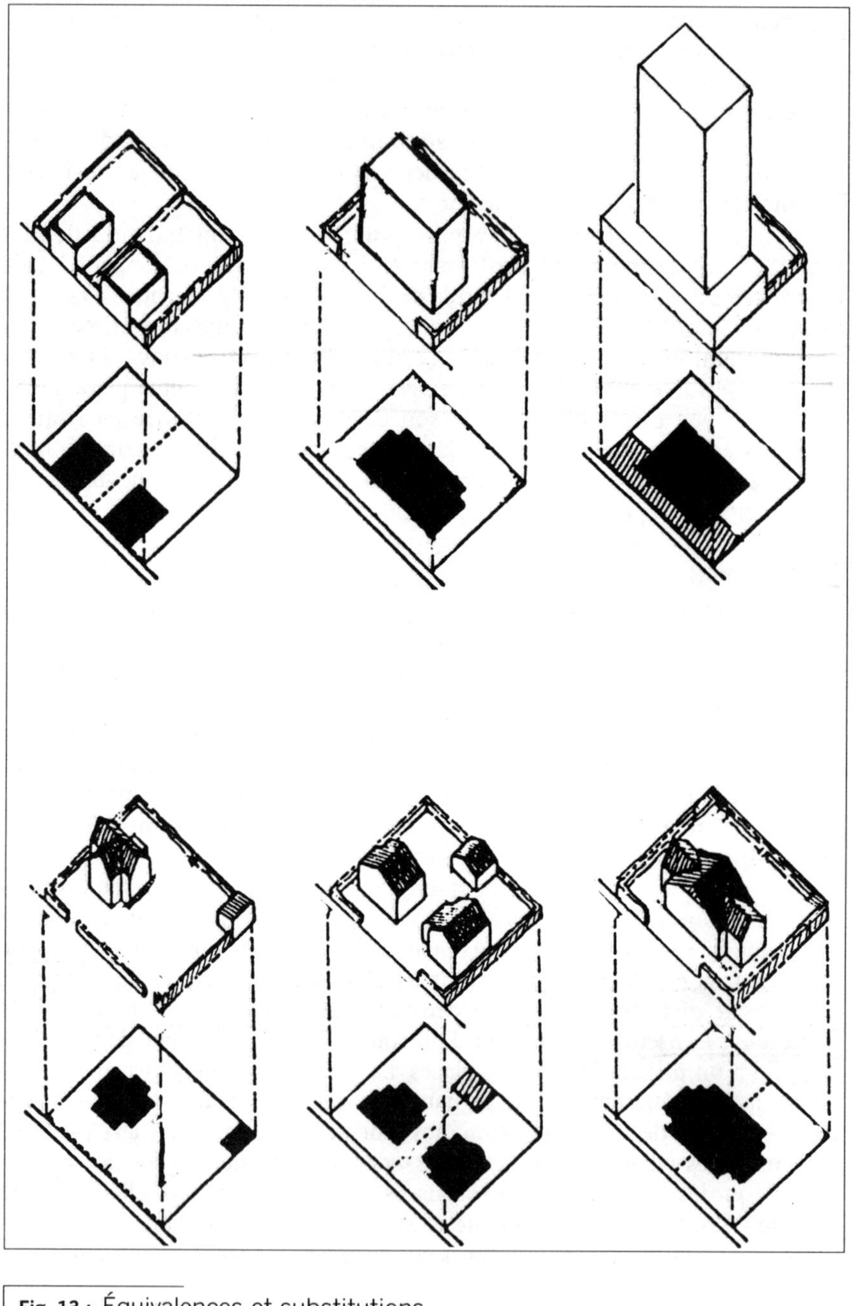

Fig. 13 : Équivalences et substitutions.

bâtiment d'habitation. L'immeuble urbain renouant avec la tradition des édifices mixtes du XIXe et du début du XXe siècle peut associer un commerce ou un équipement à rez-de-chaussée, un ou deux étages de bureaux ou de locaux d'activités, puis des logements. La privatisation de l'arrière de la parcelle assurant on le verra les possibilités d'extension des commerces et des activités.

Si l'on s'en tient au logement seul, le terrain libre à l'arrière de la parcelle peut accueillir différents usages, selon la localisation dans la ville ou le quartier et selon leur caractère. Cette « cour » de 500 m² environ peut être aménagée en jardin commun, avec éventuellement quelques constructions annexes : locaux communs résidentiels, lieux de bricolage…, entièrement utilisée en parking (elle offre alors une capacité de 24 à 26 places), partiellement découpée en jardins privatifs, ou mêler les trois.

La division du bâtiment en deux immeubles de 18 m de largeur en façade possédant chacun leur entrée et leur cage d'escalier, ne change pas le nombre de logements que l'on peut construire sur le lot. Mais l'indépendance des deux parcelles permet une gestion différente. Si cette indépendance se traduit par des propriétés foncières séparées elle entraîne la construction de bâtiments distincts et décompose les programmes immobiliers en unités de 10 à 16 logements. Du point de vue constructif l'immeuble de 18 m sur une épaisseur maximum de 16 m correspond à un bâtiment de 24 m sur la diagonale répondant à des contraintes particulières (sous-sol instable, zone sismique, etc.).

On a retenu un cas d'immeuble de 24 m d'ouverture sur la rue (soit une parcelle de 720 m²) correspondant à des contraintes constructives différentes (diagonale à 30 m) et une distribution simple de trois appartements par niveau. Cette division qui représente les 2/3 du lot de base prend son sens dans une association de deux lots pour obtenir trois immeubles.

Plus rarement à notre avis on peut être conduit à proposer un découpage du lot en trois parcelles de 12 m de façade accueillant chacune un petit immeuble de 150 à 180 m² par niveau ; exceptionnellement de quatre parcelles de 9 m.

Si ces dimensions se retrouvent aujourd'hui dans de nombreuses villes elles proviennent le plus souvent de la substitution d'un immeuble à une ancienne maison, ou de sa surélévation.

La division du lot de base en propriétés différentes construites et gérées de manière indépendante entraîne une perte importante de rentabilité des circulations communes et des parkings. Sauf à desservir ceux-ci par l'arrière de la parcelle comme pour des maisons en rangées ou à les laisser au niveau du sol, on multiplie dans le cas de garage en sous-sol les rampes et les accès. Généralement la cour arrière permet d'accueillir autant de voitures qu'il y a de logements dans un immeuble de hauteur moyenne ; son aménagement, notamment par des plantations d'arbres permet de dépasser le simple parking asphalté et de proposer des espaces qui peuvent susciter d'autres usages que le seul stationnement des véhicules.

Résidences et petits collectifs

La volonté de « faire urbain » incite souvent à prôner de manière inconditionnelle la mitoyenneté (et l'alignement) dans l'aménagement des nouveaux quartiers. Cette attitude fondée sur une réaction aux excès antérieurs conduit à négliger des types de bâtiments qui appartiennent pourtant à une tradition urbaine ancienne et répondent aujourd'hui à une demande sociale établie. De même que la villa isolée n'est pas moins urbaine a priori que la maison en rangées, le pavillon, la « maisonnée », les petits collectifs sont des solutions qui méritent intérêt.

Habiter un petit immeuble entouré de jardins à l'écart du centre ville et des grands axes est en effet une formule qui attire un grand nombre de personnes et sur laquelle la petite promotion privée base une part non négligeable de son activité. Mythe de la nature et convivialité restreinte, la petite résidence correspond à un mode de vie, celui d'une fraction importante des classes moyennes dans la périphérie des grandes villes.

La réalité de la demande se vérifie, pour s'en tenir à la France, par le nombre considérable de constructions de ce type qui s'édifient depuis une quinzaine d'années en banlieue. Mais on peut en voir une autre version dans le réaménagement par plusieurs familles de grosses villas bourgeoises fin de siècle que leurs dimensions ont rendu inadaptées au logement d'une seule famille (une villa « moyenne » des années 1860-1910 représente trois niveaux de 150 à 300 m², avec sous-sol et dépendances en sus, ce qui suppose outre une famille élargie, un personnel de service important). Et la villa conçue par Le Corbusier à Garches est aujourd'hui divisée en six appartements de dimensions variées.

Assez paradoxalement, tandis que les architectes et urbanistes méprisent le plus souvent le « plot » que construisent dans les banlieues les maîtres d'œuvre sans esprit, le mouvement moderne n'a pas manqué d'en expérimenter les types. De la série « gratte-ciel » de Pessac aux maisons du Weissenhof pour Le Corbusier, des petits immeubles de Rietveld à Utrecht aux innombrables maisons pour quatre familles exploitant le principe de la maison Citrohan, l'idée de loger sur un même terrain les gens les uns au-dessus des autres plutôt que côte à côte n'est pas neuve.

Ces petits collectifs ne correspondent pas à la densification maximum du terrain dont ils cherchent, grâce à la superposition, à conserver l'aspect paysagé. La construction à l'alignement et le jeu des clôtures entre deux immeubles peut néanmoins, dans une conception subtile du continu/discontinu définir de manière précise l'espace public tout en révélant la profondeur du terrain et le mélange du bâti et des arbres. Du petit collectif isolé à la grosse maisonnée, quelques solutions apparaissent qui répondent à des situations urbaines variées et permettent notamment en banlieue une densification et une régénération du tissu qui s'accordent au bâti existant.

On remarquera qu'un bâtiment de 24 m de façade sur 15 de profondeur représente 360 m² par niveau, soit autant qu'une barre de 36 × 10. La répétition sur des lots identiques de ces bâtiments laisse un prospect latéral de 12 m donc des possibilités d'éclairage importantes. Pour une même hauteur de bâti, deux grands appartements par étage (version luxueuse) ou quatre moyens donnent des densités comparables à des maisons en rangées ou des maisonnettes superposées (de 6 à 12 à R + 2, de 10 à 20 à R + 4).

Le travail sur la profondeur de la parcelle

Nous nous sommes limités jusqu'ici à examiner des bâtiments simples implantés à l'alignement ou presque et laissant libre la partie arrière du terrain. Mais la construction d'une parcelle urbaine (et toute parcelle construite en agglomération est urbaine) ne se limite pas à sa façade sur l'espace public. L'utilisation de la profondeur de la parcelle s'est faite au cours des siècles de plusieurs façons, soit que l'accroissement de population ait entraîné progressivement sur l'arrière la construction des anciens jardins et vergers, soit que les bâtiments se soient référés directement à des types consciemment adaptés à cette situation de densité nouvelle. C'est ce second cas que nous examinerons maintenant, l'étude des croissances internes et des modifications du tissu faisant l'objet d'un chapitre ultérieur.

La densification du lot de base procède par deux types d'opérations : le redoublement du bâtiment sur rue par une construction parallèle dans la cour (avec les altérations que cela impose) ; l'implantation de constructions perpendiculaires à la rue dans la profondeur de la parcelle. La combinaison des deux entraîne assez rapidement la saturation des possibilités constructives du terrain. Ces deux logiques se sont surtout manifestées autrefois en prenant appui sur les limites séparatives. Les réglementations actuelles ont tendance à imposer des marges de recul vis-à-vis des propriétés voisines et à isoler les bâtiments au centre de la parcelle. De nombreux artifices néanmoins permettent de tourner ces règlements.

Les maisons en rangées fournissent un premier exemple d'application. Le redoublement de la rangée, avec la réduction de jardins que cela impose, entraîne le doublement du nombre de logements, soit pour le lot sur lequel nous raisonnons, 12 à 16 logements. L'exiguïté des jardins, ils ne dépassent guère 30 m², et la proximité des vis-à-vis peuvent inquiéter. Ce serait oublier la faveur dont jouissent aujourd'hui, et dans beaucoup de grandes villes, les anciens lotissements ouvriers du siècle dernier qui n'offrent souvent pas davantage. Comment expliquer que malgré leur non-conformité aux normes actuelles, les mews londoniens aussi bien que les « cités » parisiennes soient tellement recherchés si ce n'est que cette forme d'habitat en ville correspond à une manière de vivre à laquelle ne répond pas la production actuelle (rappelons que sur le même terrain 16 logements correspondent à un petit collectif de R + 3).

La création d'une petite voie privée perpendiculaire à la rue, sur laquelle s'ouvrent en vis-à-vis les maisons (10 à 12 logements), représente l'autre moyen d'utiliser la profondeur de la parcelle, conformément à la tradition ancienne des « cités » que l'on rencontre dans de nombreuses villes. La combinaison de ces deux rangées parallèles avec un parking collectif en sous-sol a été largement expérimentée en Angleterre sous le nom de deck. L'espace collectif qui en résulte, en retrait de la rue et fortement privatisé, s'associe

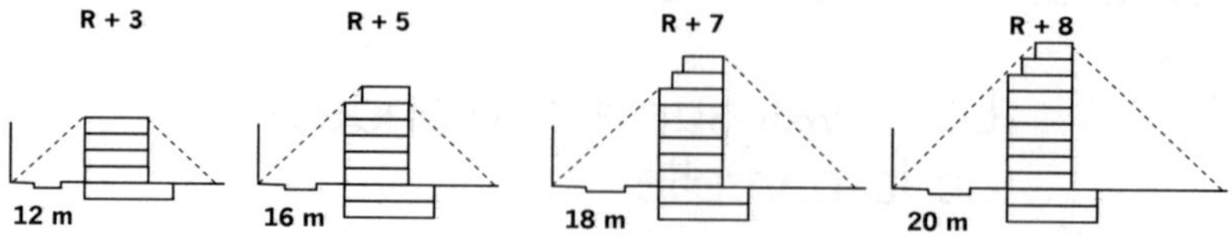

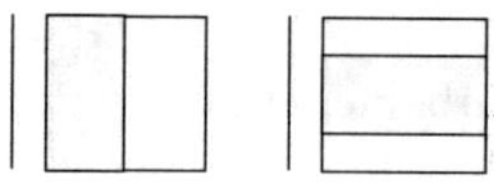

288 m² SHO par niveau sur 12 m d'épaisseur
312 m² SHO par niveau sur 13 m d'épaisseur

SHO	R + 3	R + 5	R + 7	R + 8
12 m	1152	1728	2304	2592
13 m	1248	1872	2496	2808
nbr. log.	12/14	18/22	24/28	27/31

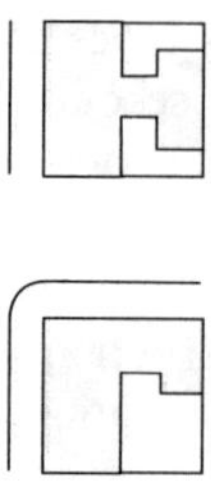

408 m² SHO par niveau sur 12 m d'épaisseur
432 m² SHO par niveau sur 13 m d'épaisseur

SHO	R + 3	R + 5	R + 7	R + 8
12 m	1632	2448	3264	3672
13 m	1728	2592	3456	3888
nbr. log.	18/20	24/28	30/34	33/37

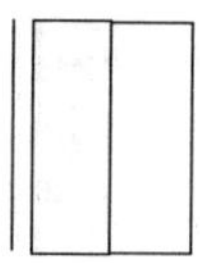

432 m² SHO par niveau sur 12 m d'épaisseur
468 m² SHO par niveau sur 13 m d'épaisseur

SHO	R + 3	R + 5	R + 7	R + 8
12 m	1728	2592	3456	3888
13 m	1872	2808	3744	4212
nbr. log.	18/20	26/30	34/38	38/42

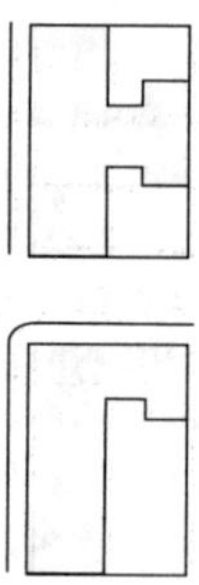

552 m² SHO par niveau sur 12 m d'épaisseur
588 m² SHO par niveau sur 13 m d'épaisseur

SHO	R + 3	R + 5	R + 7	R + 8
12 m	2208	3312	4416	4968
13 m	2352	3528	4704	5292
nbr. log.	18/20	26/30	34/38	38/42

Fig. 14 : Densité.

facilement à l'image d'une convivialité tranquille tempérée par l'existence sur l'autre face de jardins réellement privés.

L'élargissement de l'espace commun pour former une sorte de cour, au détriment des jardins arrières marque la transition de la « cité » au « close » ; la réinterprétation dans l'extension Sud d'Amsterdam de ces dispositions issues de l'expérience des cités-jardins indique leur pertinence dans un milieu urbain à densité moyenne.

Sur les mêmes tracés, l'implantation de maisonnettes superposées permet d'accroître encore la densité. Selon la localisation précise, l'orientation, le voisinage, on peut doubler l'ensemble, ou combiner des logements superposés à des maisons simples. Le nombre de logements obtenus se situant alors, toujours pour le même lot, entre 18 et 24.

Redans et immeubles à cour

Avec des immeubles hauts, les prospects nécessaires (sans être esclave du H = L) et la recherche d'une forte densité ne se satisfont pas de ces imbrications subtiles de jardinets. L'association à l'immeuble sur rue d'un corps de bâtiment perpendiculaire procure une augmentation du nombre de logements (pour un même nombre d'étages : R + 5 soit 17 m on passe de 30 à 36 logements environ). L'association de plusieurs lots crée une sorte d'immeuble à redans avec servitude de cour commune à l'arrière.

L'immeuble à redans se présente comme l'inversion de ce schéma. Limité à une cour ouverte quand il ne s'agit que d'une seule parcelle, il renoue — version bourgeoise — avec l'hôtel particulier aristocratique. Mis en série le long de la rue comme le proposait Hénard (1903) il amorce la critique de la rue-corridor. Mais, des grosses copropriétés des beaux quartiers aux « gratte-ciel » de Villeurbanne, la combinaison de bâtiments de hauteurs différentes, l'occupation du rez-de-chaussée ou des deux étages inférieurs par des commerces et des équipements, la constitution de cours hautes en balcon sur la rue, le jeu des retraits et des terrasses aux étages supérieurs ont montré les capacités de ces bâtiments à s'inscrire dans une localisation précise et à proposer une image urbaine à la fois originale et respectueuse de l'idée de ville.

La construction à l'alignement libère l'arrière de la parcelle. La cour peut, on l'a vu, accueillir des parkings, un jardin ou des constructions annexes. Elle est alors résiduelle : c'est l'espace non utilisé, le minimum de terrain non bâti nécessaire à l'éclairage et à l'aération des pièces, la portion de sol urbain lié au bâtiment. Toute autre est la logique de l'immeuble à cour qui pose dès l'origine l'ordonnance de celle-ci et son rôle central dans la composition et la distribution. Issue du cortile des palais italiens, la cour centrale ordonnancée s'introduit en France au XVIIIe siècle dans l'architecture domestique avec l'immeuble à loyer qui va de pair avec la densification du tissu. Réduite et banalisée dans l'immeuble haussmannien qui n'en conserve, sauf dans les beaux quartiers, que la fonction d'éclairage et de ventilation, elle se dissout dans les HBM. Pourtant, à côté de cette production de masse, une série d'expériences tentent au cours du premier tiers du XXe siècle de l'adapter aux nouvelles conditions de confort et d'y introduire l'automobile. Plus près de nous et après la critique de l'urbanisme moderne, la cour retrouve une actualité : elle offre un espace au statut défini séparé et protégé des nuisances, sonores en particulier, de la rue. Elle permet en plein centre ville et à deux pas du trafic de trouver des lieux calmes offerts à une pratique collective.

Avec des constructions mitoyennes, l'épaisseur des bâtiments sur cour, donc à simple orientation, ne dépasse guère 7 à 8 m. Ce qui pour une parcelle de 36 m de large par 30 de profondeur définit une cour rectangulaire de 20 m de large par 10 à 12 m de profondeur. On obtient avec des prospects courants une construction à R + 3 (H = L + 1) ou de R + 5 (H = L + 4) — soit 35 à 60 logements sur 1 080 m². Ce dernier chiffre peut être considéré comme la densification maximum du lot de base ; il correspond à un coefficient d'occupation du sol (cos) proche de 5, c'est-à-dire supérieur aux normes généralement admises aujourd'hui.

Toutefois il reste inférieur aux constructions denses des quartiers bourgeois des grandes métropoles de la fin du XIXᵉ siècle dont les logements n'ont pas été désertés pour autant. À Paris les immeubles du boulevard Saint-Germain ou du boulevard Haussmann, à Vienne ceux du Ring ou à Barcelone l'Ensanche offrent des densités supérieures.

Dans certains cas l'utilisation de toute la surface de la parcelle au rez-de-chaussée ou dans les étages bas pour des usages autres que l'habitation détermine des cours hautes avec des prospects généreux. La densité plus élevée et la mixité des fonctions correspondent à une occupation de centre ville largement expérimentée depuis le XIXᵉ siècle. Enfin la cour couverte marque la saturation de la parcelle. Rarement utilisée pour l'habitation elle est liée à l'architecture commerciale et industrielle : ateliers, grands magasins, équipements.

Le passage de la rue à la cour mérite attention, surtout si l'on tente d'associer l'accès des véhicules et celui des piétons. Le stationnement dans la cour outre qu'il en exclu d'autres usages, ne peut guère accueillir que 10 à 12 places. C'est donc en sous-sol qu'il faut généralement trouver les places nécessaires, d'où une rampe qui, si elle n'est pas prise dans l'emprise des bâtiments, occupe la presque totalité de la cour. Un jeu de niveaux différencie le sol du bâtiment sur rue, dont le rez-de-chaussée peut accueillir des commerces de plain-pied, et l'intérieur de la parcelle et permet de limiter la longueur de la rampe en remontant le sol de la cour. Celle-ci alors devient inaccessible aux véhicules (ce qui restreint les possibilités d'y implanter certaines activités nécessitant des manutentions lourdes et fréquentes) et aux voitures de pompiers, ce qui entraîne d'autres servitudes, sur les cages d'escalier notamment.

La difficulté de réaliser une cour traditionnelle dans une parcelle de dimensions restreintes en répondant de manière satisfaisante aux contraintes modernes (ensoleillement, stationnement, sécurité incendie…) a conduit depuis le début du siècle à proposer un type de bâtiment un peu différent : l'immeuble à cour ouverte. Proche visuellement de l'immeuble à redans, il en diffère toutefois par une capacité à donner un statut clair à la cour. Si l'ensemble des logements peut avoir une vue directe ou biaise sur la rue, l'unité parcellaire autour de la cour existe. Les appartements se distribuent de manière simple, en trois corps de bâtiments formant un U qui peut être refermé au rez-de-chaussée sur la rue. Une telle disposition, pour une hauteur de R + 5 correspond à une quarantaine de logements et à un cos de 4. Un léger

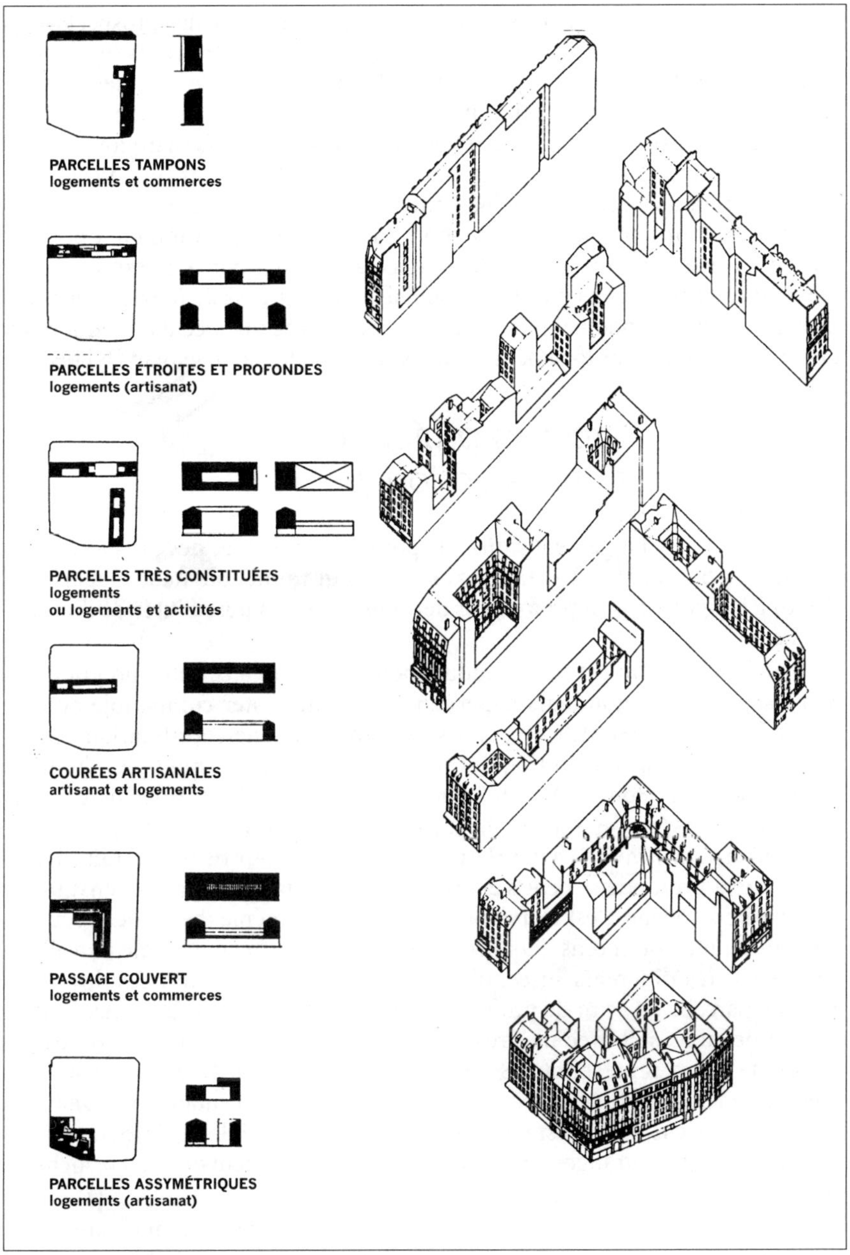

Fig. 15 : Variation typologique : immeubles à Paris.
(Antoine Grumbach).

décalage du plan des façades sur cour permet de négocier des prospects et de construire à R + 6 ou R + 7 soit 50 à 55 logements. On retrouve là les densités maximum généralement acceptées aujourd'hui dans les villes occidentales soit 500 logements à l'hectare en densité nette (voiries exclues) soit environ 250 logements en densité brute (voiries et équipements inclus). Remarquons qu'avec une occupation moyenne de 3,5 personnes par logement, un quartier de 10 000 habitants occupe sensiblement 12 hectares, équipements et services compris, soit un terrain de 300 × 400 m. La même population en « nouveau village » consomme un terrain de 200 hectares soit 2 000 × 1 000 m, avec 50 habitants à l'hectare. Les quartiers populaires du Caire ou de Mexico dépassent fréquemment de 2 000 habitants à l'hectare soit avec une occupation moyenne de 5 à 6 personnes par logement, en densité brute de 350 logements à l'hectare.

Parcelles profondes et cours en longueur

Largement suffisante pour accueillir avec des prospects satisfaisant des bâtiments (R + 2, R + 3) ou un seul immeuble haut (supérieur à R + 6) à l'alignement, la profondeur de 30 m limite les possibilités de l'immeuble à cour.

On est donc conduit, pour répondre à certains programmes, à envisager des profondeurs supérieures. Afin de rester compatible avec les dimensions jusqu'ici utilisées, et assurer ainsi par une coordination dimensionnelle simple la constitution des tissus, on a retenu des multiples du même lot de base de 1 080 m² (A = 36 × 30 m). On peut ainsi créer des parcelles de 1 620 m² (3A/2 = 36 × 45 m), 2 160 m² (2A = 36 × 60 m), 3 240 m² (3A = 36 × 90 m), voire 4 320 m² (4A = 36 × 120 m). Sur de tels terrains l'utilisation de la profondeur peut s'envisager de deux façons : par la constitution d'un bâti homogène, c'est alors une variation sur le même thème de la cour ordonnancée plus ou moins allongée ; par la réunion sur une même parcelle de bâtiments très différents susceptibles d'accueillir des programmes diversifiés. Sur une parcelle de 45 m de profondeur, on peut réaliser une cour carrée de 20 à 22 m de large, soit avec un prospect courant (H = L + 1) des corps de bâtiments de R + 7 représentant 80 logements. Avec 60 m de profondeur et les mêmes règles on obtient une cour de 20 × 40 m et une centaine de logements. Dans les deux cas, le cos est voisin de 5. Un cos plus faible (3,5) donnerait respectivement 55 à 70 logements avec R + 5, soit une hauteur de corniche de 16 m.

Si les parcelles sont traversantes, ce qui à 60 m et au-delà est fréquemment le cas, la cour allongée se rapproche du passage. Passage à vocation commerçante dans les quartiers centraux, artisanale ou résidentielle ailleurs.

Différentes de la cour ordonnancée qui rassemble un bâti homogène, d'autres dispositions exploitent les caractéristiques propres des profondeurs successives. La largeur de la parcelle étant toujours la même (36 m), l'inventaire des possibilités d'agencement de la partie proche de la rue reprend des solutions déjà évoquées. Maisons ou immeubles, à l'alignement ou en retrait, l'occupation d'une bande de 20 à 24 m de profondeur ne diffère guère d'une parcelle peu profonde à une parcelle très profonde. À tel point que si la première se limite à une implantation d'un bâtiment avec un minimum de recul sur l'arrière, la seconde peut s'analyser comme une succession de deux logiques : celle de la construction proche de la rue, celle de l'utilisation de l'arrière. La cour ordonnancée, fusion des deux, apparaît comme une exception, ou un accomplissement.

Une disposition fréquente dans les tissus anciens illustre cette distinction. Le bâtiment sur rue commande sur l'arrière une étroite bande de terrain qui en est le prolongement direct. Au-delà d'une limite qui peut être matérialisée par quelques marches, une balustrade, une grille ou un changement de revêtement au sol, un autre bâtiment en U allongé, constitue une seconde cour. La hauteur de bâtiment est en général plus faible que celle du bâtiment sur rue. Les logements, s'il y en a, sont plus petits et se combinent fréquemment à des ateliers. Quand ce n'est pas l'ensemble du U qui est consacré au travail. La seconde cour dans ce cas devient parfois une cour couverte, chargements et déchargements s'y font à l'abri d'une verrière, ou elle forme en fait un vaste atelier.

Cette disposition présente encore aujourd'hui de multiples avantages. L'association de deux types d'habitat, en appartements sur la rue, en maisonnettes sur la cour procure des densités moyennes tout en garantissant une bonne hauteur de bâti sur l'espace public. Ainsi une parcelle de 2 160 m² accueille une trentaine de logements sur la rue (R + 6) et une vingtaine de maisonnettes sur la cour ; l'immeuble principal se prolonge à l'arrière par une terrasse de 290 m², tandis que le U des maisonnettes enclôt une cour jardin de 800 m². Si celles-ci se détachent de la mitoyenneté en ménageant des petits jardinets arrières, la cour commune se réduit à 500 m² et s'assimile davantage à un passage. Enfin l'association d'un immeuble d'habitations voire d'un immeuble de bureaux sur la rue avec des locaux d'activités sur l'arrière, en utilisant le même schéma procure 35 logements ou 3 500 m² de commerces et de bureaux sur la rue et 2 500 m² d'ateliers sur l'arrière avec la possibilité de gagner 500 m² supplémentaires en couvrant la cour. De telles surfaces correspondent aussi bien à des regroupements de services qui trouvent parfois difficilement leur place dans les centres des villes nouvelles qu'à un ensemble de PME. Le développement des nouvelles technologies crée en effet une demande de petits locaux (150 à 400 m²) aisément accessibles et insérés dans le tissu urbain.

Mais la parcelle entière offre une capacité d'accueil pour de gros équipements que l'on a souvent tendance à exclure du tissu banal : institutions et services administratifs (avec une surface de plancher de 5 000 m² à 6 000 m²), équipements commerciaux, de la supérette intégrée (600 à 800 m² + les réserves) à la grande surface urbaine (4 000 m² répartis sur 2 niveaux) ; équipements de sports ou de loisirs (tennis couverts, piscine) s'inscrivent dans de telles parcelles.

Grille d'arbre du boulevard Richard Lenoir.
(Conception Alain Payeur).

Chapitre 3

La construction des espaces publics

On a souvent expliqué les grands ensembles comme la conséquence inéluctable d'un « urbanisme du chemin de grue » où la rationalité technico-économique d'une production de masse aurait dicté sa loi. Imaginons que ce soit vrai. Un chemin de grue est installé, en ligne droite comme il se doit, son empattement, le débord de la grue elle-même, les marges de sécurité, le passage des engins et des ouvriers, le recul nécessaire devant chaque bâtiment pour pouvoir l'édifier (mouvement des coffrages, place des échafaudages et des nacelles…) détermine une distance depuis l'axe des chemins de grue, qui peut difficilement être inférieur à 4,50 m et sera commodément de 6 m à 8 m. La rentabilité maximale de la grue, dont on sait que le démontage et le remontage représentent des jours de travail improductif, incite bien évidemment à profiter de la même installation de chantier pour réaliser des bâtiments de part et d'autre du chemin de grue. À l'époque où les chantiers de 500 à 1 000 logements n'étaient pas rares, et où chaque opération correspondait donc à un morceau de ville, le chemin de grue conduisait logiquement à une rue de 12 m à 16 m de large, les prospects généreux sur l'arrière compensant ceux plus rapprochés sur la rue. On pourrait poursuivre la fiction. Une grue travaille efficacement sur une distance de roulement de 40 m environ, compte tenu du rayon utile (une trentaine de mètres), de la position en tête de la centrale à béton et d'une aire de stockage des matériaux et du matériel à lever, la grue dessert à partir de 6 m de son axe, et sur une profondeur de 15 à 20 m, une zone de 60 à 75 m de long — soit de chaque côté deux immeubles mitoyens de 30 à 38 m chacun. Les bâtiments peuvent être construits simultanément ou successivement selon le nombre d'équipes et le planning du chantier, ils représentent pour une hauteur de R + 6 un ensemble de 150 logements environ. Une fois cette première tranche réalisée, et afin d'éviter le démontage-remontage, la grue se déplace sur le chemin qui a été prolongé à cet effet (toujours en ligne droite) et dessert une seconde tranche équivalente dont les fondations viennent d'être achevées.

L'observation des grands ensembles français édifiés dans les années 1955-1965, ne révèle pourtant jamais de telles dispositions. Des considérations d'un autre ordre ont eu raison de la rationalité économique et constructive : libération du sol, séparation des circulations, dispersion des réseaux, espaces verts, orientation solaire. L'idéologie de la Charte d'Athènes est intégralement reprise dans la réglementation officielle d'après-guerre qui voit le triomphe du prospect : H = L cependant que la composition formelle s'accommode d'un néo-plasticisme simpliste.

Malgré le désir de « faire urbain », la plupart des réalisations récentes continuent, avec des références autres et un vocabulaire renouvelé, la même pensée : la forme est projetée a priori. Rues et places se combinent dans une grande composition qui réinterprète les ordonnances baroques ou les schémas de la cité-jardin sans que soit clairement défini le statut des espaces ni que soient prises en compte les contraintes techniques. Celles-ci subies sur le mode négatif entraînent des surdimensionnements préjudiciables au développement des relations sociales aussi bien qu'à une juste économie des terrains et des infrastructures.

Construire l'espace public ne consiste pas seulement à définir un prospect entre les bâtiments, ni à travailler en épannelage. Tracé et dessin obéissent à d'autres considérations que la seule hiérarchie du trafic automobile (certains boulevards ou cours ne laissent qu'une faible part à la circulation). Ils doivent prendre en compte *un double aspect* : l'espace public dessert les terrains et les bâtiments privés, il permet les trajets dans la ville. L'espace public possède sa propre logique (y compris ses propres réseaux) qui renvoie à une convention sociale. Projeter l'espace public en intégrant dans le dessin les diverses contraintes notamment constructives qui s'y appliquent nous semble la seule manière de lui faire acquérir une signification durable qui dépasse les modes du moment.

La mise en forme de l'espace public passe par un travail préalable pour mettre en relation de manière claire, c'est-à-dire intelligible par quiconque et non réservée aux seuls spécialistes, des dénominations utilisant les termes du langage courant et renvoyant à des usages possibles, et des caractéristiques formelles et dimensionnelles permettant la résolution des problèmes techniques. Le recours au langage mérite quelques explications. On peut partout constater l'inflation et le détournement des termes dans l'urbanisme contemporain. Le forum ou l'agora censés presque magiquement être les espaces d'une vie sociale intense à l'instar de leurs ancêtres antiques se résument à des dalles « animées » de quelques arbres en pots autour d'une préfecture ou d'un grand magasin. L'avenue que l'on s'attendrait à reconnaître facilement à l'évidence de son tracé et de ses plantations n'est qu'une impasse dans une résidence privée. Le cheminement, un parcours d'obstacles qui s'évanouit dans des parkings. Que dire des emprunts « poétiques » à la cité médiévale ou à la toponymie rurale : que de places de Sienne réinterprétées vulgairement dans un dessin de dallage, que de rues, de mail ou de guet, de places aux herbes, de champs-noirs, de hautes terres, d'épars, d'essarts, de moulins, de donjons pour « faire-vrai ». L'idéologie des urbanistes rejoint celle des promoteurs qui vendent du Templier, de l'Abbaye, du Cardinal, de la Commanderie. À Houston (Texas) les résidences se parent des noms des grands crus du Bordelais.

Dans le même temps, un mauvais usage de la sociologie urbaine multiplie comme pseudo-concepts opératoires des espaces semi-publics/semi-privés, des zones tampons, des lieux d'animation qui se mêlent de manière impudique aux rescapés de l'urbanisme biologique : poumons, rotules, pénétrantes, coulées vertes. Les formes suivent, mélangeant l'escalope et

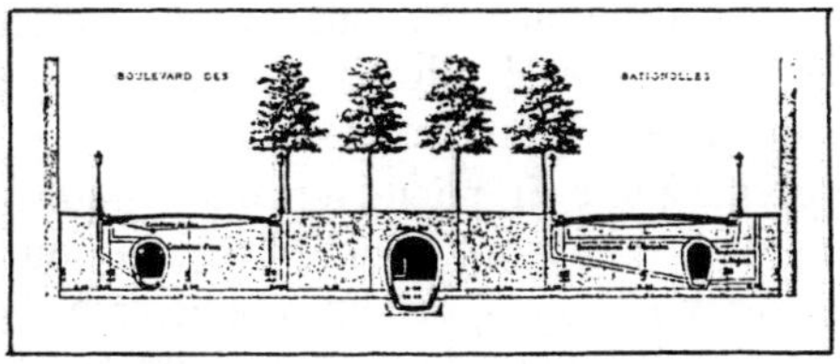

a

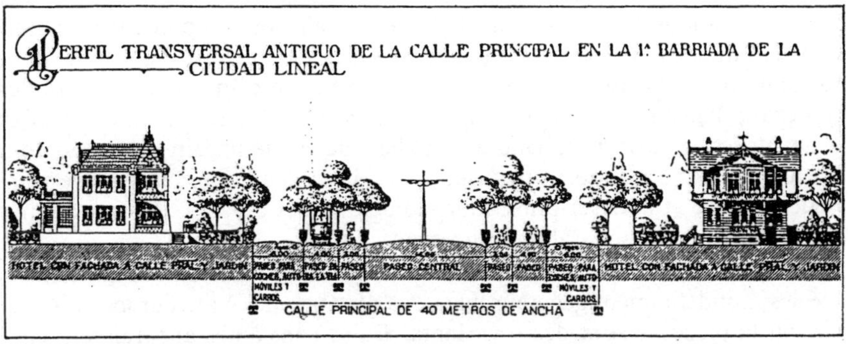

b

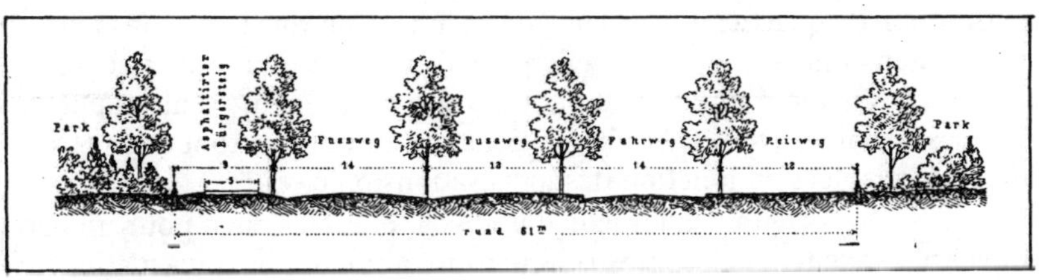

c

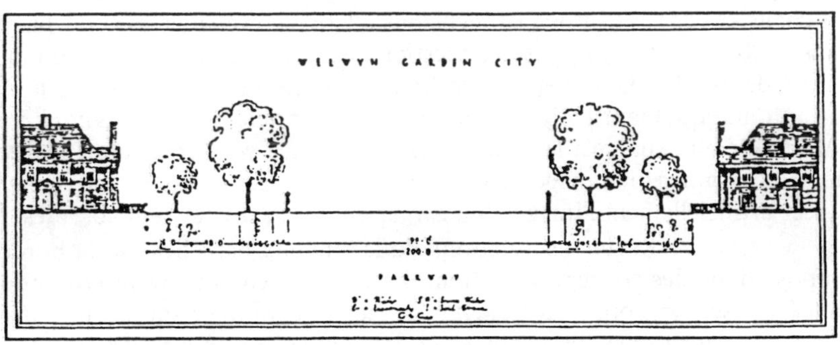

d

Fig. 16 : Profils et manuels :

- **a** Alphand : *Les Promenades de Paris.*
- **b** Soria y Mata : *La ciudad linear.*
- **c** Stübben : *Der Statebau.*
- **d** De Soisson : in Purdom, *The Building of Satellite Towns.*

la côtelette, l'oreille et le rognon, la chaussette ou le fémur à la nième réinterprétation du Palais-Royal, de la place Navone ou du carrefour des Quatres-Fontaines. Chaque ville nouvelle recèle plus de « crescents » que Bath et plus de « coups » baroques que la Rome du XVIIIe siècle.

Revenir à une simplicité terminologique où les termes usuels renvoient à des espaces précis serait donc un moyen pour quitter la Tour de Babel. Le « langage commun » qu'appellent régulièrement de leurs vœux tous les spécialistes existe, c'est la langue de tous les jours. Dans cet esprit ce chapitre tente d'apporter les éléments d'une caractérisation des espaces publics et de leurs relations avec les bâtiments ou les terrains qui les bordent, et d'indiquer les dimensions nécessaires aux passages des réseaux. Pour cela, on a raisonné principalement sur le profil en travers, en coupe, à la manière des traités d'urbanisme qui ont accompagné la naissance de la ville moderne. Des *Promenades de Paris* d'Alphand au Stübben, de la cité-linéaire à la cité-jardin les références ne manquent pas, qui associent la définition quantitative voire réglementaire et la description morphologique des espaces dont est donnée par le dessin une visualisation immédiate.

Mais il ne s'agit pas de définir dans l'abstrait des dimensions idéales et indéfiniment généralisables. Pas plus que la « Ville Européenne », la rue ou la place ne sont des invariants. Si des constantes apparaissent elles doivent toujours être replacées dans une culture urbaine locale et même dans une tradition de quartier. Une avenue de 25 m est une voie large dans telle ville, étriquée dans une autre ; une ruelle peut varier de 1 m à 6 ou 7 et plus ; un même mot renvoie d'une ville à l'autre à des espaces différents supports de pratiques sociales diverses. Les indications qui suivent devront donc être relativisées et adaptées en fonction des localisations précises.

Définir la largeur d'une voie et régler ainsi pour un certain temps ses capacités techniques (circulation, alimentation, évacuation) n'est qu'un des aspects du dessin de l'espace public. En relation avec l'aménagement des chaussées et des trottoirs (dimensions relatives, revêtements de sol, plantations, mobilier urbain) se pose la question de la caractérisation plus ou moins précise des limites de part et d'autre. En effet la continuité de la voie n'entraîne pas automatiquement l'alignement et la mitoyenneté du bâti. Ceux-ci n'ont souvent été obtenus qu'à la suite de densifications ; vouloir les obtenir d'emblée pour donner une image urbaine conduit dans de nombreux lotissements à créer artificiellement l'image d'un centre dont les activités sont absentes.

Régler les relations de la rue aux parcelles qui la bordent suppose donc des stratégies différentes. Certaines voies peuvent être ordonnancées, d'autres non. À des parties denses et continues succèdent dans la même rue des façades discontinues et des immeubles en retrait laissant voir des jardins. On peut, par ordre croissant de contraintes, proposer quelques règles :

1. fixer la largeur de la voie, son emprise (laissant ainsi l'implantation des bâtiments, leur hauteur, le traitement des clôtures s'il y en a à l'initiative de chacun) ;
2. imposer des clôtures, en fixer les dimensions, les matériaux, voire le dessin ;
3. contrôler la distance entre les clôtures et le bâti ;

4. définir des types de bâtiments ;

5. imposer de construire à l'alignement ; sur une rive ou sur les deux ;

6. imposer de construire en mitoyenneté ; sur une rive ou sur les deux ;

7. fixer la hauteur de corniche et le gabarit ;

8. définir le vocabulaire formel ;

9. imposer le dessin de la façade et ses matériaux,

et décrire ainsi la gamme des possibles entre la RN 7 au Kremlin-Bicêtre et la rue de Rivoli.

Les rues ordinaires

L'évidence de la ville c'est d'abord la rue, cette structure simple et continue qui permet de circuler, de rentrer chez soi, d'avoir une adresse. Droite et sinueuse, large ou étroite, inscrite dans un maillage régulier comme les villes chinoises ou les villes coloniales, ou dans un réseau arborescent comme dans les villes médiévales ou les villes arabes, toute ville procède d'abord de la rue. À tel point que son plan se confond pour l'essentiel avec le plan de ses rues.

Aussi avant d'aborder les rues particulières, les rues commerçantes et les « grandes artères » (boulevards, avenues), il convient de s'interroger sur les rues ordinaires, celles qui, note Jacques Hillairet (1963), représentent l'essentiel des territoires de la ville (61 % à Paris).

Si, comme le dit Christian Devillers, « des arcades sur deux barres ne sont pas une rue », c'est à partir du moment où une voie dessert directement de part et d'autre des parcelles bâties en même temps qu'elle permet de se déplacer dans le quartier qu'elle mérite le nom de rue. L'évidence de la rue tient à cette double caractéristique : parcours et support de l'édification. Qu'il s'agisse de tracés anciens ou de voies nouvelles, la rue ordonne le bâti, et oriente l'espace de la parcelle. L'étude des lotissements anciens et celle des faubourgs révèlent la même logique, les premiers traduisent d'une manière régulière ce que les seconds réalisent spontanément.

La rue et le découpage parcellaire qui s'instaure de part et d'autre forment donc la base de l'édification de la ville. Les projeter ensemble, comme les deux termes d'une relation dialectique (en écho aux analyses de Carlo Aymonino), est la condition du dépassement des approches sectorielles qui réduisent la ville à une collection d'objets. Au-delà d'une certaine idée de la ville fondée sur sa capacité à évoluer et à s'adapter aux changements d'usage que la société connaît, c'est réduire le gaspillage auquel conduit la multiplicité des approches séparées.

Rarement plantée la rue courante comprend le plus souvent un égout sous la chaussée, des caniveaux de part et d'autre, divers réseaux sous les trottoirs. Son emprise est de l'ordre de 9 m à 15 m de large.

Une rue plus étroite pourrait être réduite jusqu'à 8 m. En deçà de 6 m, elle ne serait plus capable que d'assumer la desserte locale et contraindrait l'évolution ultérieure du tissu. Elle est donc envisageable pour des constructions en retrait à faible densité mais accusera toujours le caractère privé du quartier.

La règle haussmannienne, toujours en usage à Paris, accorde 3/5 de l'emprise à la chaussée : circulation et stationnement et 2/5 aux trottoirs (généralement égaux). Mais l'expérience de la circulation automobile plus rapide que celle des calèches et des fiacres conduit à tempérer ces indications. À Barcelone on maintient une répartition égale entre chaussées et trottoirs dans les voies importantes (50/50).

Les stationnements ont aujourd'hui tendance à être matérialisés et le développement des stationnements payants dans les centres accélère le phénomène. D'où la nécessité d'intégrer dans le dessin ces nouvelles contraintes. La rue ne se limite plus à l'articulation chaussée/trottoirs mais s'organise en trois catégories : chaussée, stationnement, trottoirs. Les voitures arrêtées formant un écran protecteur entre les véhicules en mouvement et les piétons. Cette évidence que le monde des piétons n'est pas étranger à celui des véhicules a été ignorée par l'urbanisme moderne au nom de la séparation des fonctions et de la sécurité. De nombreux aménagements dans les centres anciens comme dans les villes nouvelles perpétuent cette ségrégation sous la forme de rues piétonnes, zones piétonnes, cheminements où sont abolis les trottoirs… Prendre un taxi, charger un paquet encombrant, laisser descendre un enfant ou une personne handicapée deviennent sinon impossibles du moins presque toujours illégaux. Pourtant, les zones piétonnes (ou piétonnières ou piétonnisées) restent accessibles aux véhicules de sécurité (pompiers, police, ambulances) ainsi qu'aux livraisons et déchargements exceptionnels, c'est-à-dire que l'on redouble la surface de chaussée nécessaire. Même chose dans les nouveaux quartiers résidentiels ou la voiture toujours considérée avec suspicion par les urbanistes est invitée à rentrer par l'arrière de la parcelle ce qui crée une voirie de desserte qui double la rue. L'application des dispositions luxueuses des quartiers aristocratiques du Londres du XVIIIe siècle (le système des mews) au lotissement de maisonnettes économiques ne crée pas seulement une dépense inutile, elle brouille le statut des espaces et contredit les valeurs symboliques que les habitants leur accordent. L'entrée est l'endroit par où l'on rentre. La façade avant, celle par laquelle on accède en même temps que celle qui fait front à l'espace public et permet les négociations entre l'intérieur du logement et le monde extérieur. Arrêter sa voiture devant sa porte ou presque, raccompagner un visiteur jusqu'au trottoir font partie des gestes quotidiens.

La rue de 9 m dont 5 m à 6 m de chaussée permet une file de circulation à sens unique et une bande d'arrêt d'urgence ou de stationnement non matérialisé (1, 80 m à 2 m) avec deux trottoirs de 1,50 m à 2 m. Avec 12 m d'emprise le nombre de possibilités augmente : chaussée centrale de 7 m avec circulation à sens unique, double stationnement latéral et trottoirs de 2,50 m ; chaussée centrale avec deux files à sens unique ou à double sens, stationnement unilatéral et trottoirs de 2 m à 2,50 m ; chaussée centrale de 7 m à 8 m sans stationnement avec des trottoirs de 2 m à 2,50 m.

Dans les rues inférieures à 15 m, il est rare de voir un stationnement de chaque côté. Cette observation pourrait conduire à étudier des profils dissymétriques avec l'un des trottoirs plus large que l'autre. Le choix de le situer au soleil (ou à l'ombre si l'on est plus au sud), d'y planter des arbres, de différencier le bâti d'une rive à l'autre en opposant mitoyenneté et discontinuité, clôture visuelle et pénétration du regard permet de dépasser les données fonctionnelles et d'intégrer avec les contraintes du stationnement d'autres paramètres : relief, paysage, ensoleillement, différenciation des types d'habitat, etc.

À échelle plus modeste, la séparation entre chaussée et trottoirs par deux marches (double bordure) évite le développement du stationnement automobile sur le domaine du piéton sans avoir à recourir à l'arsenal compliqué de bornes, chaînes, piquets, barrières et bacs à fleurs qui prolifèrent depuis quelques années dans les quartiers centraux. Ce faisant, le passant gagne 20 cm de hauteur, il domine les véhicules arrêtés et le flot de la circulation. Ce qui vaut pour le piéton, vaut également pour les bâtiments riverains. Alignés ou non, ceux-ci bénéficieront notamment pour les commerces de ce léger rehaussement qui met le rez-de-chaussée en retrait de l'automobile. Mais cette solution complique l'accès aux garages et ne peut être appliquée que sur un grand parcellaire réduisant le nombre des entrées ou les ramenant sur des rues latérales.

Le traitement de la voie elle-même ne peut être envisagé sans une réflexion simultanée sur les découpages parcellaires de ses rives. Il ne s'agit pas seulement de la définition du profil des bâtiments, conséquence d'une préoccupation esthétique ou hygiéniste, mais de la comptabilité entre ce profil et les terrains sur lesquels s'édifient ces bâtiments. Le petit parcellaire, jusqu'à 12 m de largeur, se prête mal en général aux grandes hauteurs et il multiplie les accès. Par contre, il s'adapte plus facilement aux terrains en pente.

En admettant des prospects légèrement inférieurs à H = L, les capacités constructives de ces rues banales seront donc de R + 2 pour les étroites (9 m), de R + 4 pour les plus larges (15 m), avec dans les deux cas la possibilité d'étages supplémentaires en retrait. Si les rez-de-chaussée sont occupés par des activités autres que l'habitat, on pourra augmenter la hauteur du bâti d'autant en considérant les prospects à partir du premier niveau habitable. Ainsi en restant dans le cadre de la réglementation la plus courante et moyennant quelques adaptations mineures, les rues de dimensions modestes procurent des densités assez élevées (jusqu'à 50 logements par lot de 1 000 m²). Dans les pays où l'ensoleillement justifie des prospects plus réduits le nombre d'étages sera plus important mais il sera généralement judicieux d'augmenter également les hauteurs sous plafond.

Ces dimensions, on l'a dit, doivent être replacées chaque fois dans une culture locale. À Paris, depuis Haussmann, les rues sont fixées à 12, 15 et 18 m, ce qui marque la différence entre les boulevards et avenues qui ont toujours au moins 20 m de large. À Barcelone (plan de Cerda), les rues ordinaires font 20 m ; certaines plus importantes se confondent avec les ramblas et les paseos dans des largeurs de 25 à 50 m, les grandes avenues dépassent 40 m, avec des bâtiments de 8 niveaux et une corniche à 25 m. Dans la vieille ville du Caire de nombreuses rues importantes atteignent à peine 5 ou 6 m de large, ce qui avec la densification récente du tissu entraîne des dysfonctions graves.

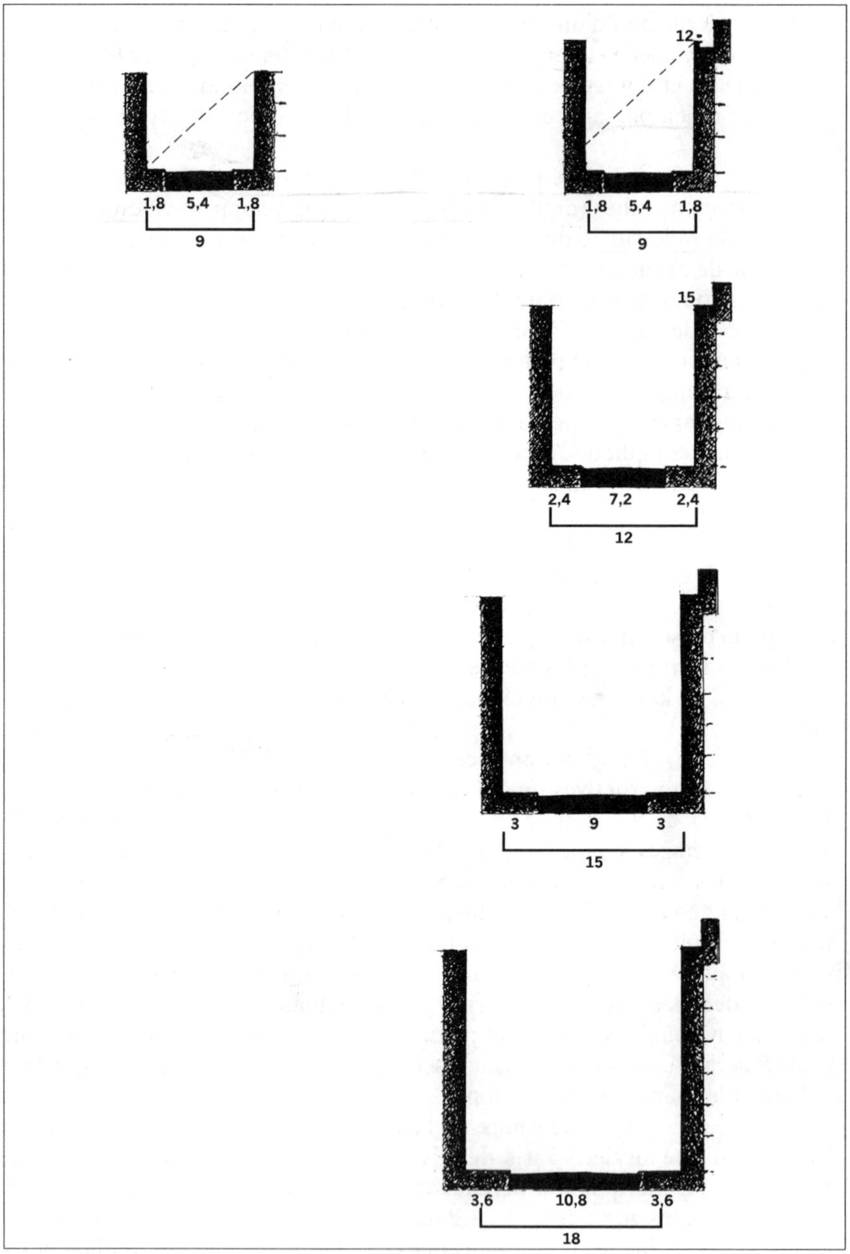

Fig. 17 : Profils de rues.

Ruelles et passages

Plus étroites que les rues, un certain nombre de voies ne jouent qu'un rôle de desserte locale (elles n'ont d'autres fonctions que de permettre l'accès aux riverains) voire de desserte secondaire (elles desservent l'arrière de parcelles traversantes). En fait, elles constituent souvent aussi pour ceux qui les connaissent un réseau « discret » où la circulation automobile est limitée voire absente. Ces passages, sentes, venelles, ruelles, traverses, carreyroux, traboules, allées, etc., n'appartiennent pas tous, du point de vue juridique, au domaine public ; comme autant de voies privées utilisant les mille artifices de la copropriété, ils sont d'autant plus soustraits à la continuité des espaces publics que leur accès se fait souvent par un portail, un porche sous un bâtiment, un rétrécissement qui marque sans ambiguïté leur statut. Leur histoire est souvent celle des conflits entre les propriétaires privés qui veulent les faire « classer » dans le domaine public pour reporter sur la collectivité les charges de leur entretien et la municipalité qui s'y oppose ou, à l'inverse, entre les copropriétaires qui résistent aux tentatives de la ville d'annexer un espace qu'ils considèrent comme leur.

Malgré les différences de statut juridique ils trouvent leur place ici si l'on considère qu'ils jouent dans l'implantation du bâti un rôle structurant analogue, bien qu'à une petite échelle, à celui des rues. L'examen des tissus anciens, et de leur évolution, montre en effet que c'est souvent sur ces passages que s'est effectuée la densification. Le savoir, et donc pouvoir le prévoir, nous semble important. La capacité d'un tissu à se densifier est liée à la trame de la voirie. On sait que dans les centres villes celle-ci est plus ténue que dans les quartiers périphériques, l'histoire ayant progressivement imposé un redécoupage des îlots pour augmenter le linéaire de façade commerciale. Passages et venelles peuvent aussi être le support de ces modifications comme dans les quartiers centraux de Chicago, de New York, de Montréal, de Barcelone ou de Santiago où les ruelles connaissent une activité commerçante importante.

Mais ces ruelles peuvent devenir de véritables rues. Ainsi les mews londoniens ou les carreyroux des bastides desservaient à l'origine l'arrière des parcelles dont l'accès principal et le bâtiment noble se situaient sur les rues. Bâtiments de communs et arrière-cours se sont progressivement transformés en lieux d'habitation et « détachés » juridiquement et fonctionnellement du bâtiment principal, la ruelle devient alors le seul accès possible et son statut se trouve modifié en conséquence. L'urbanisme moderne, des Siedlungen de Francfort aux cités-jardins parisiennes a su réinterpréter ces types d'espace et s'en servir pour construire des tissus qui allient de manière originale la définition conventionnelle des espaces publics, les contraintes contemporaines de la production du logement de masse et les idées hygiénistes.

Par différence avec les rues, la largeur d'un passage varie de 6 m environ à 1 m et moins. La frange supérieure se confondant avec les rues les plus étroites (rues/ruelles), la frange inférieure avec la réserve technique (dans certaines bastides une distance de 60 cm entre bâtiments est appelée « pas de l'échelle »). On se souvient de cette séquence du film d'Élia Kazan « Sur les quais » où Marlon Brando échappe de justesse à un véhicule qui le poursuit dans une de ces ruelles caractéristiques des villes américaines. Le véhicule occupe presque toute la largeur de la voie, le héros n'a pas d'autre solution que de fracturer la fenêtre d'un entrepôt pour s'y réfugier. Cette image définit une limite. D'un côté des passages accessibles aux véhicules : avec 6 m, les voitures se croisent et rentrent facilement dans les garages ; jusqu'à 3,50 m pompiers et déménagements peuvent circuler (se pose le problème du demi-tour ou de la sortie) ; jusqu'à 2 m, des véhicules légers passent. De l'autre (avec moins de 2 m de large) le passage n'est accessible qu'aux piétons et aux cycles. Il ne peut alors constituer le seul accès que pour un groupe restreint de logements et sur une distance assez courte. On remarquera que dans les sociétés moins motorisées la charrette à âne (ou à bras), la bête de somme avec son chargement requièrent des largeurs de passage voisines, soit 3,50 m pour un chameau chargé.

Limité à la desserte locale, le passage peut fonctionner en cul-de-sac : c'est une impasse ; un élargissement à l'extrémité en fait une placette, un close, l'espace public se réduit à l'usage collectif, presque une cour commune. Cette limite au trafic automobile n'interdit pas la continuité de parcours des piétons : allée ou chemin, galerie ou passage couvert permettent de poursuivre dans l'épaisseur du tissu.

Si on laisse de côté les passages commerciaux des quartiers centraux dont la logique est autre, ruelles et impasses apparaissent comme une manière de limiter les investissements publics en laissant à la charge des riverains la réalisation, voire l'entretien d'une partie de la voirie. Cette manière de faire et de comptabiliser n'est pas seulement efficace dans les lotissements extrêmement économiques — on pense au low-income housing des pays du Tiers-Monde. Elle correspond aussi à des programmes particuliers, ensemble résidentiel où l'intimité du groupe prend le pas sur le désir d'urbanité, ou regroupement fonctionnel d'ateliers. La cour industrielle ou le passage industriel facilitent l'intégration au tissu urbain de programmes que l'on a généralement tendance à exclure.

Les dimensions doivent être également appréciées pour leur capacité à accueillir les réseaux. Le grand nombre de services et de concessionnaires différents qui ont à intervenir et les marges que chacun impose ont pour effet d'ajouter inutilement des cotes qui pourraient se confondre. Dans le cas des ruelles et si l'on admet que les réseaux primaires et secondaires n'y passent pas, ces cotes doivent pouvoir être réduites au minimum. Le surdimensionnement des espaces publics entraîne en effet un double inconvénient : au plan économique c'est un gaspillage de terrain, qu'il faut acquérir, revêtir, équiper, entretenir : au plan pratique c'est une dilution de l'espace qui commence avec les voies les plus petites. Du coup, toutes les voiries sont surdimensionnées.

L'implantation du bâti sur les ruelles et les passages se résume à trois cas. Les bâtiments sont en retrait et la clôture de l'espace public est assurée par des murs, des constructions annexes (garages, appentis, cabanons), des haies ; les bâtiments sont à l'alignement et ne dépassent pas un ou deux étages ; les bâtiments à l'alignement utilisent sur le passage les règles applicables aux cours (vues biaises, jours secondaires, etc.) ou aux passages commerciaux et industriels, ils peuvent alors atteindre la même hauteur que les immeubles sur rue.

Rues principales/rues commerçantes

Les rues ordinaires, on l'a vu, offrent une variété assez grande pour, en jouant simultanément sur leur largeur et leur traitement, définir dans le dessin des voies des différences. Droites ou courbes, plantées ou non, construites à l'alignement ou en retrait, ménageant des perspectives lointaines ou brusquement interrompues, plus ou moins larges, elles forment le support du bâti courant. Le temps se charge d'accentuer ou d'atténuer les différences initiales. Il est pourtant nécessaire dès qu'il s'agit d'un ensemble dépassant quelques îlots, de définir dès l'origine des rues principales. Leur fonction, ne se réduit pas à une volonté de diversité supplémentaire : la rue principale permet de manière évidente les relations entre quartiers. Main Street ou High Road des villes anglo-saxonnes, grand'rue ou rue de Paris des faubourgs, Calle Mayor des villes hispaniques, les dénominations témoignent de leur rôle dans le territoire. Ce qui leur confère une vocation à accueillir des commerces et des équipements. L'observation des tissus anciens fournit un grand nombre d'indications. Il y a une logique d'implantation du commerce qui ne s'établit pas en fonction de normes quantitatives (une boulangerie pour tant d'habitants) mais se greffe sur une voie de passage importante. L'échec des petits commerces tant désirés dans de nombreux quartiers nouveaux n'est pas seulement dû à la proximité de la grande surface ou à l'absence de solvabilité des ménages, mais pour beaucoup à leur localisation. Les centres commerciaux secondaires isolés avec le groupe scolaire au centre de gravité des habitations sont censés, sans concurrence, fournir les produits de première nécessité. Le plus souvent ils périclitent ou ne sont maintenus qu'artificiellement. C'est oublier qu'un commerce vit non seulement de sa clientèle régulière, mais aussi de celle, occasionnelle, que lui procure l'implantation sur une voie de passage. C'est aussi oublier que les habitants préfèrent une concentration de commerces où leur choix peut s'exercer.

Cette voie de passage existe souvent avant l'urbanisation, c'est la route qui devient rue principale ou grand'rue. Elle peut être créée en même temps, c'est la rue qui relie le nouveau quartier au centre ancien, à la gare, à la ville proche… La localisation de cette ou de ces rues dès les premiers travaux du lotissement constitue un problème important. Une ville en effet n'est pas organisme fini, figé. Une ville nouvelle, même encore inachevée, possède déjà sa propre histoire, celle de sa construction. Intégrer les rues principales dans une réflexion qui ne porte pas seulement sur la perfection du schéma achevé mais sur sa capacité de fonctionner dès l'ouverture des premiers chantiers (avec éventuellement des installations provisoires) est un des moyens de travailler avec le temps. L'histoire des villes montre que les alignements commerciaux sont toujours situés sur les tracés les plus anciens.

L'idée de la rue commerçante étroite et sinueuse revient à confondre la cause et le résultat. Le resserrement pittoresque de la cité médiévale n'est pas donné a priori, mais façonné par plusieurs siècles : l'exiguïté du terrain dans les villes encloses qui voient leur population augmenter incite les habitants et notamment les commerçants à gagner progressivement sur le domaine public entraînant quelques siècles plus tard les fameux « embarras de Paris » que décrit Boileau. S'il ne s'agit pas aujourd'hui de singer les villes anciennes mais d'en réinterpréter la logique, les rues commerçantes ou plutôt les rues à vocation commerçante doivent au moment de leur établissement répondre aux normes d'une circulation automobile qui dépasse la simple desserte mais dont la vitesse reste compatible avec celle des piétons. Elles doivent de plus offrir des possibilités de stationnement de courte durée (courses brèves, livraisons...) une chaussée de 7 à 8 m, des stationnements latéraux qui constituent une protection simple et efficace entre automobiles et piétons, des trottoirs réduits (2,20 m) déterminent une largeur minimum de 15 à 16 m.

Fréquemment la rue principale est aussi celle où passent les transports urbains. Une chaussée de 9 à 10 m (3 voies), des stationnements matérialisés et des trottoirs plus confortables conduisent à une largeur de 18 à 20 m. De telles dimensions sont largement suffisantes pour le passage des réseaux dont la hiérarchie, en bonne logique, se superpose à celle des voies. Collecteurs principaux et réseaux primaires qui ne desservent pas directement les petites parcelles privées peuvent y trouver place avec un nombre de branchements limités aux édifices publics.

Avec un prospect courant (H = L) ces rues correspondent à une hauteur de bâti de 5 étages et un comble en retrait au-dessus d'un rez-de-chaussée commercial de 3,50 à 4 m. Un prospect un peu plus serré, admissible du fait que les rez-de-chaussée ne sont pas destinés à l'habitation, définirait des capacités constructives de R + 6 à R + 9 ; la densité du bâti se justifie par des immeubles mixtes : commerces, bureaux, logements.

La densité importante, l'imbrication des activités et du logement, la présence d'édifices publics, la desserte par les transports en commun suffisent à caractériser ces rues sans leur appliquer de surcroît des codifications architecturales tatillonnes. Le dynamisme des artères commerçantes, s'il n'est pas contrarié par une volonté de « bon goût » inappropriée, crée son propre paysage plus pittoresque que celui obtenu par la réglementation des enseignes ou la normalisation des devantures. Tout au plus peut-on définir des registres successifs, signalisation/enseigne/publicité, qui n'ont pas la même obsolescence. Entre le rythme de modification des rez-de-chaussée, quotidien pour l'étalage, hebdomadaire ou mensuel pour la vitrine, annuel ou plus pour la devanture, et celui inscrit sur une plus longue durée de modification ou de substitution du bâti il y a des travaux d'entretien, de peinture, de ravalement qui peuvent s'appliquer à certaines parties seulement des façades. Leur découpage en fonction des données peut fournir l'argument d'une modénature utile que quelques règles simples peuvent suggérer.

Le désir d'augmenter l'espace des piétons sans élargir la rue trouve une solution dans la création de trottoirs sous arcades. Abritant les passants des intempéries et séparant nettement du trafic, cette disposition a fait ses preuves. Elle a comme conséquence d'isoler les deux rives de la rue et de masquer les vitrines et les enseignes aux voitures. Les marchands ambulants ou les étals mobiles qui s'établissent dans l'épaisseur des piliers créent deux passages commerciaux parallèles et la relation de vis-à-vis de la rue s'affaiblit. Pour que ces galeries soient autre chose qu'un décor et correspondent à une promenade réellement agréable une largeur sous arcades de 3 m minimum est nécessaire, une double hauteur conseillée et une continuité du parcours.

Boulevards et avenues

Le boulevard introduit en ville un type d'espace différent de celui des rues. Il se réfère à une autre échelle que celle, familière, des quartiers.

Lié à l'origine aux fortifications, c'est alors un espace dégagé et planté pour la manœuvre ou une esplanade qui relie deux bastions, le boulevard marque à partir de la Renaissance la transformation du « tour de ville » et du système d'enceintes. Au XIXe siècle, et déjà avant l'automobile, la fonction circulatoire devient primordiale. On se souvient de la logique du maintien de l'ordre dans l'urbanisme haussmannien ; les boulevards relient à grande distance des points importants : gares, grands équipements, ministères, casernes, et s'organisent en réseaux. D'où une tendance aujourd'hui à oublier un autre rôle : le boulevard est un espace ouvert à la promenade et à la rencontre. Avant d'être une voie de passage c'est un lieu où l'on va, un peu à la manière du corso italien ou des ramblas espagnoles, avec ses trottoirs plantés, ses contre-allées occupées par les terrasses des grands cafés. Un lieu « ouvert » qui voit se succéder dans le temps et dans l'espace des usages divers : marché du matin et rendez-vous au début de la soirée, attractions populaires et sorties des spectacles, marché aux fleurs dominical et promenade familiale. Les fêtes traditionnelles l'investissent et le transforment… le carnaval du Boulevard du Crime sépare définitivement Garance (Arletty) de Baptiste (Jean-Louis Barrault). « Salon » de la nouvelle bourgeoisie du XIXe siècle, c'est aussi l'espace de représentation de ses institutions. Par l'implantation des édifices publics nouveaux que la société se donne : la préfecture et le théâtre, le tribunal et le lycée, les casernes, le musée, le jardin botanique, la prison. Par les multiples défilés, parades, concerts (le kiosque à musique des dimanches de province) qui s'y déroulent avec le concours de l'armée. Par les divers statues et monuments commémoratifs qui racontent l'histoire des grands hommes locaux et la participation de la ville à la vie nationale. On comprend alors la signification que revêt l'organisation sur les mêmes lieux de manifestations populaires : affirmation de force face aux classes dominantes et revendication d'un droit à la ville dans les espaces mêmes qui symbolisent leur pouvoir.

Lisible dans le plan de maintes villes moyennes : que l'on pense au tour de la ville de Valenciennes ou de Chartres, aux cours d'Aix-en-Provence ou de Bordeaux, aux boulevards de Toulouse ce rôle n'a jamais été plus clairement affirmé et à l'échelle d'une capitale, que dans la réalisation du Ring de Vienne où la monarchie austro-hongroise concentre toutes les institutions de la ville et de l'Empire.

L'avenue participe d'une origine différente : rectiligne et continue alors que les boulevards formaient un système concentrique et discontinu, elle est dans l'organisation à grande échelle du territoire la vaste allée forestière qui permet le déroulement des chasses royales ; la perspective qui relie un château à l'autre ; l'aménagement aux abords des villes de la grand'route chargée par les plantations d'alignement et la multiplication des contre-allées de magnifier l'entrée. Structurant un paysage rural elle symbolise l'arrivée, le cortège, la succession des carrosses et des cavaliers. Englobée dans l'urbanisation, elle continue de jouer ce rôle de liaison à grande distance et de mise en perspective du but : carrefour en étoile ou rond-point qui permet de

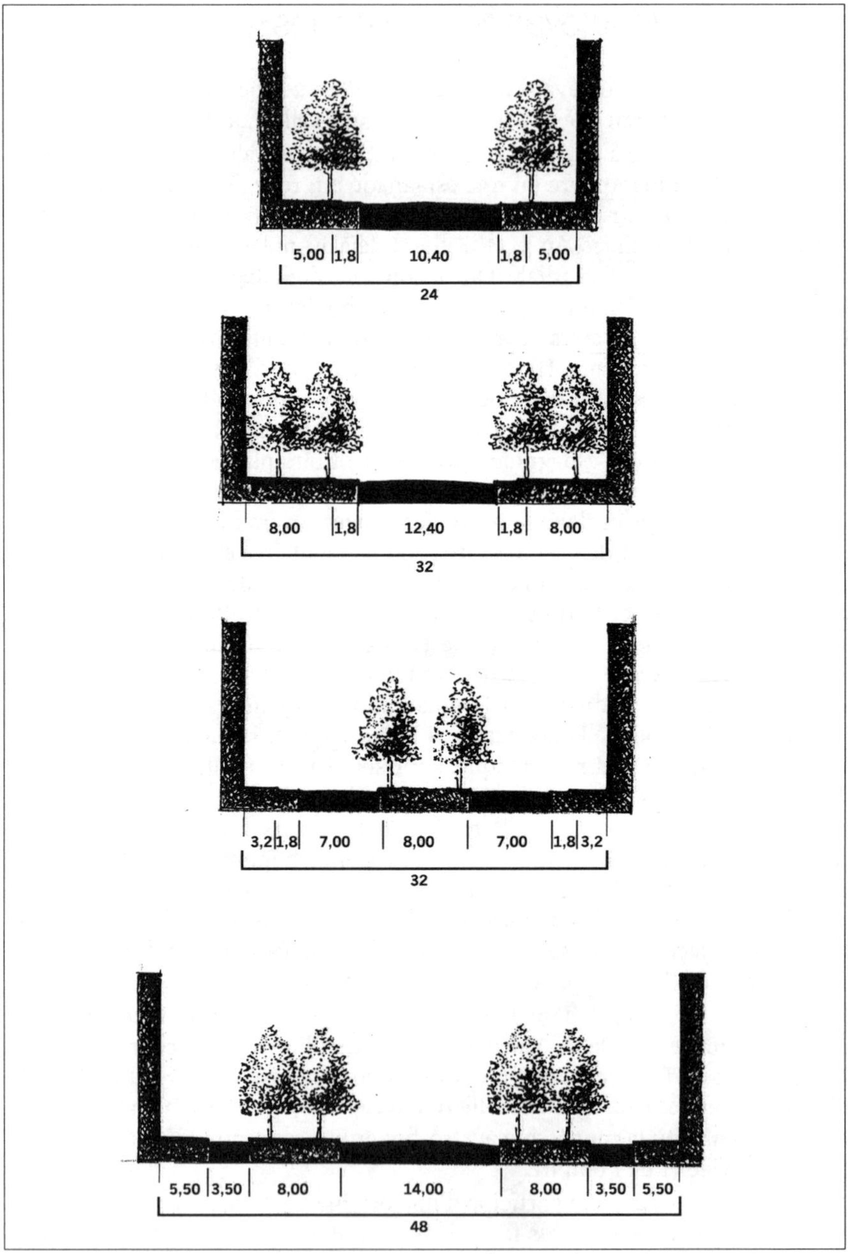

Fig. 18 : Plantations et grande voirie.

changer de direction, ou monument formant repère. Au XIXe siècle, certaines avenues deviennent, comme les boulevards, des lieux de promenade ou de spectacles, mais avec un caractère extra-muros. On se souvient des jardins des Champs-Élysées, avec leurs glaciers et leurs théâtres, et de l'avenue du Bois où l'on va montrer ses attelages, ou version moderne, du « strip » de Las Vegas cher à Venturi (1972).

Depuis Haussmann, boulevards et avenues ont tendance à se fondre dans un système de grande voirie urbaine qui structure l'agglomération et organise les relations à grande échelle.

Décider aujourd'hui de la création d'un boulevard ou d'une avenue, c'est, nous semble-t-il, dépasser le dimensionnement des voies de circulation pour se demander quelles sont les chances à terme de voir se recréer ces lieux différents. Sans l'illusion que s'y reproduisent dès l'origine les pratiques urbaines des centres anciens mais comme un potentiel, une ouverture vers l'avenir.

Avec deux ou trois files de circulation dans chaque sens, des stationnements latéraux et des trottoirs plantés, le boulevard ne peut guère avoir moins de 24 m de large. Ce qui ne signifie pas automatiquement une hauteur de bâti importante (R + 7). De l'avenue résidentielle bordée de jardins où les constructions disparaissent dans la verdure aux boulevards industriels alignant immeubles et entrepôts, c'est moins le bâti latéral qui compte que l'organisation de la voie elle-même. À l'image haussmannienne de l'avenue de l'Opéra s'oppose celle plus hétéroclite des Champs-Élysées, et que dire des boulevards de ceinture de nombreuses villes où se succèdent des parties ordonnancées et monumentales et d'autres banales et faiblement densifiées que seul le traitement unitaire de la voie rassemble.

Ce premier type de boulevard (ou d'avenue) simple peut varier légèrement si l'on double de chaque côté les rangées d'arbres, si l'on augmente les capacités de stationnement, si l'on aménage notamment à proximité des carrefours un terre-plein central formant refuge. La limitation de l'omniprésence de l'automobile et du stationnement sauvage peut s'accommoder d'une différence de hauteur, entre les trottoirs et la chaussée supérieure à la simple marche habituelle. Deux ou trois marches, un muret avec une balustrade permettent de hausser les promenades au-dessus du trafic et d'encaisser des différences de niveau du sol. L'exemple des grands boulevards parisiens (Bonne-Nouvelle, Saint-Martin) montre le charme qui peut découler de cet aménagement. Dans le cas d'un franchissement séparé pour les piétons, la hauteur pour atteindre la passerelle s'en trouve diminuée d'autant.

À partir d'un profil simple, deux éléments importants permettent d'engendrer diverses configurations. La création de contre-allées permet dans une emprise globale de distinguer la circulation de transit (au centre) de la desserte locale qui emprunte les voies latérales. Accès privés, stationnements, voire même débouchés des rues banales ne se font pas directement sur les voies de grand trafic dont le nombre d'intersections est ainsi réduit. Sur chaque voie latérale les relations du bâti à l'espace public sont celles d'une rue banale dont le vis-à-vis est formé par le terre-plein planté où l'on trouve parfois kiosques, terrasses de cafés ou petits squares. La Diagonal de Barcelone regroupe ainsi dans une même emprise, tout en les distinguant, voie rapide et desserte en faisant l'économie d'une autoroute urbaine qui constituerait une véritable coupure.

La largeur totale de ces grandes avenues est difficilement inférieure à 32 m, elle atteint facilement 60 m et plus si les terre-pleins s'élargissent pour accueillir des plantations, des pistes cyclables, voire des transports en commun en site propre.

L'emprise d'un boulevard ou d'une avenue est généralement plus que suffisante pour accueillir les divers réseaux. Les réseaux primaires dont le tracé s'inscrit dans une échelle géographique qui assure des relations à grande distance appartiennent de fait à la même logique que l'avenue. Grands collecteurs, lignes de haute tension, canal d'amenée d'eau sont en ville nouvelle les premiers décors de l'avenue qu'emprunteront dans un premier temps les poids lourds et les engins de chantier, tandis que l'arrêt des camionnettes des marchands ambulants préfigurent les premiers marchés.

Parkways, corniches, terrasses et grandes infrastructures

L'extension de la notion de boulevard à celle de promenade urbaine dans un site paysager a donné aux États-Unis le parkway. Adapté à la circulation rapide, volontairement sinueux il déroule ses grandes courbes en ménageant entre les chaussées et les quartiers habités des écrans de verdure, des fragments de prairies. La rocade ou « l'autoroute urbaine » s'en inspirent en multipliant dans le tissu des coupures propres à décourager tout déplacement à pied. Leur usage répond pourtant à une nécessité : passer de l'échelle territoriale marquée aujourd'hui par l'autoroute (ou une voirie présentant des caractéristiques voisines) à l'échelle urbaine et en même temps d'une grande vitesse à une vitesse réduite où la coexistence du piéton et l'automobile est possible. C'est donc une voie qui dans les quartiers périphériques réinterprète sur un autre mode la fonction ancienne de l'avenue ou du boulevard de ceinture. La faire pénétrer jusqu'au centre est un non-sens. Son dessin peut utilement tirer profit du site, que ce soit par le traitement des franges et l'incorporation d'éléments existants : bosquets, haies, allées anciennes, cultures maraîchères ou fruitières ; que ce soit dans le tracé d'ensemble lié à des caractéristiques géographiques : lignes de rupture de pente, cours d'eau, bordure de parc ou de réserve naturelle.

Le parkway renoue ici avec le boulevard de corniche des villes touristiques : il donne à voir la ville elle-même ou le paysage alentour : bord de mer, rives de lac, panorama montagnard, etc. L'implanter sur le tracé d'une infrastructure majeure : mur de soutènement, drain, collecteur, ligne à haute tension, coupe-feu, etc., est une solution trop rarement utilisée. Mais d'autres formes que le parkway peuvent prendre en compte ces contraintes. On pense à Ernst May construisant la limite de la ville à partir de la digue de retenue des crues de la Niva (Francfort-Römerstadt) ou à Louis Khan proposant un plan des villes nouvelles dans le désert à partir des conduites et des réservoirs d'eau.

Rassembler dans une même emprise « non constructible » les différents réseaux et les grosses infrastructures est un moyen d'économiser le terrain. Les nuisances réunies n'entraînent pas la multiplication des marges. La logique technique de ces grands maillages et les travaux de génie civil indispensables deviennent des éléments positifs du paysage urbain au lieu d'être coûteusement dissimulés. La terrasse, le quai, la berge du fleuve font partie du paysage de la ville, dans lequel ils introduisent des éléments insolites. La confrontation d'échelles différentes : celle habituelle du bâti courant, celle moins familière de l'infrastructure technique constitue un facteur de surprise plus efficace que les aménagements pittoresques du *townscape*. Les grandes arcades qui supportent les terrasses et les rampes d'accès du port sont devenues une des caractéristiques d'Alger au même titre que la silhouette de la casbah. Elles abritent des entrepôts et des magasins, comme à Paris le viaduc de l'avenue Daumesnil. Toujours à Paris le chemin de fer rive gauche, actuel RER C construit la berge de la Seine. La réflexion sur les espaces publics doit aujourd'hui s'ouvrir à des formes et à des programmes généralement exclus de la pensée urbanistique : les grands équipements industriels, les nouvelles infrastructures de transport. Qu'est-ce qu'un boulevard industriel, une gare routière, un centre commercial ?

Plutôt que de vouer la partie centrale au trafic automobile, une solution consiste à rejeter les chaussées de circulation sur les côtés en dégageant ainsi au centre un vaste terre-plein. On remarquera que le profil de telles voies est assez proche du profil d'un canal bordé de rues de part et d'autre. À Paris le boulevard Richard-Lenoir n'est que la partie couverte du canal Saint-Martin qui en amont reste à l'air libre. À Nantes, le cours des Quarante-Otages est formé par le comblement de l'Erdre. Au Caire, dans l'extension de la ville sur les terres agricoles, c'est systématiquement que les canaux principaux sont progressivement comblés pour constituer les « avenues » des nouveaux quartiers.

Cette équivalence des emprises, et les modifications qu'elle permet au cours des ans montre la possibilité d'incorporer de manière positive au tissu urbain les grandes infrastructures territoriales souvent rejetées ou considérées comme des coupures. Plus qu'à la rue, c'est au boulevard nous semble-t-il que s'applique le mieux la formule d'Henri Lefebvre : coupure/suture (1971). Les canaux, infrastructures de transport des marchandises, mais aussi drainage des terres ou apport d'eau fraîche ont dirigé la croissance d'Amsterdam ou de Saint-Pétersbourg. Milan, Toulouse, Narbonne voient certains quartiers se développer autour d'un canal. Et le canal de la Fontaine à Nîmes relie la ville au parc tout en constituant une promenade ombragée qui est l'amorce d'un nouveau quartier. Avec le développement des chemins de fer et des tramways ce terre-plein accueille les nouveaux transports publics, en tranchée comme le boulevard Péreire à Paris ou la calle d'Aragon à Barcelone (l'un et l'autre couverts depuis), au sol pour les tramways ou les autobus en site propre, sur des arcades ou des portiques comme le métro aérien des boulevards de Grenelle et de Clichy à Paris ou le Loop de Chicago. À la cité-jardin du Plessis-Robinson le projet non réalisé du métro en tranchée centrale a fixé le gabarit de l'avenue Payret-Dortail.

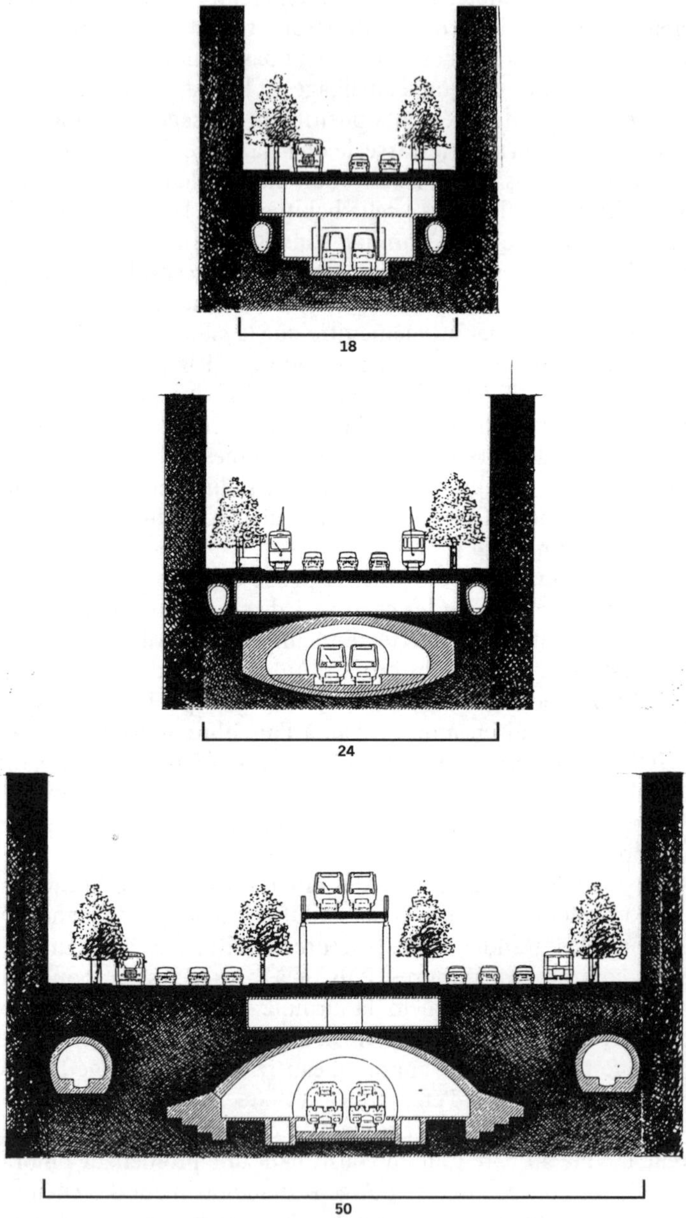

Fig. 19 : Infrastructures techniques et grande voirie.

De telles dispositions constituent des références actuelles pour l'intégration des grandes infrastructures. Transports publics ou autoroutes urbaines, lignes à haute tension ou grands collecteurs, induisent des zones inconstructibles qui peuvent être autre chose que des laissés-pour-compte. À Barcelone le paseo de Colon combine le passage souterrain de trafic lourd et l'aménagement aérien d'une esplanade qui relie la ville au port en accueillant le trafic local et les transports publics en site propre. À la via Julia c'est le métro qui occupe le terre-plein avec un marché couvert au-dessus de la station Roquetes.

La couverture du canal transforme le boulevard Richard-Lenoir en une succession de squares, de terrains de jeux et d'esplanades pour des marchés. Aux grandes perspectives unitaires inspirées des tapis verts des jardins classiques comme l'avenue de Breteuil à Paris ou The Avenue à Welwyn Garden City s'opposent des compositions plus fragmentées comme la succession des trois jardins qui mènent au square Marie-Louise à Bruxelles. Cette souplesse permet d'encaisser les variations dimensionnelles dues aux contraintes techniques, tout en serrant au plus près le tracé des infrastructures avec le souci, pour des raisons tant économiques que pratiques, d'éviter le gaspillage du domaine public.

Intégration des réseaux de transports en commun

Sur, au-dessus et au-dessous des profils de voies peuvent venir s'installer différents réseaux et modes de transports, dont les transports en commun. Dans trente ans, près de 80 % de la population sera urbanisée et les villes de plus de 5 millions d'habitants devront être équipées de réseaux de transports en commun rapides. Une centaine de ces villes le sont déjà. Mais les mégapoles des pays en voie de développement dont la croissance démographique augmente de 3 à 8 % chaque année, sont loin d'être équipées en dehors de services de taxis-bus privés. Dans les pays développés, certains pays, et la France fait partie de ceux-là, restent sous-équipés ou ont des réseaux mal accommodés. Enfin une seconde génération de transports en commun plus légers commence à intéresser les villes de quelques centaines de milliers d'habitants dès lors qu'elles ont pris conscience que la consommation d'espace de la voiture individuelle, pour une capacité de transport donnée, est six fois supérieure à celle utilisée par un autobus et vingt fois supérieure à celle nécessitée par le métro : sans parler des problèmes de stationnement.

Dans la plupart des cas, exception faite du cas particulier des villes nouvelles, les réseaux de transports en commun doivent s'installer à l'intérieur d'un système viaire préexistant. Le choix du système de transport se fait en général sur des critères techniques et des arbitrages politiques : capacité des réseaux existants (réponse aux besoins, gabarits des voies, nature des sols…) ou en sommeil (réseaux ferroviaires ou de tramways abandonnés par exemple). Les estimations en besoin se font sur les évolutions prévisibles de la ville dans les vingt ou trente années à venir (dans les villes européennes les croissances estimées sont quasi nulles). Les différences de coût entre les différents systèmes varient de 1 à 3 pour les services parfois quasi équivalents. Ainsi des bus, installés en site propre, peuvent assurer jusqu'à 20 000 déplacements/heure et concurrencer des systèmes de métro qui assureront, en régime de croisière 30 000 déplacements/heure. Si les coûts peuvent varier de façon importante, les délais d'installation sont relativement indépendants des systèmes : deux ans sont dans tous les cas nécessaires pour réaliser les études et commander les matériels. Ce délai permet de réaliser des infrastructures même lourdes : un tunnel avance aujourd'hui de 10 m/jour et, si l'on engage les travaux simultanément sur quatre tronçons, on peut réaliser jusqu'à 1 km de tunnel par mois.

Les choix définitifs dépendent donc tout à la fois des conditions morphologiques, des moyens financiers et de choix politiques (qui incluent parfois davantage l'image de modernité du véhicule de transport lui-même que les seuls calculs de rentabilité). Après Montréal, Mexico, Caracas, Rio, Le Caire et Santiago, Brasilia, Marseille et Lyon ont choisi le métro classique, Toulouse et Montpellier ont suivi Lille dans le choix de véhicules automatiques légers ; Strasbourg, Nantes, Grenoble et Reims ont préféré réactiver ou créer un réseau de tramways en site propre.

Instrument de liaison par définition, l'installation de réseaux de transports en commun ne doit pas créer de coupures transversales entre quartiers et activités riveraines qui le longent lors des traversées aussi bien des centres historiques, des faubourgs et des banlieues. Si le gabarit du véhicule et de son support reste quasiment constant, il va rencontrer sur son parcours des situations diverses : profils des voies, pentes, nature des sols, carrefours… Solutions aériennes, en surface (en tranchée, en talus ou enterrées) sont les différentes solutions possibles.

En surface, l'échec relatif des couloirs réservés a conduit à développer de plus en plus de solutions dites en « site propre ». Celles-ci accordent aux transports publics un domaine réservé (aux dépens de la circulation automobile parfois ou au stationnement le plus souvent) et assurent aux véhicules de transports en commun une certaine priorité lors des franchissements des carrefours (priorité absolue s'il y a un ouvrage dénivelé ou priorité relative s'il y a une régulation des feux de croisement en fonction des transports publics). Les séparations physiques doivent toutefois ménager de nombreuses traversées piétonnes si l'on veut éviter qu'à la ségrégation des véhicules s'ajoute celle des piétons de part et d'autre des voies.

Les solutions en talus et en tranchées qui créent des coupures physiques importantes, deviennent acceptables lorsqu'elles accompagnent des infrastructures de ce type préexistantes : canaux, voies ferrées, fortifications, mouvements de terre en déblais ou en remblais par exemple. Les talus doivent alors ménager des passages et peuvent être utilisés pour installer des installations techniques ou para-industrielles. La solution en talus permet, de plus, des vues sur la ville ou sur le paysage. En tranchées (voir la Petite Ceinture ou la traversée des parcs Montsouris et des Buttes-Chaumont à Paris), les parois talutées, qu'elles soient naturelles ou artificielles (ce qui est souvent le cas en milieu urbain où les infiltrations d'eau sont souvent à craindre), peuvent servir d'écrans sonores. Là aussi des liaisons par ponts, passerelles ou en couvertures partielles doivent assurer des liaisons entre les deux rives.

Après la période héroïque du début du siècle — les lignes 6 et 9 à Paris, The Loop à Chicago, ou The El à New York — les solutions aériennes retrouvent aujourd'hui les faveurs des transporteurs : l'amoindrissement des volumes sonores des véhicules, le moindre coût par rapport aux solutions enterrées et aussi l'aspect spectaculaire des réalisations, contribuent à les remettre au goût du jour. Elles supposent cependant que le gabarit des avenues ou boulevards sur lesquels on les installe, fassent au moins 28 à 30 m de large. Le viaduc lui-même occupant au centre 6 à 7 m de large, il reste alors une dizaine de mètres entre les bâtiments riverains et le réseau. Des arbres, sur le terre-plein central peuvent jouer le rôle d'écran complémentaire. L'écart entre les structures porteuses du viaduc est en général d'une trentaine de mètres et celles-ci se présentent souvent sous forme d'une seule pile, mais dans l'axe de la voirie. Cette disposition peut parfois limiter l'usage du dessous du viaduc en voie automobile (comme aux États-Unis par exemple), en terre-pleins aménagés (pour marchés, parkings, cafés ombragés…) ou en locaux techniques, artisanaux ou industriels (viaduc Daumesnil par exemple).

Les écarts entre stations et leurs environs dépendent évidemment de la morphologie des villes : à Paris ils sont de 500 m dans le centre, de 800 m en banlieue, et, pour le RER, peuvent atteindre 1 200 à 1 500 m ; à Lyon on a adopté 800 m, à Mexico 650 m, à Caracas 800 m et à Marseille, cas exceptionnel, 1 200 m. On considère qu'au-delà de 700 à 800 m le transport en commun devient concurrencé par la voiture individuelle. Ces éloignements doivent être évidemment calculés en distance réelle de voiries et non en cercles abstraits d'attraction. Les longueurs des stations elles-mêmes, dépendent des véhicules : de 12 m pour les bus, trams et trolleys, à 225 m maximum pour les stations de RER, en passant par 25 m pour les véhicules automatiques légers et 75 m pour les quais de métros. Elles sont en fait l'objet, elles aussi, d'un compromis entre les besoins immédiats et les estimations à vingt ou trante ans.

Le dessin des stations lui-même, si l'on veut renforcer le rôle unificateur, le repérage, voire l'identification des usagers à leur ville a tout intérêt à être confié à une seule maîtrise d'œuvre. À leurs époques, Formigé et H. Guimard à Paris, O. Wagner à Vienne, F. Albini à Milan ou R. Piano à Gênes ont marqué leur ville en dessinant stations et ouvrages d'art. Plus anonymement les métros de Moscou et de Washington donnent l'image des capitales impériales qu'elles sont ; ni logos abstraits, ni surenchère formelle d'une station à l'autre, ces différents exemples illustrent la nécessité d'élaborer des typologies qui, dans chaque station puissent trouver leurs dérogations.

Les concepteurs des ouvrages d'art métalliques réalisés au début du siècle dans les villes lors de l'installation des premières lignes de métro ont su faire preuve d'intelligence des sites. Ils ont compris que le transport collectif faisait partie de la mutation des paysages urbains avec l'industrialisation. Ils n'hésitaient pas à faire passer une ligne de métro à découvert dans un parc (parc Montsouris), ni à superposer ponts et viaducs (Passy). La deuxième révolution dans les moyens de transport en commun devrait s'accompagner de la même intelligence de la ville. Mieux vaut aujourd'hui améliorer les nuisances sonores des engins, que couvrir et enterrer systématiquement anciens et nouveaux réseaux.

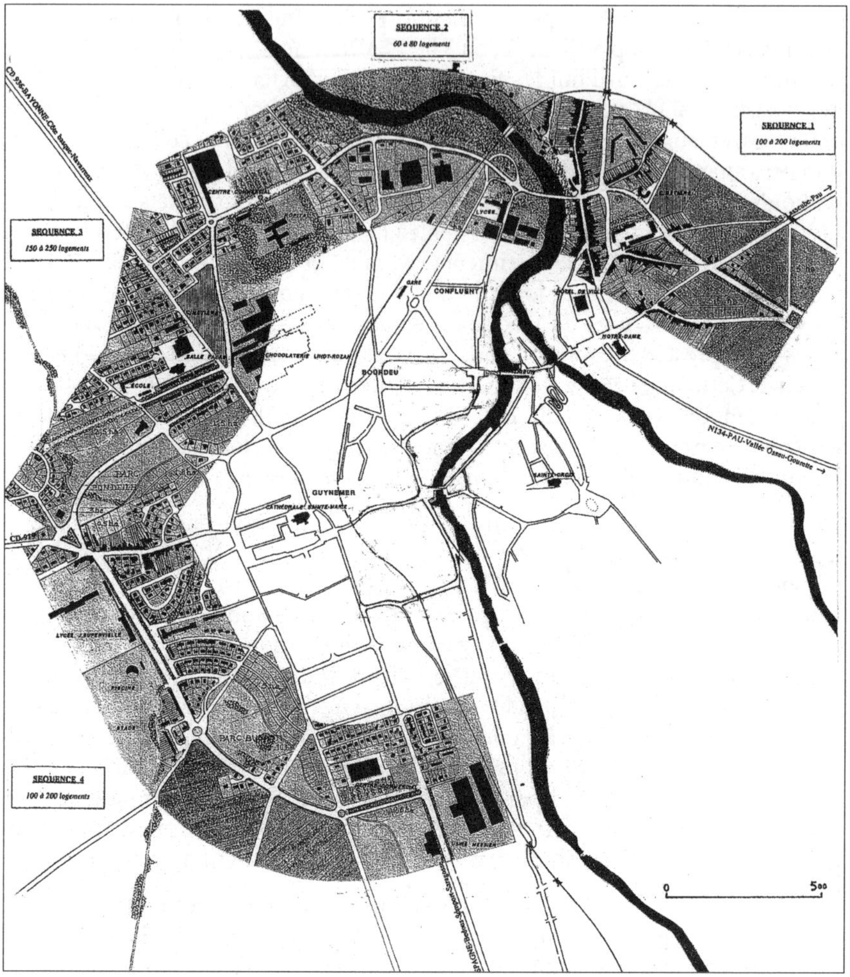

Fig. 20 : Oloron-Sainte-Marie : le contournement.
(Philippe Panerai).

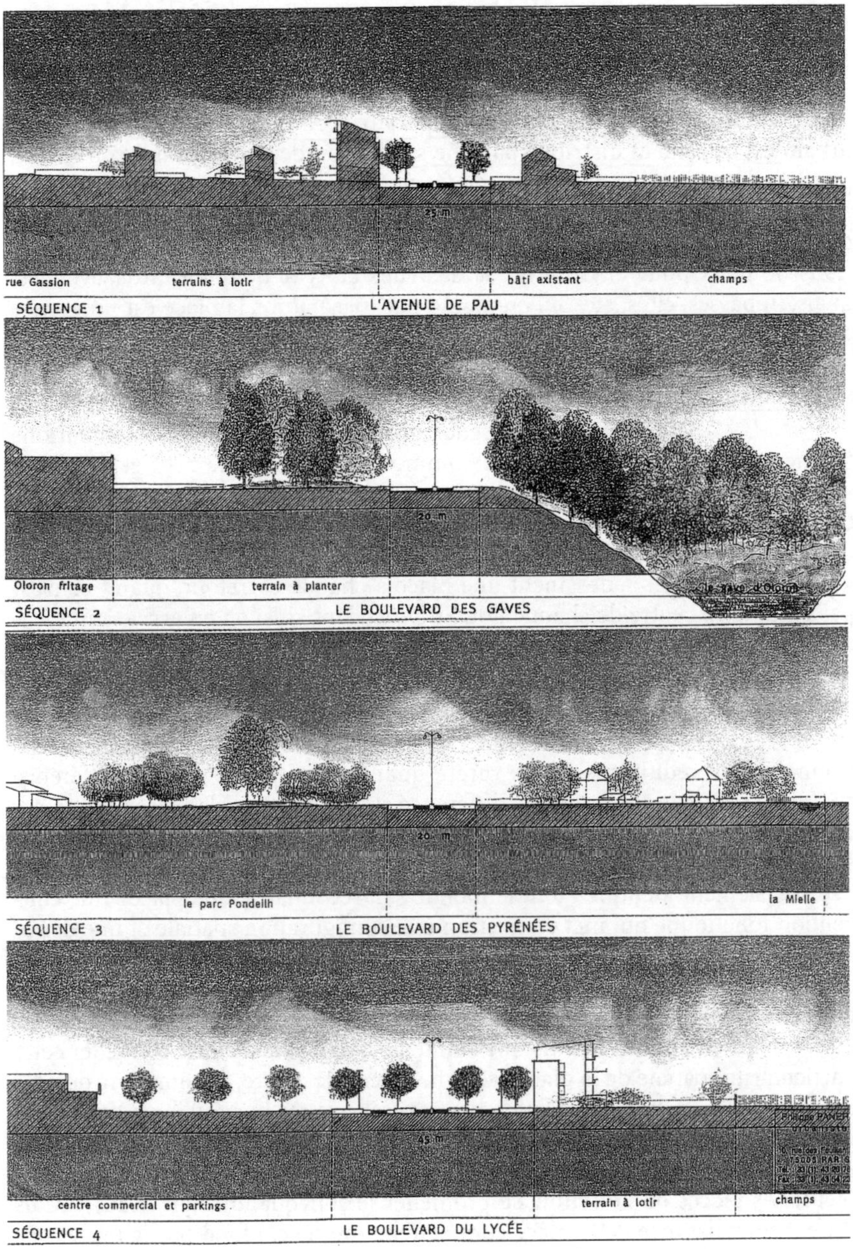

Oloron-Sainte-Marie : le boulevard moderne.

Les places

Parler des places dans les villes, c'est parler de l'exceptionnel. Rome ou Montpellier peuvent nous apparaître comme des villes dont le tissu urbain est largement distribué par une succession de places. Venise, on le sait, possède dans certains quartiers une forme particulière de tissu qui s'organise à partir d'un campo. Mais à Paris, si l'on en croit la nomenclature des voies publiques établie par Jacques Hillairet, les places représentent 5 % des désignations de lieux pour environ 60 % des rues et 35 % de boulevards, avenues, quais, impasses, cités, etc. Si l'on ajoute que, par nature, la place est un espace concentré et limité alors que d'autres voies peuvent s'étendre sur des centaines de mètres, voire des kilomètres de long, on admettra que les places ne représentent qu'une portion minime du territoire urbain.

D'où quelques réflexions. Et d'abord que les formulations fréquentes qui définissent la ville comme un ensemble de rues et de places sont un peu sommaires car elles ne mettent pas en évidence ce caractère exceptionnel de la place par rapport à la banalité des rues. C'est curieusement ce que l'on observe dans les villes nouvelles qui, par souci de bien faire et de « créer l'animation », dessinent une place à chaque carrefour, quand ce n'est pas en plus au centre de chaque îlot. En procédant ainsi on en arrive à une banalisation de l'espace urbain par surcroît de signes : à force de vouloir signifier « la ville » à chaque instant on la « gadgétise » et la notion de place perd sa signification.

Si la place est une exception dans le tissu, ce caractère exceptionnel ne se réduit pas à une rareté quantitative. En ce sens la différence rue/place n'est pas analogue à la différence rue/impasse car la place est une exception importante qui joue dans le tissu un rôle monumental dû à la dimension symbolique qui lui est collectivement reconnue. En effet, la place est un lieu socialement identifié : tout le monde sait reconnaître une place ; une convention fonctionne qui met en relation une configuration spatiale et une dénomination. Et cette convention ne joue pas d'abord sur l'usage, les activités, les commerces ou les équipements mais sur la forme urbaine : la place est identifiée sans ambiguïté par différence avec le tissu alentour. Ce n'est que dans les discours urbanistiques récents que l'on tente à tout prix de faire coïncider cette particularité spatiale de la place avec une valeur de centre, d'animation, de pôle commercial ou culturel. Les habitants eux, savent très bien qu'il y a des places vides, des places sans commerces, des places calmes, des places agréables en été et trop éventées en hiver, des places un peu tristes en automne quand il pleut, des places où l'on aime se promener le soir quand il fait beau… Mais cette reconnaissance de la place comme telle (on ne confond pas la place avec n'importe quel carrefour ou n'importe quel bout de dalle ornée de deux bacs à fleurs et d'un réverbère) s'accommode d'une grande variété de dispositions concrètes. On peut mesurer ici l'extension et les limites de cette convention, et dépasser les stéréotypes qui assigneraient, au nom de l'histoire, une disposition canonique à la place. À l'inventaire des dispositions géométriques il semble utile d'ajouter une réflexion sur les relations de la place au tissu qui l'entoure. Et d'illustrer, dans le cas des lotissements, les opérations de découpage parcellaire qui permettent de la constituer. En effet, ce n'est pas seulement par ses dimensions ou sa configuration en plan que la place prend son sens, mais dans ses rapports avec les espaces publics voisins et avec le bâti qui l'enclôt ; un rectangle vide de 40 + 80 m peut constituer un square, une partie d'avenue, un parking, un terrain vague, une grande cour… ou une place.

En raisonnant à partir du découpage parcellaire, on peut définir quelques grandes catégories. La placette obtenue par recul de l'alignement ou par suppression de quelques parcelles bâties offre dans un tissu assez resserré un élargissement du trottoir, un ensoleillement et une lumière différente, une protection contre les vents dominants qui favorisent l'extension des commerces, l'arrêt des marchands ambulants ou l'attente devant un équipement public, la réunion des habitants. En ce sens la placette est d'une échelle voisine de la cour. Kiosques, statues, fontaines, arbres, bancs viennent compléter l'aménagement. Les opérations qui affectent le bâti restent locales et n'entraînent pas une redistribution des parcelles sur l'ensemble du tissu. Quelquefois la réduction de leur profondeur (recul d'alignement) peut inciter à en modifier les caractéristiques typologiques, de même que le fait de découvrir les pignons entraîne un traitement particulier des bâtiments.

Ménagé de part et d'autre d'une rue ou d'une avenue, le recul d'alignement sur toute la longueur d'un îlot crée une place de dimension plus importante dans laquelle le centre peut devenir un espace autonome. On a alors une composition qui articule deux échelles : celle du vide entre les bâtiments sensible dans une vision globale et qu'une ordonnance vient parfois accuser ; celle de l'espace central avec sa propre organisation (sol, clôture, plantations, éclairage) qui peut accueillir un square, voire un équipement public comme une halle.

Selon que l'on cherche à obtenir des places plus ou moins ordonnancées, la question de la redistribution parcellaire se pose. Traitement des angles, retour des parcelles sur le petit côté de l'îlot permettent de constituer une périphérie homogène, condition indispensable pour établir une ordonnance et différencier les bâtiments qui bordent la place de ceux des rues voisines. Parcelles larges et régulières accueillant des bâtiments plus élevés, règles particulières sur les façades qui définissent une ordonnance, traitement unitaire de toute la place, les exemples ne manquent pas depuis les bastides médiévales jusqu'aux places royales classiques pour illustrer ce travail sur la régularité. Au contraire, l'indépendance des différents côtés, voire l'opposition des vis-à-vis peuvent signifier une situation urbaine particulière où la place met en relation des quartiers et des tissus différents. À l'idée de centre généralement évoqué à propos des places se substitue ici celle de charnière, articulation entre deux territoires qui sont rassemblés malgré leurs différences comme on peut l'observer dans de multiples places aménagées à l'emplacement des anciennes portes de ville et qui tiennent d'un côté au centre ancien, de l'autre au faubourg. Qu'on se rappelle la succession des places autour de la porte Saint-Cyprien à Toulouse, ou la ponctuation des cours à Bordeaux à l'emplacement des anciennes portes d'enceinte. À Paris ce sont, la place Denfert-Rochereau, la place Clichy, la place d'Italie ou l'Étoile sur le tracé du mur des Fermiers Généraux ; à Barcelone, la place de Catalogne ou celle de l'Université qui articulent la ville ancienne à l'extension.

Dans un tissu réglé, le recul d'alignement peut s'effectuer sur le petit côté ou sur le grand côté de l'îlot. Il peut intéresser une diminution de la profondeur des parcelles, ou leur suppression sur un côté de la voie, ou les deux. Ces opérations simples ne remettent pas en question les tracés d'ensemble de la voirie, l'étude des VRD, etc. ; elles ne sont que des aménagements locaux dans la mise au point du projet. Les places qui en résultent offrent pourtant une variété d'espaces et de dimensions assez grande. Ainsi un recul de 12 m sur le petit côté d'un îlot ménage une place rectangulaire allongée de 24 m × 72 m soit environ 1 800 m² avec circulation latérale. Un recul de 15 m de part et d'autre de la rue, toujours sur le petit côté de l'îlot, donne une place de 42 m × 72 m soit 3 000 m². La suppression d'une rangée de parcelles complète de part et d'autre de la rue sur le petit côté crée une place carrée de 72 m de côté soit 5 000 m² (dont 3 600 m² hors voirie) ; sur le grand côté de l'îlot on obtient une place allongée de 72 m × 132 m soit 9 500 m². À partir de ces différences géométriques, le traitement au sol et les plantations introduisent des variations supplémentaires.

Enfin au lieu de se situer de part et d'autre d'une voie, le recul d'alignement peut aménager une place sur un carrefour : place carrée, octogonale ou circulaire dont le centre au point de rencontre des rues est souvent marqué par une colonne, un obélisque ou une statue comme les étoiles baroques qui sont la réinterprétation urbaine des grands ronds-points forestiers des chasses royales.

À ces places qui procèdent d'un élargissement de la rue et du carrefour s'opposent celles pensées comme la suppression d'un îlot, voire d'un ensemble d'îlot. Il n'y a pas là concurrence entre le bâti et l'espace public (celui-ci étant obtenu en « rognant » le premier), mais équivalence et substitution possible. Les rues se prolongent autour de la place, dégageant le centre qui est ainsi naturellement placé à l'écart du trafic, et offert à des activités collectives : marchés, fêtes, rassemblements. Cette logique qui s'installe dans les premières bastides se retrouve fréquemment dans les villes en damiers. La place d'armes ou la « plaza mayor » des villes espagnoles, le « carré » des villes du Québec ou le « square » des villes anglo-saxonnes en fournissent maints exemples. La non-construction d'un îlot, éventuellement accompagnée par une ordonnance des façades alentour crée une place qui, dans le jeu du damier, peut être située assez arbitrairement. Dans les tissus constitués, la création d'une place par démolition d'un îlot, démontre la réversibilité du processus. La création de la place de la Merced à Barcelone en fournit une illustration exemplaire.

Tout autre est le cas des places créées dans le tissu sans relation directe avec le réseau des rues. Souvent réalisées après coup dans des quartiers à très forte densité et démunies d'espace libre, on pense à la place Royale de Barcelone, ou au contraire comme des opérations de prestige destinées à entraîner les investisseurs vers des terrains jusque-là peu construits (la place des Vosges ou la place Vendôme à Paris), elles se présentent comme des totalités. Seules l'ampleur des dimensions et la monumentalisation de l'architecture domestique leur confèrent un statut (par différence avec le tissu voisin) faute de quoi elles ne deviennent rien d'autre que de vastes cours collectives à la manière des Hofe viennois.

Différent enfin est le cas des places directement liées à un monument. Si l'on se souvient de l'origine du mot parvis, du latin ecclésiastique *paradisius* lui-même du persan ancien où il signifie un jardin enclos, le terme même nous dit combien les symboles anciens continuent à agir presque à notre insu dans les toponymes actuels. Et cela nous indique la vanité de vouloir jouer trop brutalement avec les significations des lieux. Le parvis aujourd'hui n'est plus seulement une place ou une partie de place devant le portail d'une église, mais plus généralement devant un monument : parvis du théâtre, de l'hôtel de ville, du palais de justice... Ces expressions mettent en évidence une relation forte entre un édifice et la place. Comme si l'institution s'appropriait symboliquement une partie de l'espace public. C'est en effet d'institutions qu'il s'agit, et de monuments. On ne parle pas du parvis de la crèche ou de la PMI ; et n'importe quel équipement n'a pas vocation à devenir un monument et à vouloir à tout prix s'affirmer sur l'espace public comme témoignage de l'institution. Les outrances du postmodernisme où chaque maternelle s'orne d'un fronton et dessine sur le sol la projection de son entrée, marquent un dérapage du travail sur les significations.

La question des places aujourd'hui ne se pose pas seulement dans un rapport hypothétique avec des édifices institutionnels, ni comme une réactualisation du square ou de la placette traditionnelle. Là encore l'observation des villes anciennes conduit à des questions nouvelles. Il suffit en effet de renverser la perspective pour voir apparaître des solutions urbaines à des problèmes contemporains : si tant de places anciennes qui datent des transports en charrette et des débuts de l'horloge sont devenues aujourd'hui des parkings, pourquoi l'inévitable parking ne pourrait-il pas constituer une place. C'est-à-dire être à la foi le lieu où d'ordinaire se rangent les véhicules et celui où à l'occasion se déroulent les manifestations de la vie collective. Places-carrefours, esplanades, portails et portes de villes ont leurs équivalents modernes dans les grandes surfaces commerciales qui jalonnent les entrées de ville. Leur redonner un statut urbain ne signifie nullement le pastiche de la ville ancienne, mais plutôt intégrer dans leur conception des dimensions multiples qui leur font aujourd'hui défaut.

L'espace public : réseaux, nivellement, revêtement, équipement

À l'expression « dessin de l'espace public », on préfère celle de « construction de l'espace public ». L'espace public ne se limite pas en effet au dessin de son sol, à une surface en plan fort éloignée de la vision effective de l'usager et de la constitution physique d'une voirie dont on pourrait rappeler ici les principaux éléments :

— L'installation des réseaux : depuis le passage de la chaussée fendue à la chaussée bombée, la généralisation du tout-à-l'égout, des trottoirs et de l'alimentation des immeubles en énergie (gaz, électricité, câbles) la voie est une infrastructure autant qu'une surface de roulement. Elle accueille de nombreux réseaux qui nécessitent fouilles, terrassements, encombrements, raccordements, branchements, locaux techniques... créant autant d'émergences nécessairement visibles en surface parce que visitables par les services d'entretien.

— Le nivellement du sol assure notamment l'écoulement des eaux pluviales ou de nettoyage et il engage donc des pentes de fils d'eau (1 % minimum) ; concernant le plus souvent des sites existants, le réaménagement d'espaces publics doit coordonner des cotes de nivellement entre elles (seuils de portes cochères ou de boutiques, passages piétons, points de raccordement à des réseaux existants) dans le cadre de réglementations ou d'usages sur des minima et maxima de pentes (3 à 4 % maximum pour la marche des piétons, 10 à 15 % pour les « bateaux », 15 % pour les rampes d'accès...). Le nivellement rend donc de manière extrêmement sensible, sinon visible, ces jeux topographiques qui président aux implantations de bordures, avaloirs ou bouches d'arrosage. Pentes et contre-pentes donnent l'intelligence du sol et peuvent constituer à elles seules l'expression du projet d'espace public.

— Le revêtement du sol définit le plus souvent le statut de l'espace public : un même terre-plein de boulevard en terre stabilisée, en asphalte ou en dallages de granit distinguera des usages différents : promenades, jardins, terrains de jeux, marchés forains... Pour des raisons d'entretien courant on préférera, à Paris par exemple, réserver le stabilisé pour les jardins fermés, l'asphalte pour les trottoirs courants et le granit pour les promenades sur les axes majeurs. Chacun de ces matériaux a des coûts et des contraintes diverses. Ainsi l'asphalte, peu cher et facile à mettre en œuvre, engendre rapidement un patchwork à cause des interventions successives sur les réseaux ; le dallage de granit, plus cher et dont le calepin de mise en œuvre nécessite un grand soin, permet a contrario des interventions ultérieures plus ponctuelles et plus discrètes.

Quoi qu'il en soit le choix d'un matériau ne peut se faire en dehors d'une connaissance des modes de gestion d'une ville, de son intégration dans la hiérarchie symbolique des voies d'une ville particulière, et du projet de nivellement. La mise en œuvre des matériaux, notamment le dallage, ne doit pas à notre sens être pensée de manière décorative, au risque de transformer l'espace public en une succession de tapis ou de paillassons privés. Le dessin du sol doit au contraire éclairer la géographie d'un lieu. Même le célèbre pavement de la place Saint-Marc accompagne son nivellement : points hauts, moyens et bas correspondent aux trop-pleins en cas d'acqua-alta et la grecque blanche encadre le système hydraulique. À l'opposé, les dessins gratuits de sols et la démultiplication des matériaux réalisés pour donner à voir les interventions municipales, ont souvent pour effet inverse de banaliser et dénaturer les spécificités d'une ville ou d'un lieu.

On peut retrouver ces équivoques ou ces contresens, de manière plus savante mais tout aussi « décalée », dans certaines interventions (ou « installations »).

La mode du japonisme en matière de paysage du Land Art ou de l'Installation Art... conduit à ce genre de confusion.

Ainsi les « opus » fort peu incertains d'un Richard Long ou les démonstrations d'un Daniel Buren perdent beaucoup de leurs charges émotionnelles ou didactiques dès qu'ils passent d'un statut éphémère à celui de projet d'espace public.

L'esprit d'un lieu ou d'une ville est, comme en architecture, à chercher bien davantage dans les matériaux ou la lumière d'une région ou d'une ville que dans un dessin décoratif ou un concept éphémère. Cette recherche a pu durer des siècles pour être finalement énoncée en doctrine codifée et réglementée. Dans les villes capitales les modes d'interventions sur l'espace public profitent souvent d'habitudes visuelles, ou de pratiques institutionnalisées qui stabilisent une certaine image de la ville : cabines téléphoniques et bus rouges à Londres, bancs et grilles d'arbres Alphand à Paris, béton du trottoir new-yorkais, pavements de briques à Venise... en sont les images touristiques les plus connues.

Cela n'exclut pas pour autant des interventions exceptionnelles qui peuvent rendre compte de la géographie, de l'histoire, de la géologie ou de l'archéologie d'une ville. On pense particulièrement à des aménagements « telluriques » comme ceux de Central Park (1873) révélant le socle naturel de la ville, à la Cité universitaire de Mexico (1950-1952) où roches volcaniques et pelouses font alterner sols naturels et artificiels, ou à l'aménagement des chemins d'accès au Panthéon réalisés par Pittiokis (1951-1957) savant puzzle de dalles façonnées et de pièces archéologiques incrustées. Ces interventions exceptionnelles ont comme point commun de s'inscrire et révéler la nature d'un site (à l'opposé du « marcher creux » des dalles de surfaces de parkings...). Elles participent de la densité, de la gravité et de l'unité d'une ville.

L'équipement de l'espace public par du mobilier urbain est une invention relativement récente associée à la transformation de la rue du XIIIe siècle (lieu de commerce, de travail, de loisirs ou de rejets) en promenade bourgeoise. La coordination « in situ » de l'ensemble des services concernés pour l'élaboration des projets (B. Landau 1993) s'est effectuée sur le principe d'alignements : éclairages, plantations, mobilier (bancs et kiosques principalement) s'organisent sur une même file (à 1,5m environ de la bordure du trottoir) et permettent de dégager un lieu de promenade et un double emploi du mobilier pour la chaussée et le trottoir. Cette disposition conserve encore aujourd'hui toute son efficacité.

Mais la question de mobilier urbain ne se résume pas à sa seule disposition si on veut réellement éviter l'inflation et la gadgétisation. La localisation de certains mobiliers (kiosques, corbeilles, cabines téléphoniques) associée à des lieux privilégiés (sorties de métro, carrefours, « bateaux ») permettent le repérage et la mémorisation. Leur implantation précise permet souvent de résoudre plusieurs problèmes à la fois, notamment le stationnement sauvage, et d'éviter ainsi de nouveaux mobiliers, remèdes souvent pires que le mal (bornes, piquets, bannières...). L'hétérogénéité du mobilier est souvent aussi source de confusion entre signalisation routière ou publicitaire, services gratuits ou payants, municipaux ou privés... Un travail de sélection et d'identification sans prétendre à une impossible homogénéité ou au recours systématique à des « lignes » de mobilier, doit surtout aider à mieux repérer les éléments fixes et les éléments éphémères ou inutiles.

La puce électronique.

Chapitre 4

La production du tissu urbain

Lots et îlots formes, dimensionnements et découpages

Le tissu urbain procède de l'imbrication de deux logiques : celle du découpage du sol en lots à bâtir et celle des tracés de la voirie qui les dessert. Sans découpage pertinent qui fasse correspondre au lot des types de constructions appropriés et règle durablement leurs relations à l'espace public il n'y a qu'une collection d'objets plus ou moins disparates éventuellement réunis par des prescriptions esthétiques (matériaux, couleurs, modénature). Sans dessin de voies qui dépasse la seule desserte fonctionnelle pour organiser un ensemble de relations complexes dans le quartier, il n'y a qu'une succession d'opérations immobilières autonomes, incapables de favoriser dans le temps le développement des activités et des usages caractéristiques de la ville.

L'unité constitutive de la ville pourrait se présenter comme une section de rue avec l'ensemble des parcelles desservies de part et d'autre. Mais dès qu'il s'agit d'un territoire plus vaste que le village-rue primitif, la voirie s'organise en mailles plus ou moins régulières, le bâti se resserre et s'adosse. L'îlot apparaît comme un résultat, comme l'ensemble des parcelles privées rendues solidaires par le maillage de la voirie. Cette solidarité ne signifie pas l'homogénéité d'un bâti indissociable. Et si l'on peut échapper au faire semblant qui assimile l'îlot à une forme donnée, à une périphérie construite de manière continue autour d'un « cœur d'îlot » qui se résume au mieux à une vaste cour commune, c'est sur la structure de l'îlot qu'il faut réfléchir en gardant continuellement présent à l'esprit la relation rue/bâti qui l'ordonne.

La constitution du tissu, dans le cas le plus simple d'un lotissement homogène se présente alors comme la superposition de deux grilles régulières décalées. Dans la première chaque maille est formée par une section de rue avec les rangées de parcelles bâties qui la bordent ; dans la seconde c'est l'ensemble des quatre rues qui « isole » l'îlot. Cette vision peut paraître schématique, elle décrit pourtant l'état d'origine de nombreux lotissements depuis Olynthe (Ve av. J.-C.) jusqu'à Edimbourg (XVIIIe), de Montauban (XIIe) à Chicago (XIXe), de Tell el Amarna (XIVe av. J.-C.) à Rotterdam (1926) ou à Francfort (1925-30). L'îlot est l'héritier de cette histoire, le résultat de cette expérimentation millénaire. Non un « bloc » posé a priori, mais l'addition de parcelles qui s'ouvrent à l'extérieur sur des rues différentes et s'assemblent au centre sur une limite commune.

La rangée

Saisir la rangée comme une unité intermédiaire entre la parcelle et le tissu constitué n'est pas seulement une commodité d'analyse. C'est le moyen de comprendre (au sens plein du terme, c'est-à-dire d'englober) dans la réflexion sur le tissu des configurations qui s'écartent de la logique de la grille et de l'îlot et ne sont pas pour autant irraisonnées ou aléatoires, ni antiurbaines. Avant d'être insérée dans un tissu complexe, la rangée peut exister isolée. C'est l'« écart » des campagnes françaises desservi par un chemin qui quitte la grande route afin d'offrir aux habitations la meilleure implantation : l'adossement à la pente pour protéger des vents froids ; l'éloignement des eaux de ruissellement ou des prairies inondables ; l'ouverture au midi qui assure l'ensoleillement hivernal. Préoccupation d'insertion dans le site avant l'heure, cette disposition avait frappé Raymond Unwin qui y voyait le modèle à reprendre pour l'édification de la ville moderne. Sous d'autres latitudes et avec d'autres contraintes c'est la série de cases des ouvriers agricoles du Nordeste brésilien, les maisons en rangées des pêcheurs de la lagune vénitienne ; les premières implantations des villages de pionniers ou de mineurs.

Les types de bâtiments diffèrent d'un pays à l'autre, ici « cellules-minimum » d'une main-d'œuvre qui ne possède rien, là maisons plus élaborées qui constituent l'amorce d'une propriété. Pourtant des constantes apparaissent : la rangée est formée de la répétition de maisons semblables. Cette répétition est souvent la conséquence des conditions initiales, elle révèle l'identité du statut des habitants, l'égalité des propriétés foncières, la similitude des matériaux et des procédés constructifs, et en fin de compte le respect de conventions communes. Elle peut être le fruit d'une maîtrise d'ouvrage unique : grands propriétaires terriens, sociétés industrielles ou minières, initiatives charitables et philanthropiques, interventions étatiques, coopératives ouvrières ou programmes de logements sociaux. La rangée dans ce cas est construite d'un seul coup, à partir d'un plan-type, en un bâtiment (immeuble ou maisons mitoyennes) ou par répétition de bâtiments identiques (maisons jumelées ou groupées par quatre, pavillons, etc.).

Dans le premier cas la régularité découle de l'unité typologique et de la similitude des découpages fonciers, dans le second elle est la conséquence d'un projet qui règle par la répétition la question de la quantité. Entre les deux se situe le « changement d'échelle typologique » décrit par Aymonino. Implantées face à face, de part et d'autre d'une route qui dès lors devient rue, les rangées forment le village-rue. Lié au défrichage et à une première mise en valeur du territoire, chaque bâtiment est pris entre l'espace public qu'il contribue à constituer et les terres de culture qu'il exploite. Sauvetés ou essarts des défrichages médiévaux, « côtes » québécoises du XVIIe siècle ou colonies agricoles du Mato-Grosso aujourd'hui, les logiques se rejoignent. Cette même disposition trouve sa raison d'être en dehors du contexte agricole. La voie de passage, chemin, route ou canal suscite le commerce ou l'artisanat en même temps qu'elle permet le transport vers des lieux de production. Avec des raisons différentes, faubourgs marchands ou populaires se constituent à partir de rangées le long des voies. Les uns pour y saisir le client potentiel, les autres pour limiter au maximum les coûts en utilisant les infrastructures préexistantes. Là encore les phénomènes se reproduisent et l'image du faubourg rend compte aussi bien de la formation de Reims ou des extensions de Paris jusqu'à Haussmann que de réalités plus actuelles. L'urbanisation de la campagne belge se fait le long des « chaussées » qui relient les grandes villes par une succession de rangées de maisons sur une seule épaisseur, réalisant concrètement les schémas des désurbanistes russes et de la cité-linéaire de Le Corbusier. Cet urbanisme du chemin et de la rangée permet aussi de tirer parti de sites accidentés en limitant l'édification à des bandes étroites qui laissent de vastes « poches » non bâties. Les villes coloniales portugaises du Brésil procèdent ainsi par rues aux maisons resserrées qui relient les points marquants du territoire : sommets et carrefours, généralement occupés par les institutions publiques et les couvents. Étendue sur les collines, la ville enserre de multiples petites vallées où subsistent jardins et plantations. La solution, heureuse pour des petites villes (Olinda, Goïas, Ouro Preto), s'accommode plus difficilement d'une grande extension et d'une forte densification. Les pentes jusque-là non bâties sont alors occupées de diverses façons. Les favelas, où la précarité de la construction s'ajoute à l'instabilité du sol, alternent avec des quartiers résidentiels, les lotissements économiques et les grands ensembles. Hormis les grands tracés, la ville s'épuise en une succession de quartiers autonomes desservis en cul-de-sac et difficilement gérables.

Aussi, dès que l'on envisage une agglomération de quelque importance, l'efficacité d'un tracé simple qui permet l'implantation des voies tout en réservant différentes possibilités d'utilisation du sol conduit à projeter un maillage régulier qui assure la continuité des rues dans les deux directions. Conséquence de cette grille, l'îlot s'impose comme une solution qui permet de gérer aussi bien l'assemblage de parties autonomes (chaque rive obéit à la rue qui la borde) que l'organisation du territoire sur une vaste échelle. Sur cette grille, le bâti se renouvelle et se densifie sans que soit remise en cause la structure de l'ensemble.

L'îlot simple rectangulaire

La largeur de l'îlot est la somme des profondeurs des parcelles desservies par chaque rue. Une ligne continue, celle des fonds de parcelles partage l'îlot en deux parties distinctes, chacune liée à une rue. Cette ligne médiane est fondamentale, c'est elle qui permet de penser l'îlot comme l'association de deux rangées dos à dos et non comme un bloc homogène. Sa persistance dans le tracé parcellaire de tissus qui ont connu de nombreuses modifications au cours des siècles témoigne de son importance. Ce partage est encore lisible non seulement dans la quasi-totalité des villes neuves anciennes et des lotissements mais aussi, même si le tracé en est moins régulier, dans la plupart des îlots anciens. G. Caniggia montre son existence dans des villes aussi différentes que Florence, Lubeck, Gênes, Amsterdam, mais on le relève aussi à Paris, à Bruxelles...

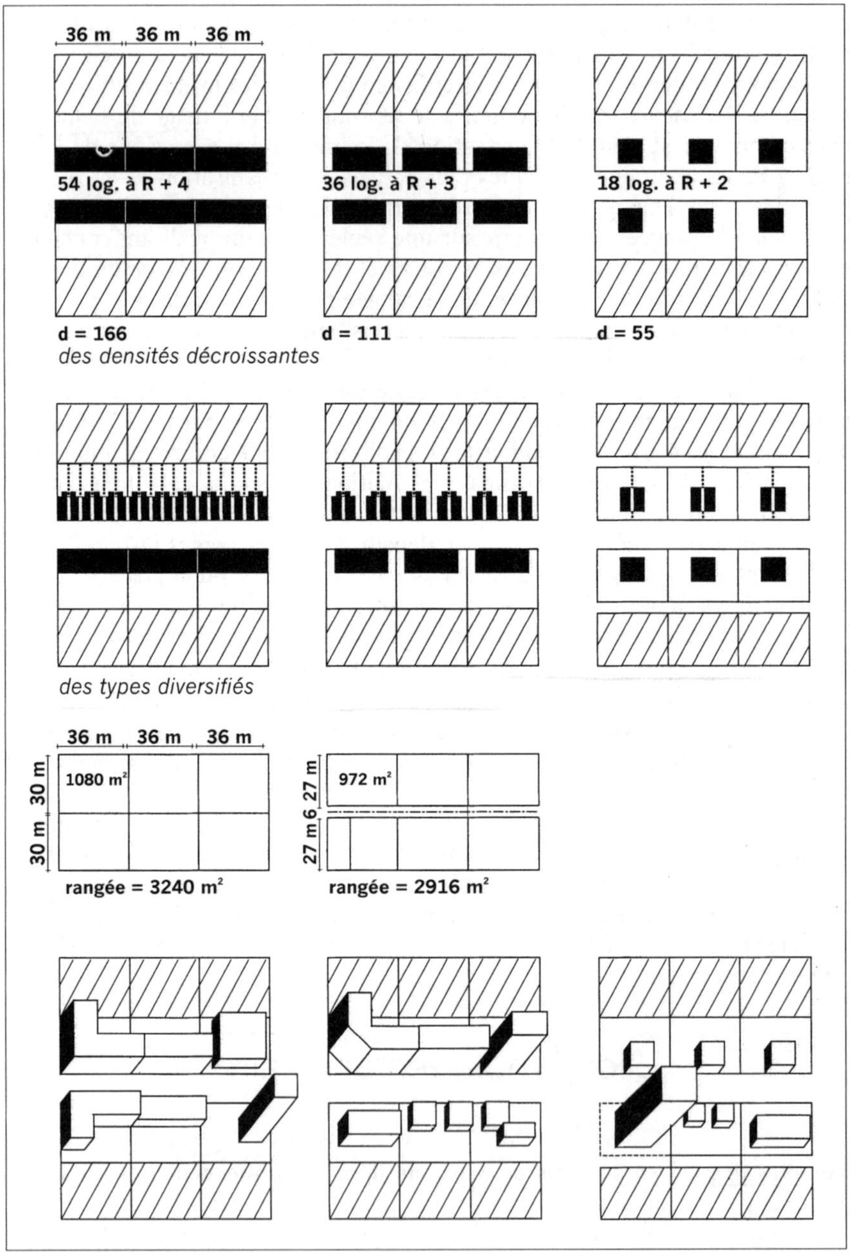

Fig. 21 : Rue et rangées.

Parfois, cette ligne médiane se matérialise par un passage, ruelle ou venelle qui constitue à la fois une desserte arrière et une possibilité d'évacuation des ordures et des eaux usées — un caniveau, une rigole, voire un petit canal recouverts aujourd'hui ont souvent été à l'origine de cette ruelle. On le voit dans les carreyroux des bastides françaises, dans les « terre nuova » florentines de la même époque. On en retrouve la trace dans les plans anciens des villes neuves espagnoles d'Amérique latine (avec un îlot carré mais dont la logique est identique). On en observe la généralisation dans le dessin de la ville anglaise à partir du XVIIe siècle avec le système des « mews », puis dans la décomposition du *block* de la ville américaine.

Penser l'îlot comme l'association, sur cette ligne médiane, de deux rangées de parcelles, ou ce qui revient au même, comme le résultat de la construction de plusieurs rues parallèles présente un premier avantage. Le découpage parcellaire et donc les types de bâtiments susceptibles d'être implantés peuvent être rapportés à chaque rue et marquer ainsi les qualités différentielles du tissu. En même temps on peut ainsi construire la rue comme le vis-à-vis de deux rangées, identiques ou différentes, et contrôler par là même la constitution de l'espace public.

L'économie maximum (de terrain, de voirie...) consiste à imaginer jusqu'à un lotissement où des rues distantes d'une double profondeur de parcelles desserviraient à l'infini des rangées de part et d'autre. Cette fiction bute sur deux obstacles. L'un technique, les rues qui contiennent aussi les réseaux ne peuvent s'étendre indéfiniment sans se brancher sur un réseau principal. L'autre pratique, le passage d'une rue à l'autre doit être possible sans des détours considérables, ne serait-ce que pour des considérations élémentaires de relations sociales ou de sécurité (que faire quand une rue est momentanément coupée).

L'îlot le plus économique est un rectangle allongé. À New York, au XIXe siècle, on trouve des lotissements qui utilisent un îlot de 60 m × 182 m, à Chicago 60 m × 152 m, à Montréal 60 m × 155 m dans les extensions d'Amsterdam 50 m × 180 m. C'est aussi le cas dans certaines cités-jardins, même si le dessin courbe des voies qui épousent un terrain vallonné masque par un traitement paysager l'économie maximum de la voirie. On comprend comment dans un maillage de voies correspondant aux îlots les plus simples et au lotissement le plus économique, seules sont fixées les longues rues parallèles sur lesquelles viennent s'implanter les bâtiments, et de part en part une voie particulière qui comprend les réseaux principaux. Cette voie peut prendre différents aspects selon sa fonction dans le plan d'ensemble : voie commerçante ou avenue, succession de squares, vaste coulée de verdure, etc. ; elle influence en retour la partie des îlots qui la bordent. Si pour des raisons d'usage il s'avère utile de ménager d'autres voies transversales, leur correspondance de part et d'autre d'une rue longitudinale n'est pas obligatoire, leur largeur n'a pas à être constante, leur traitement peut être réduit au minimum, voire se limiter à un passage pour piétons.

Si l'on reprend les découpages proposés au chapitre 2, l'îlot simple (108 m × 60 m = 6 480 m^2) résulte de la combinaison de 6 lots élémentaires de 1 080 m^2. Proches de celles que l'on rencontre dans de nombreuses villes, ces dimensions constituent un point de départ commode correspondant à des découpages déjà expérimentés. On a vu comment le nombre de logements par lots varie d'une unité à 45 ou 50, de la grosse villa isolée à l'immeuble urbain dense. L'édification d'îlots homogènes, c'est-à-dire dont tous les lots accueillent le même type de bâtiment permet de décrire à l'échelle de l'îlot la même variation. De 6 logements en villas à 300 logements en immeubles (R + 6), soit une densité nette à l'hectare (voirie exclue) qui varie de 9 à 460 logements, ou de 35 à 1 600 habitants environ. Le mélange dans le même îlot de parcelles et de bâtiments différents s'inscrit entre ces deux extrêmes.

Les raisons de différencier dans un même îlot les découpages parcellaires et les types de bâtiment ne sont pas dues à des préoccupations esthétiques : la lutte contre la monotonie, ni morales : le mélange des classes sociales. Elles viennent plutôt de l'expérience. Si dans le plan de quartiers nouveaux il est nécessaire de définir assez vite le tracé des voies, et la forme du maillage régulier a fait la preuve de son efficacité, le « remplissage » de ce maillage — donc des îlots — s'effectue souvent plus lentement. En d'autres termes, si le maillage permet de tracer les voies puis d'implanter les réseaux afin de distribuer les lots, leur acquisition puis l'édification des constructions soumises à la conjoncture mettent en jeu un grand nombre d'acteurs et requièrent du temps. L'îlot implanté sur le terrain dans une situation précise n'est pas un rectangle abstrait. Ses faces ne sont pas équivalentes, telle rue qui le borde est déjà viabilisée alors que la voisine est encore en chantier. La convoitise des acquéreurs se porte sur un lot qui jouit d'une meilleure orientation, de la proximité d'un équipement ou des transports publics. Dès le début du projet des différences apparaissent qui ne sont pas d'ordre géométrique, et c'est souvent dans la capacité de répondre aux toutes premières demandes que réside la réussite de l'opération.

La différenciation des faces revient à considérer chaque demi-îlot en fonction de la rue qui le borde, et à tenir compte des différences entre les voies. Dans un maillage régulier on assiste fréquemment à une alternance de rues denses (petits immeubles ou maisons en rangées) et de rues moins denses (villas et lots libres), ou de rues acceptant commerces et services et de rues strictement résidentielles. On trouve également dans un même îlot ou dans une succession d'îlots des densités décroissantes qui relient graduellement l'immeuble urbain à la maison individuelle.

Sans étudier toutes les configurations on peut évoquer quelques cas. Nous avons retenu, pour deux situations, trois exemples d'utilisation de l'îlot de 108 m sur 60. La différenciation des faces en opposant immeubles mitoyens simples et maisons en rangées sur des parcelles de 6 m fait apparaître un rapport de 3 à 1 (54 appartements et 18 maisons) pour un total de 72 logements. Avec le même rapport en opposant des immeubles non mitoyens et des maisons jumelées sur des parcelles de 9 m on obtient un total de 48 logements (36 appartements et 12 maisons) ; avec des petits immeubles résidentiels et de grandes villas accolées 24 logements (18 appartements et 6 villas). La diminution de densité à l'intérieur d'un même îlot peut être obtenue en abaissant la hauteur des immeubles et en passant d'un bâti continu à un bâti discontinu : lots successifs de 18, 12 et 6 appartements pour un total de 72 logements à l'îlot ; en associant immeubles et résidences : lots successifs de 12, 8 et

4 appartements pour un total de 48 logements à l'îlot ; ou résidences et villas : lots successifs de 6, 4 et 2 logements pour un total de 24 logements à l'îlot.

L'îlot composé et le retour du parcellaire

La différenciation des faces ne s'applique pas seulement aux rues opposées. La voie qui borde le petit côté du rectangle joue parfois un rôle important : rue principale, avenue, place ou bordure de parc incitent à aligner les bâtiments sur cette face. Le parcellaire se retourne et s'ordonne par rapport aux espaces publics et en exprime les hiérarchies. Dans les tissus anciens le redécoupage des parcelles sur les voies importantes révèle cette logique, mais certaines urbanisations planifiées l'intègrent dès l'origine. À Montpazier (1285) comme dans la plupart des bastides, la bordure des îlots qui entourent la place présente un parcellaire qui se définit à partir de celle-ci. Pour les îlots rectangulaires c'est le petit côté qui vient constituer les arcades des couverts et la ruelle interne, au lieu de traverser l'îlot de part et d'autre, prend la forme d'un T. L'îlot n'est plus l'assemblage de deux rangées parallèles mais de trois dont l'une perpendiculaire aux deux autres se retourne en tête. Les bâtiments qui s'y implantent appartiennent à un type différent de ceux des rues courantes. Ce sont des maisons de commerçants édifiées sur un parcellaire un peu plus large, comprenant une boutique au rez-de-chaussée précédée d'une travée sur arcade. La leçon, exemplaire, est encore actuelle : comment constituer un lieu différent, ici la place, et accueillir des activités particulières dans des bâtiments appropriés tout en restant à l'intérieur d'un schéma d'ensemble simple et régulier. À Londres autour des squares, la tête de l'îlot est formée d'un ensemble de maisons aristocratiques que l'ordonnance et les dimensions distinguent des autres logements. La rue arrière (mews) donne accès aux écuries et aux services. Des dispositions analogues sont systématiquement appliquées dans les villes nord-américaines au XIXe siècle. Quand l'îlot est perpendiculaire à la voie principale le retour du parcellaire accueille les activités liées à cette voie avec des bâtiments différents du reste du quartier. Grosses maisons au lieu de logements plus modestes, sur les avenues résidentielles ; maisons mitoyennes avec commerces, bâtiments de services et petites institutions sur les rues principales des quartiers d'habitation. Parfois la tête d'îlot s'isole du reste du tissu, le passage arrière s'élargit et devient une véritable rue de service continue parallèle à la voie principale. Tel est le cas de la rue Saint-Laurent à Montréal qui est bordée dans sa partie centrale par de grands immeubles commerciaux approvisionnés par l'arrière. L'îlot éclate mais la solidarité de ses parties est encore lisible aussi bien dans le plan de la ville que sur le terrain.

Si nous reprenons les mêmes dimensions que précédemment (60 × 108 m) le retour du parcellaire en tête d'îlot peut s'effectuer de différentes manières. On raisonnera dans un premier temps avec des parcelles d'une largeur constante de 6 m. On voit que le retour du parcellaire sur le petit côté laisse, compte tenu du lot de base adopté (36 × 30 m) une bande libre de la largeur d'une parcelle en fond de rangée. Ce terrain peut être annexé par les parcelles de tête dont la profondeur passe alors à 36 m, ce qui permet avec un

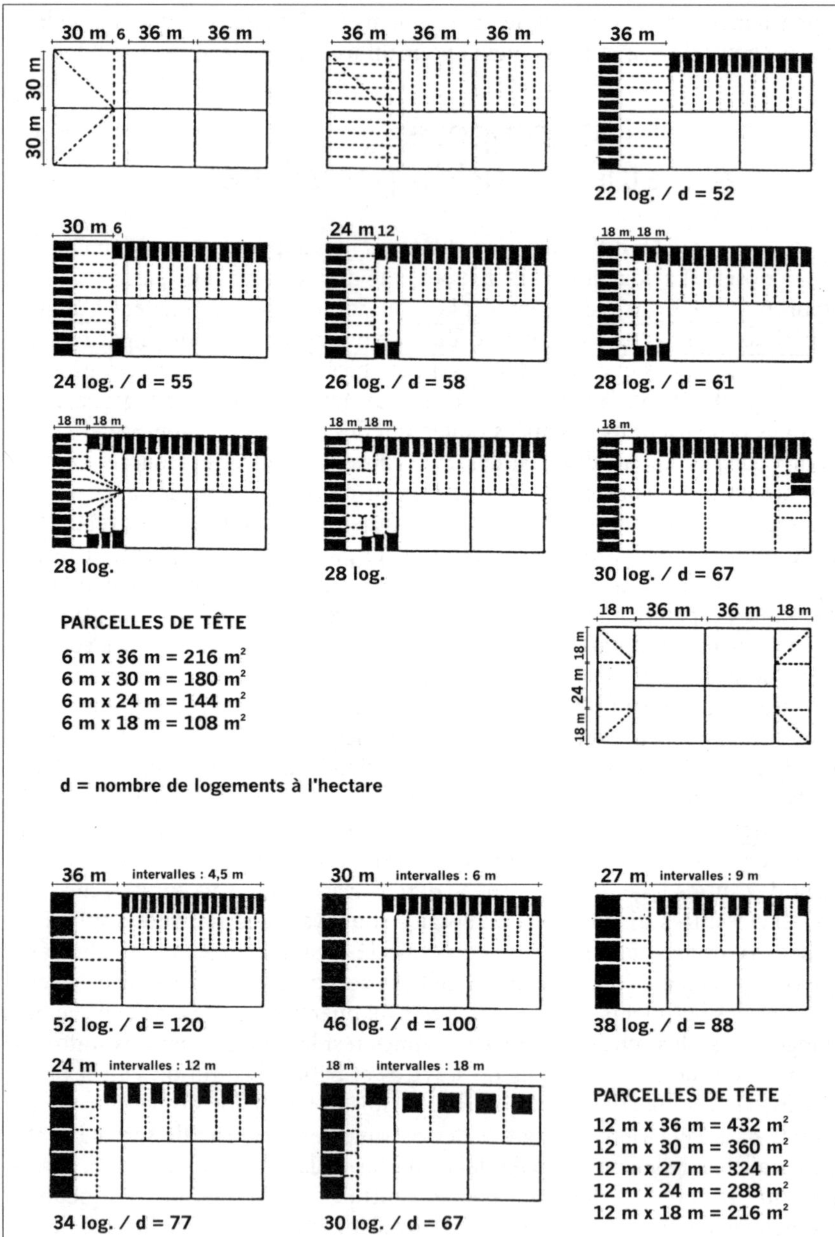

Fig. 22 : L'îlot composé et ses densités possibles.

cos constant l'édification de logements plus vastes puisque la surface de la parcelle augmente de 20 % (216 m² au lieu de 180 m²). L'îlot accueille alors 34 logements, soit une densité nette de 52 logements à l'hectare. Le même terrain peut former un passage desservant par l'arrière les parcelles de tête qui retrouvent ainsi la même profondeur que les autres (30 m), ou constituer deux parcelles supplémentaires prolongeant les rangées du grand côté. On a alors 36 logements à l'îlot soit le même nombre que dans la disposition simple de deux rangées parallèles sur les grands côtés (densité nette 55 logt/ha). Mais la tête de l'îlot peut utiliser des parcelles moins profondes (24 m ou 18 m) ce qui augmente d'autant le nombre de logements sur les grands côtés et donne pour le même îlot un total de 38 ou 40 logements (densité nette de 58 à 61 logements à l'hectare). Ou de profondeur variable en négociant sur l'arrière une imbrication en chevrons ou une limite diagonale. Enfin la diminution de la profondeur permet une densification sur le quatrième côté, l'îlot accueille alors 42 à 44 logements (densité nette de 64 et 67 logements à l'hectare).

Cet inventaire met en évidence les jeux possibles à partir de découpages en parcelles d'une même largeur. La variation des profondeurs et des surfaces (de 216 et 108 m²) entraîne celle des densités : de 52 à 67 logements à l'hectare, soit une augmentation de 30 %.

Le retour en tête d'îlot appelle des types de bâtiments différents, directement liés à la voie qu'ils bordent. La réduction de la profondeur incite à construire à l'alignement, à substituer aux maisons en rangées des maisonnettes sur un niveau de commerces. D'où l'intérêt du passage arrière qui dessert les cours de services, les réserves et éventuellement les logements. La bordure d'une voie principale conduit parfois à accroître le nombre d'étages ; des maisonnettes superposées au lieu d'une simple rangée augmentent le nombre de logements de l'îlot, il passe à 48, 50 ou 52, sans en modifier profondément la logique (densité nette 74, 77 et 80 logt/ha).

D'autres configurations sont possibles. Ainsi le découpage de la tête d'îlot en parcelles de 12 m de large sur lesquelles s'édifient de petits immeubles, ou l'utilisation du lot d'angle comme une seule grande parcelle avec des immeubles qui assurent la continuité d'une rue à l'autre permettent d'associer de manière logique des logements différents, et des activités diverses.

L'accès au centre et la question du cœur d'îlot

Le « cœur d'îlot » fait partie de ces notions vagues qui entraînent dans l'aménagement urbain des erreurs manifestes. On observe que le centre de l'îlot, moins facilement accessible que son pourtour, est généralement moins construit, occupé par un ensemble de jardins, de cours et de bâtiments bas souvent postérieurs aux immeubles sur rue et réalisés de manière plus légère : appentis, hangars, cabanes. De là à considérer cet ensemble comme un tout susceptible d'être aménagé pour lui-même il n'y a qu'un pas franchi déjà depuis longtemps, dès les premières rénovations avec les opérations de curetage des cœurs d'îlots. Cette vision de la ville où le bâti seul importe et qui néglige les découpages du sol et son statut n'est pas seulement à l'œuvre dans

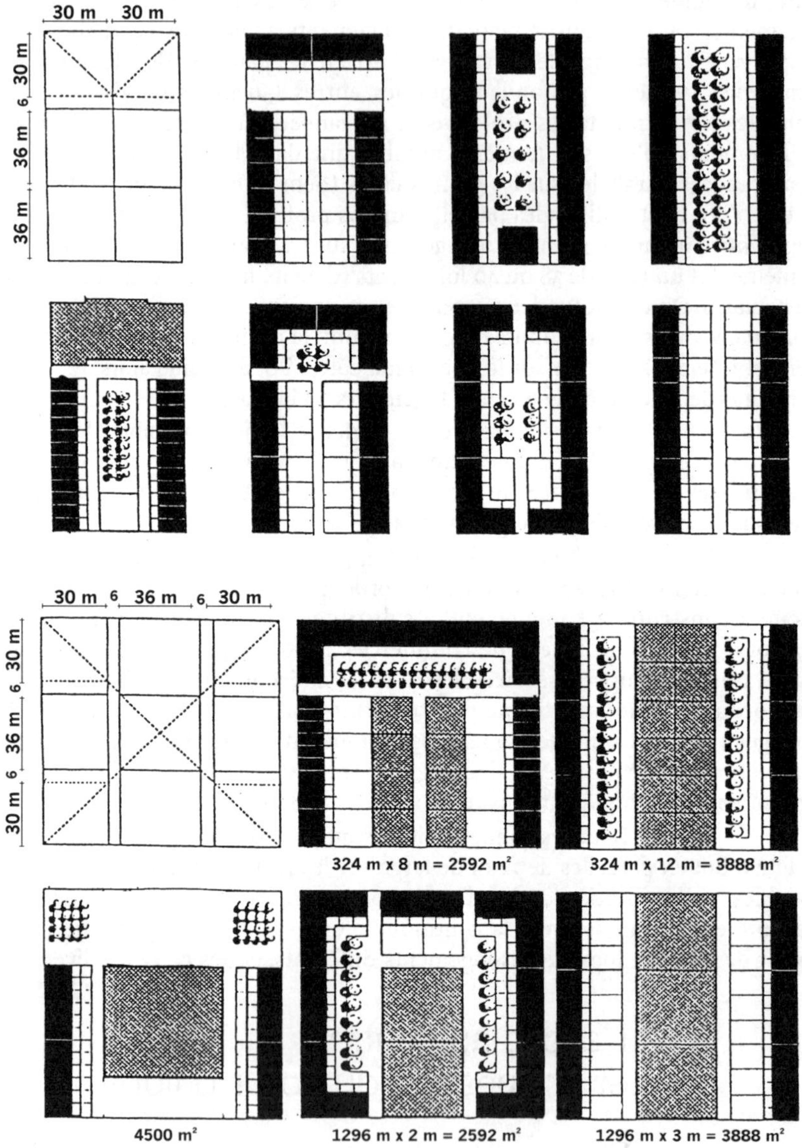

Fig. 23 : Mixités et mélanges d'échelle.

l'éventrement des centres anciens. Elle pèse sur la réalisation des quartiers nouveaux et constitue un obstacle important à la création des tissus. L'aménagement pittoresque rejoint ici la « tabula rasa » du mouvement moderne pour multiplier les passages, les cheminements, les placettes et les espaces verts en cœur d'îlot au risque de voir s'inverser le statut des espaces ou d'assister à leur banalisation complète.

Quelques considérations pourtant permettraient d'éviter les confusions auxquelles on assiste fréquemment. La première concerne l'épaisseur de l'îlot et la profondeur des parcelles. Comme toutes les dimensions celles-ci doivent être appréciées à l'intérieur d'une culture donnée et en fonction d'une localisation précise. Une profondeur de 25 à 40 m semblera confortable dans les quartiers centraux où les siècles ont façonné et densifié le tissu en découpant la maille des voies et le parcellaire ; banale dans de nombreux exemples de maisons en rangées issues de la tradition gothique, une telle profondeur sera considérée comme faible dans des communes de banlieue où l'édification utilise le parcellaire en lanières des anciens maraîchers avec des profondeurs qui atteignent fréquemment une centaine de mètres.

La profondeur du tissu peut s'analyser comme une succession de bandes de terrain parallèles à la rue. Une première épaisseur est directement desservie par la rue. Jusqu'à 7 à 10 m pour des bâtiments à simple orientation, plus avec un jardin ou une cour d'accès ; de 10 à 20 m si l'immeuble à double orientation ouvre sa façade arrière sur le fond de la parcelle. On remarquera que l'épaisseur moyenne d'un bâtiment en ville est aujourd'hui plus faible pour le logement économique que pour les immeubles plus luxueux, ce qui n'a pas toujours été le cas. Au début du siècle, le logement à « alcôve » d'Amsterdam avec ses pièces non éclairées conduisait à des profondeurs d'immeuble de 15 à 18 m ; à Barcelone les courettes et l'ouverture des pièces sur la cage d'escalier ont donné pour le logement petit-bourgeois une profondeur de bâti de 20 à 25 m. Au-delà du premier corps de bâtiment, la desserte en profondeur est résolue dans la distribution de chaque parcelle (on a vu au chapitre 2 quelques solutions réactualisant l'immeuble à cour et les parcelles profondes). Sinon elle pose problème.

C'est le cas notamment quand le long d'une rue la profondeur des parcelles n'est pas constante. Passée la première épaisseur, la desserte des terrains du centre se fait indirectement par l'intermédiaire d'une des parcelles riveraines qui s'élargit au-delà de ses voisines et présente alors une forme caractéristique en L ou en T ; ou d'une impasse ou d'un passage qui vient irriguer le cœur d'îlot. Ce centre est fréquemment occupé par des bâtiments et des activités autres que celles que l'on trouve en bordure de voies. Il constitue lors de la densification du tissu une réserve d'espace sur laquelle la pression commerciale et spéculative s'exerce moins. C'est ce qui a permis de conserver dans des tissus anciens un mélange de types d'habitat : maisons basses avec jardinets qui se distinguent des immeubles denses en bordure, « cités » populaires et ateliers d'activités dissimulés derrière l'écran des façades sur la rue, entrepôts et ateliers qui alimentent les commerces sur rues. Le passage prend alors son sens de voie discrète qui vient desservir cet ensemble et sa logique est assez voisine de celle des grandes parcelles profondes ou traversantes qui mêlent sur le même terrain différents types d'occupation du sol.

Dans les quartiers centraux, le passage commercial tente de rentabiliser le terrain en prolongeant dans l'intérieur du tissu les activités lucratives des rues. Dans la majorité des cas il apparaît comme une manière de palier l'absence de voies et de résoudre les problèmes posés par un surdimensionnement du maillage, quand le tissu se densifie sans redivision de la maille des rues.

Ces différentes manières d'irriguer le centre de l'îlot : parcelles profondes, impasses ou passages n'ont pas la même origine que les systèmes de ruelles ou de mews évoqués précédemment. Dans le premier cas il s'agit de desservir en profondeur, au-delà d'une rangée de bâtiments, et le tracé du passage est généralement perpendiculaire à la voie. Dans le second il s'agit de desservir à l'arrière et le tracé de la ruelle est généralement parallèle à la voie. Aujourd'hui ces diverses expériences peuvent se rejoindre dans les tentatives de produire des tissus complexes où s'imbriquent des parcelles de différentes tailles, des voies de statuts variés, des activités et des usages multiples.

L'îlot moderne

Le lotissement contemporain ne peut ignorer la tradition moderne ni les avatars récents de l'îlot. Celui-ci, en effet, se présente le plus souvent comme un tout-éclaté. La ville anglaise du XVIIIe annonce cet éclatement. Londres, Bath ou Edimbourg se construisent par rangées droites ou courbes directement liées aux espaces publics : rues, squares, circus et crescents qui les bordent. L'îlot sur l'arrière se disjoint ; passages et mews en isolent les parties sans qu'il perde son évidence. Et l'on trouve bien avant le mouvement moderne des îlots formés d'une seule rangée, voire d'un seul bâtiment, d'une seule barre.

L'îlot-barre existe d'une manière ponctuelle dans des tissus anciens quand la distance entre deux rues parallèles ne laisse qu'une seule épaisseur de bâti, l'architecture et la distribution interne permettant de « distinguer » les faces et de marquer la hiérarchie des voies. Tel est le cas dans de nombreux rattrapages entre rues anciennes et percées nouvelles comme à Paris entre le canal Saint-Martin et la rue de la Folie Méricourt. Mais cette disposition se trouve également dans des lotissements économiques : la Barcelonetta à Barcelone, Christianstadt au Danemark, les *case operai* à Venise. Dans tous les cas il n'y a pas de terrain non bâti autre que les voies publiques, pas de possibilité d'extension autre que verticale.

Cette disposition ne doit pas être confondue avec celle qui consiste dans un îlot de largeur moyenne à ne construire qu'une seule rangée ou un seul bâtiment. Parcelle unique ou parcelles traversantes, le terrain ici est plus vaste que l'emprise du bâti, et l'implantation du bâtiment procède d'un choix entre plusieurs possibilités. À Aix-en-Provence, dans le lotissement du quartier Mazarin, les hôtels particuliers s'alignent en rangées parallèles qui bordent la voie tandis que les jardins s'ouvrent au midi séparés de la rue suivante par un simple mur ou un bâtiment bas de communs. À Nancy, place de la Carrière, les parcelles traversantes entre place et jardin s'organisent par rangées dédoublées (barres épaisses) avec une série de cours intérieures. À Nantes, au cours Cambronne, la « barre » ordonnancée comme une « terrace » anglaise définit l'espace du jardin tandis que des cours d'accès ou de service et des bâtiments annexes redonnent l'alignement sur les rues arrière.

Mais dans d'autres cas le bâtiment ne s'aligne pas sur la rue principale ou la place. À Lausanne dans des quartiers du début du siècle, qui descendent vers le lac, les immeubles de logements sont implantés parallèlement aux courbes de niveaux, desservis au nord par un chemin presque privé perpendiculaire à la grande voie tandis qu'un jardin ou une terrasse construite rattrape la pente vers le Sud.

Le mouvement moderne s'inscrit dans cette logique ; il ne fera souvent que systématiser et fonder comme doctrine le fruit de cette expérimentation. Les *Siedlungen* de Francfort jouent sur la dislocation de l'îlot et du bâti en fragments autonomes. Les chemins, les jardins collectifs, les plantations et les clôtures redonnent une unité à ces fragments, et le sol a toujours un statut défini. Les exemples ne manquent pas où les théories hygiénistes sur l'habitat et les modes de composition des avant-gardes sont compatibles avec une définition conventionnelle des espaces publics, un statut strict des lieux et un rapport clair des bâtiments au sol.

La proposition non réalisée de Cerda pour l'Ensanche de Barcelone (1859) présente déjà un îlot formé par deux — parfois trois — barres alignées sur les rues qui laissent l'intérieur non bâti occupé par des jardins publics. Cette disposition procède d'une vision éclatée du tissu qui réduit le bâti à des volumes isolés. Elle annonce les supers *cuadras* de Brasilia (Lucio Costa, 1957) et, dans les meilleurs cas, les unités de voisinage des grands ensembles français comme Marly-les-Grandes-Terres (Marcel Lods, 1960). Les immeubles d'habitation s'organisent autour d'un espace collectif non bâti, jardins et parkings tandis que la circulation automobile s'effectue sur le pourtour. Mais alors que chez Cerda la rue a encore une existence, un statut évident et une définition spatiale claire, elle se dissout dans l'urbanisme contemporain en un système de voirie indépendant du bâti : l'îlot est remplacé par la maille.

L'histoire de cette dissolution passe également par d'autres expériences. À l'opposé de l'îlot décomposé qui peut s'achever dans la dislocation, on a celui de l'îlot unifié pensé à partir de son centre. On peut voir dans le palais romain une des origines de cette organisation. Le bâti s'implante autour d'une cour dont l'usage est collectif. En remplaçant la famille aristocratique par une somme de familles réduites, en amplifiant les dimensions de la cour, et en abandonnant la mitoyenneté on décrit un îlot-bâtiment, une unité résidentielle autonome dont la répétition permet la production rapide d'un grand nombre de logements. Avec des formes différentes, les Hofe viennois et les HBM français procèdent de cette logique et le statut parfois ambigu de la cour (est-elle publique, est-elle privée ?) ramène à la question du cœur de l'îlot évoqué plus haut.

Pour des programmes particuliers, l'îlot-bâtiment organisé autour d'une cour ou d'un ensemble de cours constitue un vaste enclos qui renoue avec la tradition des enclos urbains du Moyen Âge. Couvent et hospice, *han* et *medersa*, *fondazione* et *fundùq*, caserne ou prison, l'enclos se prête à l'hébergement d'une collectivité ou au regroupement des activités commerciales. Il forme l'archétype des premiers « équipements » modernes : lycées, hôpitaux, administrations, grands magasins où la couverture de la cour par une

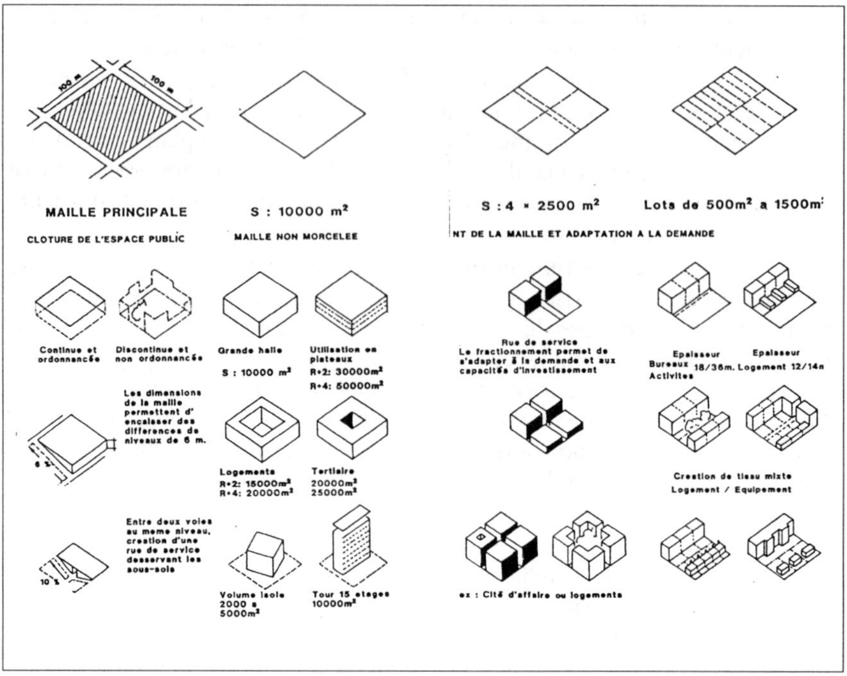

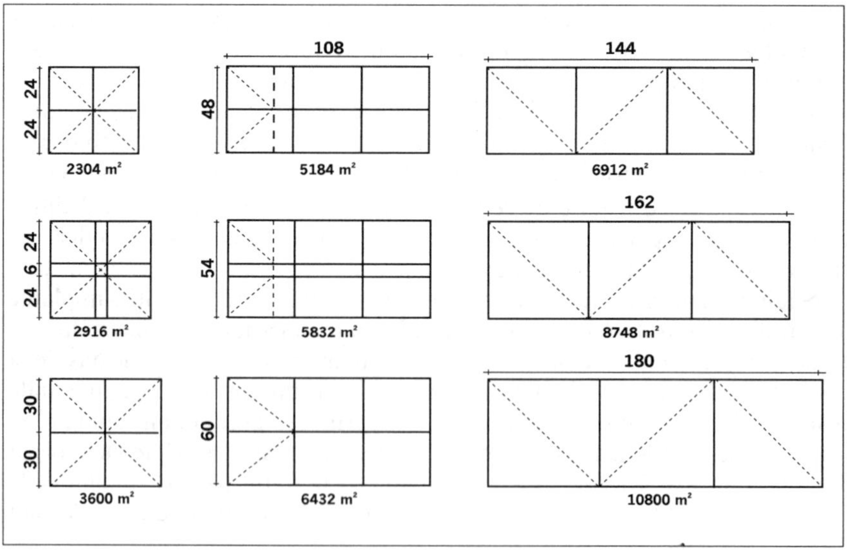

Fig. 24 : La fabrication du tissu.
(Concours de Strasbourg, Philippe Panerai).

Fig. 25 : Ilot carré, îlot rectangulaire ; variations dimensionnelles.

verrière introduit un nouveau type d'espace qui abrite des fonctions autrefois extérieures.

Îlots et maillage

Il est utile de revenir sur l'îlot « à la rupture » de la ville anglo-saxonne pour en tirer des enseignements. Rationalisé à l'extrême et reproduit à des milliers d'exemplaires (Chicago seul en compte quelques 35 000 appartenant à cette logique), il s'applique principalement à des lotissements de densité moyenne. Il a permis d'intégrer selon les quartiers et selon les époques d'autres types de bâtiments que la maison individuelle ou l'immeuble bas et d'autres fonctions que l'habitation. N'est-il pas paradoxalement le lieu où s'expérimente le gratte-ciel, c'est-à-dire la forme de bâtiment la plus éloignée du lotissement de maisons individuelles, en même temps que le lieu des plus brutales déstructurations du tissu urbain ?

Cette polyvalence de l'îlot rationnel ne peut trouver son explication à l'intérieur des seules limites de l'îlot lui-même. L'intelligence de son découpage lui permet de s'adapter au non programmable, ce qui assure sa pérennité. Mais surtout c'est sa double capacité à se décomposer en parties autonomes et à former avec les îlots voisins des unités d'un ordre supérieur qui permet la constitution d'un tissu où toutes les formes et les fonctions de la ville peuvent trouver leur place.

La dialectique rue/îlot trouve ici son dépassement. Solidaires par leur vis-à-vis sur la rue, les rangées sont associées sur l'arrière. Inscrites dans une grille territoriale continue, les voies sont hiérarchisées. Ruelles internes et rues banales, rues de service et rues commerçantes, rues principales et avenues. Le tissu urbain se constitue par emboîtement d'échelles croissantes : la maison dans sa parcelle, la rangée, l'îlot, le groupe d'ilots, la maille secondaire (sur un carré d'un demi-mile soit environ 800 m), la maille primaire. Grâce à l'équivalence des dimensions chaque niveau présente des possibilités de substitutions. Deux grosses parcelles deviennent un équipement, la tête d'îlot une institution, l'îlot entier une école, un marché ou un square. Deux îlots accueillent une usine, la demi-maille une zone industrielle, une université ou une gare, la maille entière un petit aéroport ou un parc, plusieurs mailles une forêt, un aéroport international, une zone agricole.

À Chicago la maille primaire de la ville se prolonge dans le territoire sans déformation rappelant que lotissement d'habitat et lotissement agricole ne diffèrent que par les dimensions. Dans les deux cas il faut découper le territoire en lots et les desservir par des voies. On se souvient que la centuriation romaine ne procède pas différemment. La centurie, c'est-à-dire le terrain défriché par une unité de 100 légionnaires est un carré de 720 m environ de côté. Recoupée par deux voies qui se croisent au centre (cardo maximus et decumanus maximus) elle se divise en 100 lots de 72 m de côté (ager ou heredium) soit environ 5 000 m² aux chemins et aux fossés près. Cette unité intermédiaire : le carré de 720 m qui sert aussi dans la construction des villes doit être rapproché de la demi-maille américaine, environ 800 m. La maille intermédiaire du plan de Cerda qui regroupe neuf îlots, soit un carré de 400 m, et les villes coloniales du Chili construites sur un carré de 700 m de côté (5 × 5 îlots) ou de 980 m (7 × 7 îlots) indiquent le rapport qui est établi dès l'origine dans un plan tramé entre l'îlot et le territoire.

La recherche de l'îlot idéal n'a de sens que dans la mesure où ses dimensions permettent de gérer facilement de tels groupements.

Îlots carrés, îlots rectangulaires

Le débat n'est pas de pure forme. L'îlot rectangulaire assemblant des rangées allongées se prête à une rationalisation du tissu qui économise la voirie et interdit les grandes profondeurs de parcelles. Particulièrement bien adapté à la maison mitoyenne, sur parcelle étroite, il triomphe dans la culture anglo-saxonne tandis que les pays latins semblent lui préférer le carré dont la forme simple facilite les manipulations géométriques.

L'égalité des côtés, la double symétrie autour des médiatrices, la perpendicularité des diagonales qui sont également les bissectrices des angles en font une figure propice aux expériences monumentales. En même temps le carré définit directement une maille régulière qu'un jeu simple de multiples permet d'utiliser de l'échelle urbaine à l'échelle territoriale. Les propriétés reconnues et systématiquement employées dès Hippodamos de Milet font la fortune des villes romaines puis, après un débat à la fin du Moyen Âge, des villes coloniales espagnoles et des extensions du XIXe siècle. L'évidence du tracé conduit souvent à assimiler toutes ces créations à un même modèle (Milet) et à négliger les différences de dimensions et de découpage. Quoi de commun en effet entre l'îlot-parcelle de Timgad, un carré de 20 m de côté sur lequel est édifiée une seule maison (exceptionnellement deux) et la *manzana* coloniale espagnole de 120 à 140 m de côté divisée à l'origine en quatre grandes propriétés (*solares*) puis rapidement redivisée en 8 ou 16 parcelles, voire davantage.

L'îlot carré n'est qu'exceptionnellement homogène sur ses quatre faces. Il est alors généralement de dimensions modestes et se confond souvent avec un bâtiment à cour centrale : insula romaine ou palais italien. À cet îlot-bâtiment s'oppose celui qui procède d'un découpage. Les quatre grandes parcelles d'origine des *manzanas* hispano-américaines sont orientées par le canal d'irrigation qui traverse l'îlot par le milieu. Les redécoupages ultérieurs s'effectuent perpendiculairement au canal. Tirant partie de cette expérience de près de trois siècles, à Vicuna (Chili) créé en 1821, c'est dès la fondation que l'îlot est pensé comme deux rangées de quatre parcelles (30 × 60 m environ), selon une logique qui rejoint celle de l'îlot rectangulaire, à tel point que l'on pourrait être tenté de définir l'îlot carré comme un rectangle dont les côtés ont la même longueur.

Néanmoins l'îlot carré quand ses dimensions sont assez vastes accueille difficilement de fortes densités. Le centre en est peu accessible. Deux solutions permettent d'y remédier : la création de passages traversants (ils reprennent souvent le tracé du canal) et celle des « cités » desservant en impasse des logements populaires au-delà des maisons sur la rue. On remarquera qu'une parcelle de grandes maisons est équivalente à une cité de 12 logements populaires (24 si on construit en étages). À Barcelone l'îlot Cerda était initialement prévu avec des bâtiments sur deux côtés opposés, plus rarement en U, laissant le centre vacant. La reprise du projet et sa densification ont conduit à associer aux bâtiments hauts de la périphérie un passage traversant de maisons basses, une cité artisanale ou quelques fabriques. Parfois comme au marché Conception c'est un équipement public qui vient occuper le centre.

Comme l'îlot rectangulaire, l'îlot carré s'inscrit dans un maillage, parfois sous-multiple d'une trame territoriale. L'Argentine répond aux États-Unis. La grande maille urbaine se prolonge dans la campagne où elle ordonne telle une centuriation romaine la position des routes et des chemins et le découpage des champs. Tout naturellement quand elle dépasse le lotissement initial, la ville s'étend sur le territoire qui se raccorde sans difficulté au centre ancien en offrant du centre à la périphérie un inventaire des modes successifs de l'urbanisation à l'intérieur d'un cadre unique. Densités et formes d'habitats variés y coexistent, les institutions nouvelles et les programmes récents s'y insèrent sans que soit remise en cause l'unité de la ville et son identité.

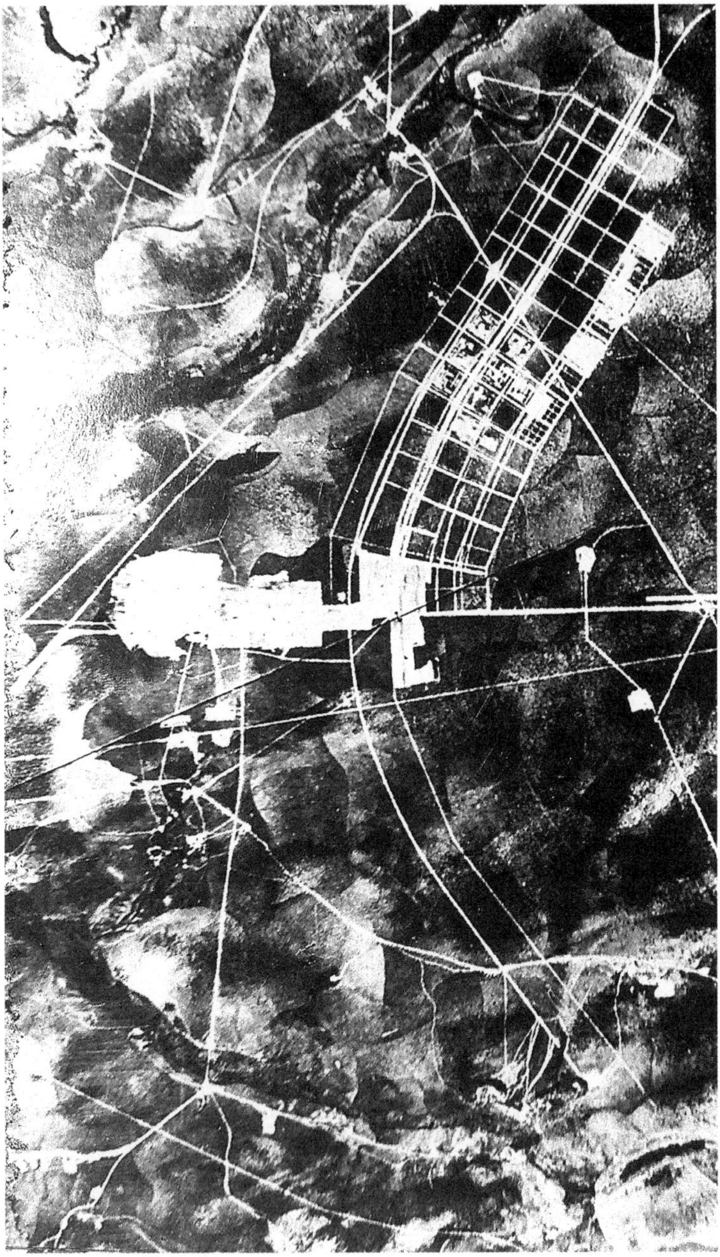

Brasilia dans la savane.
(photo mémorial de Brasilia).

Chapitre 5 Tracés

Avant même de savoir s'il est opportun ou réaliste de penser pouvoir réaliser de nouveaux tracés aujourd'hui, force est de constater que les tracés des époques précédentes sont bel et bien présents sur des territoires considérables : les tracés des colonisations continuent à structurer villes et territoires sur des sous-continents entiers (la « Leyes dos Indias » en Amérique du Sud, la « Land Ordinance » en Amérique du Nord) ou des régions entières de la vieille Europe (la « Centuriation » dans les pays de colonisation romaine). En France la plupart des centres historiques procèdent de la grille romaine pour leurs voies d'accès et leurs maillages les plus anciens. À l'Âge classique, les grandes compositions forestières, avec leurs ronds-points et leurs avenues se sont superposées aux tracés romains et médiévaux. Elles couvrent des surfaces considérables. Dans la région parisienne elles auraient pu être les supports des grandes urbanisations de l'après-guerre (Reconstruction, villes nouvelles, nouveaux villages) comme elles l'avaient été partiellement pour le tissu pavillonnaire de l'après-guerre.

La permanence des tracés

Mais comment une implantation urbaine ou agricole inscrit-elle dans le sol des marques qui conditionnent les usages et les constructions ultérieures pour des générations ? Quels sont, sur ces premiers tracés, les rythmes de renouvellement du bâti et de substitution des activités ? Comment s'imbriquent sur ces découpages une histoire lente, séculaire ou parfois millénaire et l'action immédiate des habitants ? C'est autour de telles questions que nous pouvons interroger aujourd'hui trois exemples. L'histoire des villes y rencontre celle du territoire, les échelles se combinent, les durées se superposent. Tracés donc, dans le sens où le tracé est ici envisagé comme un monument : ce qui dure.

Rome : tracé territorial et longue durée

On connaît la permanence des édifices romains dans le plan des villes actuelles. Pavie, chère à Aldo Rossi, présente encore aujourd'hui le dessin du lotissement d'origine ; les rues sont les mêmes, à peine altérées par l'avancement des bâtiments qui sont venus empiéter sur des alignements initiaux. Au centre d'Alep les souks s'implantent sur la ville hellénistique dont ils conservent, en les transformant, les dispositions anciennes. À Split c'est le palais de Dioclétien qui forme l'armature de la ville : cours et grandes salles devenues places, galeries devenues rues ; tout comme au Moyen Âge c'est l'amphithéâtre d'Arles qui devient castrum. À Istanbul l'hippodrome de Constantin suscite la forme d'une place, écho oriental de la place Navone à Rome. À Éphèse le village actuel s'est structuré à partir de l'aqueduc de la ville antique.

Plus qu'à la persistance des bâtiments eux-mêmes : arènes, temples, portes ou fragments d'enceintes, arcs et colonnes qui subsistent isolés et restaurés ou au contraire enchâssés dans le tissu, transformés et détournés, comme les témoignages émouvants du passé, c'est à la pérennité des tracés que nous nous intéressons. Tracés des voies, découpage du sol, lotissement, parcellaire, la rationalité des techniques romaines leur a permis de durer, c'est-à-dire de jouer un rôle qui dépasse les raisons de leur création. Critique du fonctionnalisme ou plutôt dépassement du fonctionnalisme, les tracés romains sont d'abord la prise de possession d'un territoire. L'étude des plans de villes ne peut alors être isolée de celle, plus vaste, du découpage territorial qui a permis de mettre en culture — de coloniser — la campagne. À des échelles différentes les mêmes procédés se retrouvent pour desservir et distribuer : ici des lots à bâtir, là des champs à cultiver ; le champ puis la ville, la colonie agricole. Chaque maison est reliée à une rue qui contient également des infrastructures techniques (eau potable, égouts). Chaque champ est bordé par une route qui lui donne accès et permet l'achèvement des produits vers la ville (le marché), et quand les conditions le requièrent par un canal d'irrigation ou de drainage. L'économie, partout présente, plaide pour des dispositions simples, des formes qui se mesurent, se découpent et s'assemblent facilement. Géométrie du carré ou du rectangle, du quadrillage territorial et du damier. La campagne italienne porte encore vingt siècles plus tard la marque de la centuriation ; et le développement des bourgs et des villages ou l'installation des aéroports se font sur cette maille.

New York : tracé urbain et spéculation

Si la persistance des tracés romains peut s'observer depuis plus de deux millénaires, celle des tracés new-yorkais peut s'analyser sur près de deux siècles.

Par l'ampleur des développements urbains et architecturaux qu'elle a anticipés puis tenté de maîtriser, la grille de Manhattan offre un terrain d'observation incomparable. La rapidité et l'importance des flux de migrations, la somme des investissements concentrés sur cette île y sont exceptionnels. Les uns et les autres se distribuent sans cesse, en champ clos à l'intérieur du cadre unique de la grille définie initialement par 12 avenues nord/sud de 30 m de large sur les 20 km de longueur de l'île, et 155 rues est/ouest de 18 m de large, qui, dans la plus grande largeur de l'île, atteignent 5 km. Plus qu'ailleurs on peut observer à Manhattan les possibilités et les limites d'une technique rationnelle de lotissement.

Le plan de la Commission qui règle Manhattan, à partir de 1811, eut des antécédents. Il est l'aboutissement, à grande échelle, d'une suite d'extensions de New-Amsterdam, inspirées de modèles d'îlots anglo-flamands. En 1785, puis 1797, le « surveyor » de la ville, dans le Lower East Side, traça deux grilles orientées nord/sud. Au début du XIXe siècle, New York concentre sa centaine de milliers d'habitants sur la seule pointe de Manhattan. Le « plan pour une ville de 2,5 millions d'habitants » élaboré en 1811 par la Commission nommée à cet effet, accueillera des flux migratoires bien plus élevés que prévus (jusque 7,5 million/an). En cinquante ans, la 34e avenue sera atteinte et la ville aura déjà quadruplé en nombre d'habitants. À la même époque l'urbanisation va gagner les îles proches avec la construction des premiers ponts sur l'East River et celle du métro aérien. Dès la fin du siècle, les 2 000 blocks seront urbanisés.

Conçue sous la pression de l'urgence, la grille de Manhattan va connaître des mouvements spéculatifs importants. Les propriétaires des « brownstones » refluent toujours plus au nord, sur les « quartiers théoriques » qu'évoque Henry James dans « Washington Square ». Les investisseurs immobiliers saturent la parcelle initiale de 7,6 × 30,5 m jusqu'à provoquer une succession de réglementations sur les densités constructibles et les gabarits des gratte-ciel. Et, aujourd'hui, ce sont les droits aériens qui se négocient à prix d'or entre voisins soucieux ou non de construire. Pour résister à tous ces assauts, les législations sur la densification, le découpage parcellaire, le gabarit et le prospect sont constamment adaptées.

Mais, davantage que la maîtrise de la surdensification, ce sont les caractères de différenciation et de substitution autorisés par le tracé de 1811 qui frappent l'observateur. À l'échelle de l'île, du secteur, du *block* ou de l'immeuble les situations évoluent avec une rapidité impressionnante. À l'ouest de l'Hudson River, la trame des « piers » et celle des rues, des « warehouses » et des « lofts » correspondent. À l'est, sur East River, se situent les quartiers plus résidentiels. La « city » s'est installée *downtown*, les grands centres tertiaires *midtown* ; et, au nord de Central Park, *uptown*, se trouvent les quartiers de Harlem. Mais cette rapide énumération ne rend pas compte de la multiplicité des quartiers interstitiels qui viennent brouiller l'échiquier. Un échiquier dont les pièces sont constamment mobiles, les mêmes blocks en quelques années pouvant passer du ghetto à la « gentrification » (et inversement).

À l'échelle du *block* lui-même des différences aussi se sont créées : les constructions en hauteur s'installent prioritairement le long des avenues, c'est-à-dire sur les 60 m du côté du *block* pour profiter d'un plus grand prospect, de la proximité des lignes de transports et d'une triple orientation lorsqu'elles occupent l'angle entre rue et avenue. Les équipements de quartiers s'installent soit aux angles du *block*, soit sur la rue au milieu du *block* de référence.

Et, finalement, si homogène qu'apparaisse en plan le tracé initial qui prétendait égaliser les chances des investisseurs, ce qui étonne le visiteur c'est la brutalité des changements qu'il peut observer en passant d'avenue en avenue, de rue en rue. Il en oublie ce qui lui permet justement de déceler plus facilement qu'ailleurs des différences d'activités, de fortunes, d'ethnies et de cultures : l'existence d'un tracé régulier. Manhattan a su résister, tant bien que mal à la pression des différentes doctrines urbaines qui ont pu s'y affronter à île close. Elle a refusé de changer l'orientation de la trame initiale, malgré l'inconvénient supposé d'un grand côté du block exposé au nord. Elle n'a pas écouté les sirènes corbuséennes qui voulaient faire de chaque gratte-ciel une sous-île de 400 × 400 m de côté. Elle a su éviter le recours, façon « Cluster-City », aux dalles de parkings surélevées au profit de parkings souterrains et de silos. En un mot elle a su rester une ville de rez-de-chaussée.

De loin son skyline peut constamment se référer au niveau du sol. De l'intérieur, les perspectives sur les rivières restent des points limites de la vision du piéton.

À l'exemple du Rockfeller Center, le réseau new-yorkais a pu « imploser » dans quelques rares zones piétonnes et autres « piazza » de la City ou de la *midtown*, mais le tracé initial est globalement maintenu. Les dimensions de la voirie, la mixité piétons/véhicules, le rapport au sol sont pratiquement ceux d'origine.

Ce tracé, jugé simpliste, c'est avéré simple pour maîtriser une forte demande immobilière, prouvant une fois de plus que, mieux qu'un ordonnancement pointilleux ou une variété formelle définie a priori, c'est la maîtrise pragmatique des caractères de substitution qui permet de faire la différence.

Le Caire : tracé agricole et urbanisation

Deux millénaires de vie pour les tracés romains, deux siècles pour le laboratoire new-yorkais. Les urbanisations récentes qu'on peut observer dans les pays en voie de développement ces vingt dernières années ne procèdent pas, comme la Centuriation, d'un tracé initial commun à l'agriculture et à l'édification des villes. Elles ne relèvent pas non plus, comme le plan de Manhattan de 1811, d'un projet urbain spécifique, destiné à organiser une croissance rapide de la ville. Dans le cas du Caire, troisième mégapole du monde (3 millions d'habitants en 1947, 12 millions en 1990), cette urbanisation se fait sur un tracé agricole et des découpages du sol qui ont de vieilles origines mais qui servent aujourd'hui aux urbanisations des périphéries. Le phénomène, loin d'être marginal, est au contraire majoritaire dans la production du logement contemporain : 600 ha de terres agricoles sont utilisées chaque année pour l'extension de la ville, soit entre 60 à 80 % de la production du logement de ces dernières années.

Il ne s'agit évidemment pas de sous-estimer ici les conséquences économiques et sociales de tels types d'urbanisations : la perte de terres agricoles irriguées et la surdensité sont des inconvénients majeurs. Ces dernières années les immeubles construits sommairement sur des parcelles d'environ 12 × 12 m (souvent sur une trame de 9 cases de 3,5 × 3,5 m, en poteaux béton) montent couramment, en plusieurs étapes, de 4 à 7 niveaux. Pour des bâtiments à 4 niveaux, la densité de ces quartiers s'élève déjà à plus de 2 000 habitants/ha (pour des familles de 7 à 8 personnes). Cette logique urbanistique est la traduction au plus près d'une situation sociale économique et démographique.

Le phénomène a sans doute toujours existé. Les tracés et la toponymie de maints quartiers du XIXe siècle et des débuts du XXe siècle rappellent l'usage ancien du sol. Le centre ville, construit sur les jardins d'Ibrahim, Shubra laisse lire dans son plan le passage des anciens canaux… Ce qui est nouveau c'est l'ampleur du phénomène et son accélération à la faveur de l'explosion démographique. L'utilisation des terres agricoles pour l'habitat s'explique par leur situation géographique en continuité directe de l'urbanisation existante, qu'il s'agisse des nouveaux quartiers de l'agglomération cairote vers le nord, l'ouest ou le sud, de greffes sur d'anciens villages proches de la ville, ou de la rencontre de ces deux phénomènes. La demande de logements et donc de terrain à bâtir suscite une offre. La terre agricole qui valait 5 LE (livres égyptiennes) le m² en 1977-1978 au début de l'urbanisation du quartier est passé à 16 LE pour les parties encore cultivées mais se vend 100 à 150 LE le m² comme terrain à bâtir. Il est tentant pour un petit paysan propriétaire de quelques « feddan » de vendre la partie de ses terres contiguë aux zones construites, et d'initier ainsi le processus.

Mais un autre facteur tient à la structure morphologique du terrain qui est déjà découpé par un savant système d'irrigation. Le parcellaire agricole offre ainsi à l'urbanisation « spontanée » un tracé d'ensemble logique et hiérarchisé distribuant des lots dont les dimensions correspondent à la demande des investisseurs. Les canaux publics forment une grande maille continue et hiérarchisée sur l'ensemble de la région. Larges de 7, 14 ou 21 m ils sont bordés de part et d'autre par des allées de 3,55 m de large ou par des routes. Les canaux des propriétés, plus petits, de 60 cm à 1 m de large environ, sont bordés par de simples sentiers. Chaque champ est donc directement relié à l'ensemble des canaux dont la fonction est double : permettre l'irrigation, mais aussi l'accès des hommes et des bêtes, le ramassage des récoltes et leur acheminement vers les marchés et la ville.

Toujours redivisé en « qirat » le champ est approximativement rectangulaire, de 50 m de large maximum sur une longueur qui peut aller jusqu'à 200 m. L'un des petits côtés est bordé par un canal de distribution qui permet l'alimentation en eau. Une rigole centrale, perpendiculaire au canal, d'une largeur de 30 à 40 cm, achemine l'eau jusqu'au fond et la distribue aux qirat de part et d'autre.

Ainsi le champ est orienté : il a une origine et une extrémité ; il est redécoupé en parties égales ; il s'inscrit dans une géométrie d'ensemble qui organise le territoire. Une telle organisation assure parfaitement le passage du rural à l'urbain. Dans un premier temps les canaux fonctionnent encore, assurant un rôle mixte de voirie agricole et urbaine et la construction de quelques feddan n'entrave pas la vie paysanne. Les habitants comme ceux des campagnes, en utilisent d'ailleurs l'eau pour l'usage domestique et, ce qui finit par poser quelques problèmes quand la densité augmente, comme égout à ciel ouvert. Dès que l'ensemble des propriétés desservies par un canal est urbanisé, celui-ci est comblé et devient une grand'rue ou un « boulevard ». La hiérarchie du système assure son fonctionnement à tous les stades de la transition et fournit, en fin de course, une structure d'espaces publics efficaces reliés à l'infrastructure de la grande voirie régionale. Les routes suivent les canaux.

Les terrains vendus sont directement accessibles par le réseau général des canaux et par la rigole centrale du « feddan ». Une entente entre les nouveaux propriétaires, qui procède d'ailleurs d'une expérience de la construction paysanne, réserve tout au long de la rigole et de part et d'autre d'une bande de terrain de deux mètres prise sur chaque lot afin de constituer la rue de desserte. Celle-ci aura donc approximativement 4 à 6 m de large, un porte-à-faux à partir du premier étage regagnant sur cette largeur. D'où un prospect étroit qui maintient les rues et les façades dans l'ombre pendant la plus grande partie de la journée. Le reste de la voirie est obtenu par transformation des grands canaux sans que cela non plus nécessite la moindre intervention ni le moindre coût : le tracé préexiste et le terrain appartient déjà à la collectivité. L'implantation des commerces et des cafés, des mosquées et des écoles, les points de passage des taxis collectifs, la localisation des marchés volants et des commerces ambulants montrent d'ailleurs comment les habitants savent utiliser cette structure et en exploiter les qualités urbaines.

Mise devant le fait accompli l'administration, avec plus ou moins de lenteur afin de ne pas favoriser ce processus qu'elle réprouve mais qu'elle laisse faire car il résout, de fait, une question importante, procède après coup aux quelques travaux de viabilisation indispensables pour assurer un minimum d'hygiène : réseau d'eau, électricité, égout. Là encore la structure logique des tracés initiaux permet d'intervenir sans trop de difficultés.

Le dessin des tracés

Sans se rattacher forcément à l'une des grandes décisions impériales, aristocratiques ou administratives que nous venons d'évoquer, le dessin des tracés primaires (pour les découpages secondaires de voirie, voir les chapitres précédents) peut s'appuyer sur quatre types de connaissances : le relevé des voies et des réseaux existants ; les caractères propres d'un site (relief, orientations, vues) ; la mesure agricole ; la mise en place d'un « paysage » avec ses axes, ses lignes de force, ses objets-repères. Ces paramètres, par leurs caractères durables, liés à l'infrastructure, à la géographie et à l'histoire d'un site permettent de penser la ville au-delà du temps et de l'espace d'un seul projet. Ils peuvent constituer les bases mêmes du tracé urbain, si l'on veut éviter à celui-ci de demeurer une composition abstraite (de type beaux-arts ou moderniste peu importe en l'occurrence), qui se révélera souvent incapable de raisonner sur la continuité ou la discontinuité de la voirie, des réseaux et du bâti ou de profiter du caractère particulier d'un site.

La continuité des voies et réseaux existants

Insister comme nous l'avons fait sur la permanence des tracés c'est insister sur leur prégnance contemporaine. La plupart du temps les tracés préexistent à l'aménagement d'un site sur le terrain lui-même ou dans le tracé des voies et des réseaux immédiatement limitrophes. Cela quel que soit le type de tracés, qu'il soit orthonormé et/ou radioconcentrique, qu'il prenne la forme de parcelles agricoles, de réseaux, de voiries, de transports ou de canalisations diverses. Le « champ de betteraves » est un mythe souvent commode à l'exercice tout aussi mythique de la liberté de l'architecte. Il n'est de tabula rasa que dans l'esprit de celui qui la souhaite. Et avant de parler de traces, il faudrait mieux parler de tracés qui ont une existence matérielle, mesurable.

Faire l'état des lieux sans préjugés, en arpentant le terrain au propre comme au figuré, tel est donc le point de départ des tracés urbains. Sans préjugés c'est-à-dire en incluant au fur et à mesure sur le fond de plan tous les éléments indicatifs des réseaux préexistants (édicules, pylônes, regards, sentes...), même s'ils n'obéissent pas aux critères du bon goût ou au champ strict de l'architecture. Ce sont des éléments incontournables la plupart du temps. Les inclure dès l'origine reste la meilleure manière de les intégrer ou de les valoriser le cas échéant. Les négliger — comme souvent l'architecte oublie l'importance du dessin des volets et des gouttières dans la vue réelle d'une façade — c'est se préparer à de mauvaises surprises. La vigueur du tracé doit suffire à « avaler » les obstacles modestes et composer avec les plus importants. Cerda a, comme tant d'autres, de Lisbonne à Amsterdam ou Manhattan, dessiné sur un tel fond de plan le tracé de l'extension de Barcelone.

Ensuite, au-delà des limites de son propre terrain, il s'agit de comprendre les grandes lignes de force du trafic et des réseaux. Et, le plus souvent, modestement s'y soumettre. « Les lignes de trafic et des égouts ne peuvent être modifiées que dans des limites restreintes, l'écoulement des eaux ne se fait que dans un sens, les gens ne vont pas là où ils ne veulent pas aller, ils ne s'abstiennent pas d'aller où ils doivent, ni de prendre le chemin le plus court, etc. L'urbaniste qui met son plan en opposition avec les nécessités ou les lignes naturelles ne pourra qu'échouer ». Unwin nous a déjà rappelé cette évidence.

La recherche des tracés, comme en descriptive, ne doit pas hésiter à trouver ses origines en dehors de la feuille, c'est-à-dire en dehors des limites imposées par le « plan de géomètre », issu le plus souvent du plan cadastral. Chaque terrain, chaque type de ville suscite sa propre échelle. Mais, pour conserver la comparaison avec la descriptive, il ne s'agit pas pour autant de sortir des limites de l'épure. Rechercher un point générateur à un tracé à partir d'un bâtiment situé à l'autre bout de la ville, du territoire ou du pays (on l'a déjà vu), c'est, la plupart du temps céder à la complaisance graphique. Le tracé doit obéir à des dimensions pratiques de l'usage, de la vision et du déplacement. Il ne peut se confondre avec les tracés régulateurs de la composition architecturale.

Sortir du périmètre du terrain c'est aussi sortir du confort visuel d'une orientation unique nord/sud auquel nous sommes habitués. Mettre le plan par-dessus tête permet souvent de mieux saisir les éléments permanents et importants, qui résistent à l'habitude ou aux limites administratives ; c'est mieux appréhender les problèmes morphologiques.

Le relief et l'orientation

Les tracés sont confrontés à des sites, avec leurs reliefs et leurs orientations particulières. Sauf cas exceptionnels, il n'y a pas lieu d'hypertrophier « in abstracto » leur importance. Le relief a toujours joué un rôle primordial dans le choix des emplacements des villes et dans leur développement. Que cela soit pour des raisons stratégiques (la vue et l'inaccessibilité offertes par certains sites), touristiques (le point de vue qui permet l'identification, la contemplation), écologiques (la protection des vents derrière les lignes de crêtes, l'écoulement des eaux) ou esthétiques. Les raisons stratégiques et économiques se recoupent souvent entre elles. La géographie nous apprend alors à distinguer le site et la situation. Ainsi le site de Lyon (relief, débordements des fleuves…) peut sembler difficile mais sa situation favorable comme point de passage obligé vers la Méditerranée. Le site devient alors impérieux et unique. Dans le développement de la ville le relief joue principalement pour localiser de nouveaux quartiers (les trois collines de Lisbonne), définir des itinéraires

Fig. 26 : Louis de Soissons, Welwyn Garden City (1919-1950).

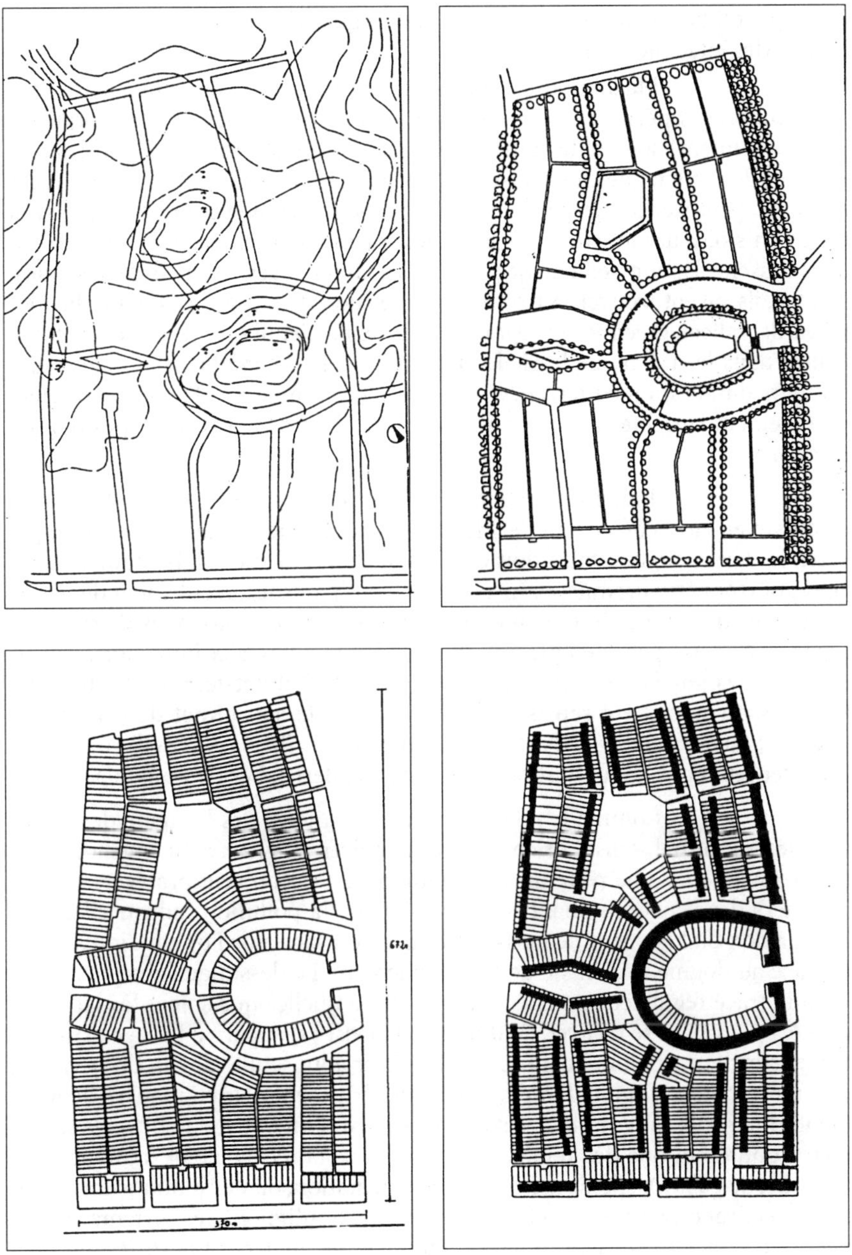

a | b

c | d

Bruno Taut : Berlin, Britz (1925-1933).

a tracés et relief
b plantations
c parcelles
d bâti et parcelles

(les sept collines de Rome), des lieux symboliques (l'Acropole grecque) ou militaires (les citadelles).

Mais impose-t-il pour autant un dessin de route particulier ? De nombreuses périphéries de mégapoles contemporaines (en Amérique du Sud notamment) sont actuellement bloquées dans leur croissance par des plateaux et des montagnes. La consolidation de ces marges, aux limites de tracés réguliers, peut s'effectuer par le même type de tracés si la pente n'est pas trop forte : l'histoire urbaine démontre que les tracés réguliers, les plus hippodamiques fussent-ils, non seulement peuvent s'adapter à des reliefs difficiles, mais, de plus, ils savent trouver la troisième dimension de façon quasi naturelle : les villes de vallées grecques ou romaines (Priène, Djemila...), les villes reconstruites dans le sud-est de la Sicile au XVIIIe siècle (Noto, Raguse...), les villes escaliers du Bassin méditerranéen, ou une ville comme San Francisco révèlent parfaitement leur site sans pour autant faire l'objet de nouveaux types d'organisation.

Toutefois des pentes trop fortes ou certains sous-sols incitent au dessin en lacets ou en spirale. Même s'il semble relever parfois des ouvrages d'art, le dessin de ces voies doit être pensé conjointement à la manière dont elles pourront être urbanisées : accessibilité des parcelles, écoulement des eaux, échappées des vues, voire même des types d'habitat et ouvrages d'art spécifiques. On pense par exemple aux immeubles-viaducs, aux immeubles-corniches étudiés par Le Corbusier pour Alger ou à l'habitat-terrasse en bord de mer tels qu'ils ont été repris ici et là à partir de son projet de « Roq » et « Rob » ; ou aux ouvrages d'art conçus pour relier ville basse et ville haute tels les ascenseurs publics de Lisbonne, Bellinzona, Berne, Lerida ou Bahia.

Comme le relief, l'orientation a joué, dès l'origine des villes, un rôle primordial. Ainsi l'orientation des édifices religieux a pu engendrer des tracés fondateurs. Elle reste un critère important si l'on veut protéger certains quartiers des vents dominants ou des effets de la pollution industrielle. Avec l'apparition du logement de masse, la dimension sacrée de l'orientation a laissé la place au dogme hygiéniste de l'ensoleillement. Le dessin de l'abaque est devenu le tracé régulateur de cités innombrables quelles que soient les latitudes où elles pouvaient se trouver. Ce dogme est/ouest est apparu à l'usage extrêmement réducteur dès lors qu'il prétendait régler à lui seul le dessin de la ville et devenir le critère unique d'implantation des bâtiments. Or en matière de logements, lorsqu'ils sont implantés sur la face nord d'un îlot, les architectes savent bien aujourd'hui que des remèdes existent dans la recherche de systèmes distributifs, de gabarits, de double ou triple orientation, ou de solutions ingénieuses d'éclairage (zénithaux, effets-miroirs...). Soulignons-le, l'orientation ne peut être le facteur surdéterminant d'un tracé (les ateliers au nord, les ouvriers à l'est...). L'histoire architecturale et urbaine a déjà trop souffert du déterminisme climatique comme seule « explication » des formes (les arcades que l'on peut trouver aussi bien en pays flamand qu'en pays mozabite trouvant, selon les cas, leur justification dans la protection contre la pluie... ou le soleil).

À l'ensoleillement on préférerait donc substituer ici la préoccupation de la lumière avec toutes ses nuances : le contre-jour, le reflet, la pénombre, l'ombre, la lumière artificielle font aussi partie des cultures urbaines.

La trame foncière rurale

Nous l'avons vu dans les exemples de la Centuriation romaine ou dans celui des périphéries cairotes contemporaines, les tracés ruraux continuent à jouer un rôle important dans les tracés urbains. À une échelle plus modeste, et de façon parfois plus difficile à décrypter, chaque village, chaque faubourg, chaque banlieue se trouvent à la surface ou à l'interface de terres agricoles et de terres urbanisées. Ce rapport est souvent mal géré, à tel point que dans les campagnes il est souvent désigné péjorativement par le vocable de « mitage ». Il traduit une difficulté ou une incapacité à tracer puis à maîtriser une limite franche entre deux territoires, mais aussi à s'insérer dans l'écosystème agricole sur les terres qu'on destine à l'urbanisation. Ce qui empêche de profiter des mesures, des plantations, des chemins, des écoulements naturels ou artificiels préexistants.

Cette difficulté vient sans doute d'une sous-estimation dans la période passée de l'importance des tracés agricoles dans la constitution de nombreux tissus urbains. L'opposition ville/campagne a été surtout décrite en des termes de macro-économie, de macro-urbanisme, ou de macro-sociologie. Depuis peu, tant du point de vue de la géographie urbaine que de celui de l'analyse des types de bâtiments, quelques auteurs ont essayé de montrer l'interdépendance des formes agricoles et urbaines. On pourrait rappeler ici quelques correspondances fréquentes :

— les tracés agricoles et tracés urbains participent d'un dessin initial : c'est le cas des grandes époques de conquêtes et de colonisations où un tracé, le plus souvent orthogonal, sert de découpage répartiteur pour des raisons d'assolement et de considérations juridiques et politiques ;

— les tracés de nouveaux réseaux et de voiries peuvent reprendre le dessin de chemins agricoles ou de réseaux d'irrigation : c'est le cas cairote ou celui de la reprise des canaux romains à l'époque médiévale ; plus largement c'est celui des territoires où l'irrigation et la bonification des terres sont des préalables indispensables à l'édification ;

— les limites de lotissement se confondent avec un remembrement du parcellaire agricole : c'est le cas des estates du West End londonien par exemple ;

— les voiries reprennent les chemins agricoles, les haies, les bosquets, les clôtures, les pièces d'eau : c'est le principe de nombreuses cités-jardins et de siedlungs allemandes.

À des échelles et à des degrés différents, les interactions entre tracés agricoles et tracés urbains sont donc nombreuses. Sites, paysages, grands tracés viaires, mesures (les largeurs des parcelles engagent celle du bâti dans les coutures des villages-rues par exemple) peuvent se conjuguer ou se succéder sur un même territoire. L'histoire urbaine anglaise est riche d'exemples illustrant ces interactions : à la suite des opérations de remembrement issues de l'Enclosure Act les nouvelles limites agricoles ont servi de limites urbaines aux estates lotis en périphérie des villes, puis, au début du siècle, le mouvement des cités-jardins a développé les prémices du *townscape*. Et enfin dans certaines *newtowns*, réseaux viaires et découpages agricoles se superposent, chacun dans leur propre logique.

Fig. 27 : Sur le désert : Le Caire.
(Philippe Panerai et Sawsan Noweir, avec H. El Miniawi).

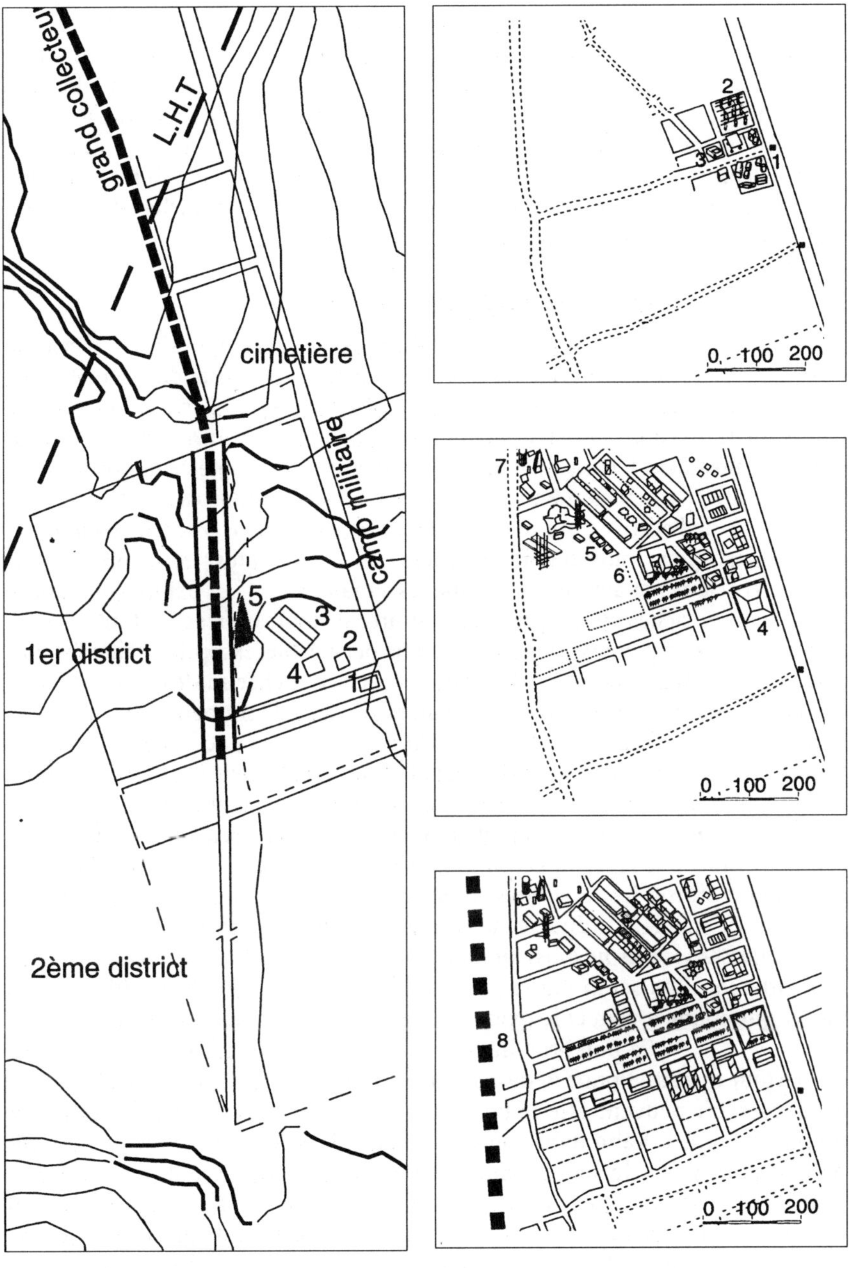

a

b

c

1 citerne provisoire / **2** salle de prière / **3** logements ouvriers /
4 école / **5** installations de chantier.

a Les premières implantations
b Les premiers logements
c Le premier quartier

Il ne faudrait pas pour autant surestimer, par un effet de balancier, le rôle du parcellaire rural. Aujourd'hui « expression inhérente d'un état ancien de l'utilisation des sols à l'orée de l'ère industrielle, il ne doit pas être compris dans sa forme comme modèle, voire modèle a contrario, car il s'oppose fortement aux nouvelles divisions et affectations du sol, mais être compris comme structure potentielle ». Le tracé rural agit à la fois comme genèse et comme potentiel aussi bien pour créer des limites franches d'extension que pour réaliser des densifications et substitutions.

Un « paysage de l'énergie »

Une des dimensions du paysage contemporain est d'être un « paysage de l'énergie » pour reprendre la formule de G. Baudez et F. Béguin. Ce paysage est fait d'éléments conçus et gérés de façon disparate et souvent conflictuelle. Certains auteurs ont souligné les logiques contradictoires qui aujourd'hui président à l'aménagement du territoire : d'un côté ce qui procède de la logistique (l'aménagement des sites industriels, militaires, portuaires, nucléaires…), de l'autre ce qui relève de la « paysagistique » (l'aménagement des sites touristiques, immobiliers, hôteliers…). « Les routes, les fleuves, les réseaux ferroviaires et aériens, ou même les canaux sont […] depuis longtemps, des gisements riches en images et en histoires de toutes sortes. Or tout se passe comme si le réseau énergétique n'était plus perméable, exception faite des barrages et, à un degré moindre, des stations-service, à chacun des courants d'investissements qui ont permis à ces autres réseaux d'être peu à peu absorbés dans un univers d'usages et d'images. Un peu comme si une ligne de démarcation stricte avait jusqu'alors différencié fondamentalement les réseaux habités et habitables, et les réseaux inhabités et inhabitables, ou encore ceux qui font circuler les fluides, et ceux qui font circuler des personnes. *Il y aurait alors d'un côté les réseaux que l'on voit et que l'on utilise*, ce qui modifie aussi une manière de voir et d'utiliser les territoires, *et de l'autre ceux que l'on voit et que l'on utilise*, mais de manière indirecte, au terme de mille *médiations, sans jamais que leurs emprises visibles ne puissent nourrir en tant que telles, ni images, ni usages.* Une différence qui serait par exemple celle existant entre la tour Eiffel, qui est vue et qui donne à voir, et le pylône qui est vu mais ne donne pas à voir. »

Ce potentiel inemployé parce que mal regardé, ou mal géré, est partout fort utile pour le dessin du tracé urbain : dans le désert, la citerne et le réservoir peuvent être la base du campement puis de la ville comme le proposait Louis I. Kahn dans son projet pour Jérusalem. Dans la ville nouvelle de Marne-la-Vallée le seul monument récent digne de ce nom n'est-il pas le château d'eau implanté au carrefour de Noisiel et dessiné comme tel par Christian de Portzamparc. Dans les villages les lignes électriques servent à repérer les maisons isolées et le château d'eau a progressivement supplanté le clocher. Dans les lotissements de maisons individuelles, lignes de pylônes ou massifs d'épandages peuvent aussi servir de véritables lignes de force de constitution et de lecture des tracés. Une partie de leur dessin appartient à l'aménageur-architecte en liaison avec les concessionnaires publics et privés. Certains sont souterrains et invisibles (égouts, champ d'épandages…) ; d'autres apparents mais non accessibles (pylônes, citernes, réservoirs, compteurs…) ; d'autres enfin sont accessibles (barrages) voire habitables (stations-service).

Rendre lisible la spécificité de ces réseaux c'est non seulement montrer la ville pour ce qu'elle est, une infrastructure avec des dessous et ses à-côtés, mais c'est aussi faciliter parfois l'entretien de ces mêmes réseaux.

Dans des contextes très différents, James Stirling à Runcorn, près de Liverpool et Alvaro Siza à Evora ont effectué des tentatives dans ce sens. Le premier en installant les réseaux d'alimentation de maisonnettes-containers sur des rails aériens ; le second en construisant un aqueduc en parpaings qui irrigue l'ensemble du site qu'il a aménagé dans la périphérie d'Evora. Cet aqueduc, qui transporte les différentes conduites, permet de relier visuellement les différentes cités entre elles.

Le tracé : plan d'émergence, de prescriptions et de suggestions

Le tracé est donc un plan d'émergence. L'impression primaire qu'il projette sur le terrain contient déjà des limites physiques, des frontières juridiques mais aussi, implicitement, une certaine idée de l'architecture, ne serait-ce que par la hiérarchie des voies qu'il engage et la nature des axes qu'il compose. Selon les contextes, le tracé est aussi un plan de suggestions et de prescriptions. Il nécessite :

— Un fond de plan à jour sur lequel sont dessinées ou annotées les indications suivantes : réseaux (capacité, modalité de visite d'entretien et de réparation…), limites de propriété et d'usage (nature des clôtures, statut juridique des lieux…), voiries (avec coupes en annexes, capacité de surcharge, cheminements réels des usagers…), bâtiments (hauteurs, systèmes d'entrées, édicules…), plantations (espèces, âges, écarts, ombrages…), relief (courbes de niveaux, écoulement des eaux, regards, vents dominants…).

— Le tracé des voies primaires et secondaires doit s'effectuer sur le fond de plan existant en traçant avec un trait plus gras les nouvelles voiries. Ces tracés doivent tenir compte des raccords et des continuités des voies existantes (qui sont souvent aussi les raccords aux divers réseaux). Le tracé des voies doit envisager les conséquences futures de leurs prolongements éventuels sur les terrains et les urbanisations voisines. On peut figurer en tireté ces prolongements futurs en n'hésitant pas à sortir de l'épure.

Il peut ensuite être complété par les informations suivantes :

— Des profils au 1/500 ou 1/100 sur les voies neuves ou transformées (avec indication de leur état antérieur).

— Un plan en couleur des espaces publics : la couleur oblige en effet à définir toutes les limites d'usages, de propriété, d'entretien et constitue ainsi un premier pas dans la définition construite de l'espace public. Les principes de plantations (écarts, espèces, durée…) et de mobilier urbain doivent apparaître.

— Des simulations graphiques, avec des exemples construits, dont on connaît « de visu » les échelles, permettent souvent de mieux mesurer les capacités du terrain. Ces simulations peuvent faire varier sur un même tracé des densités variables ou, à l'inverse, faire varier les

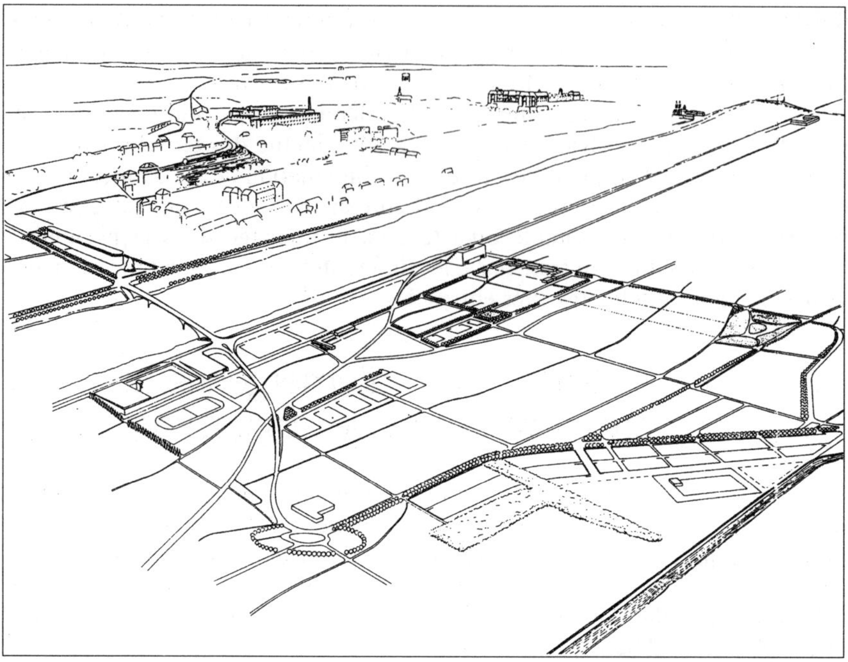

Fig. 28 : Sur la campagne : Blois, île de Vienne, de la rocade au boulevard. (David Mangin).

densités pour un tracé identique. Elles peuvent aussi obliger à regarder le terrain dans des orientations a priori inattendues.

— Un découpage des lots primaires déterminés par les voies. Ce découpage permet d'envisager d'emblée le phasage, le partage entre différents intervenants, le maintien provisoire ou définitif de bâtiments existants sur le terrain.

— Un plan des contraintes réglementaires identifiant les différents types de servitudes d'alignements, de gabarits, de prospects, d'ordonnancement, de matériaux… Ce type de document est sans doute, dans un milieu sans consensus et, par conséquent, sans conventions, le plus difficile à élaborer. Il fait souvent l'objet de compromis boiteux par manque d'audace et d'invention. Il est souvent source de déceptions et de frustrations architecturales et urbanistiques. Il nous paraît qu'il vaut mieux parfois être ou complètement directif (la façade et/ou le mode distributif imposés par exemple) ou ingénieusement suggestif : en jouant sur la métaphore, le pointillisme ou sur des exemples de bâtiments connus. Il nous semble que dans ce domaine l'invention graphique a un champ d'investigation ou de redécouverte peu exploité à ce jour.

Monument et tissu urbain

Nous avons jusque-là indiqué un certain nombre de paramètres existants qui nous paraissent intervenir nécessairement dans l'élaboration des tracés. Est-ce à dire qu'ils sont suffisants et permettent de s'abstenir de tout projet formel ? Évidemment la réponse est négative. « Le dessin n'est pas la forme », rappelait Degas. En d'autres termes, la troisième et la quatrième dimensions méritent un travail spécifique, qui appartient à l'architecture. Dans le tracé, l'architecture a pour tâche essentielle de donner la mesure des choses.

Les effets du formalisme, que nous avons dénoncés à propos des compositions urbaines centrées sur elles-mêmes, doivent être aussi évités dans l'usage des tracés rationnels. Les séductions graphiques de l'orthogonalité font souvent confondre sur le papier rationalité, régularité et orthogonalité. Écoutons à nouveau Unwin : « Le canevas doit être assez ample pour faire valoir l'échelle des différentes parties entre elles car cela est la base, en somme de tout plan d'ensemble véritable. » Mais « une fois ce canevas tracé, la régularité devient secondaire, elle est même le plus souvent sans importance et quoique la symétrie de certains points soit vitale pour l'obtention de l'effet recherché, le regard n'embrassant qu'une petite partie du terrain à la fois et n'appréciant ni les angles ni les distances sur une grande étendue, on peut s'écarter considérablement de la figure régulière sans que cela ne paraisse ailleurs que sur le papier ».

Cet écart vis-à-vis de la figure régulière peut être dû à des obstacles naturels, à la rencontre de systèmes viaires à géométries concurrentes, à l'existence de « monuments »… Il peut se régler à la fois par la déformation et par la recomposition. Mais comme les tracés viaires doivent s'appuyer sur des données tangibles, la recomposition urbaine doit mettre une géométrie plus ou moins savante au service d'une vision concrète de l'espace urbain. Certes depuis Sitte et Unwin nos habitudes visuelles se sont enrichies de nouveaux types de perceptions : principalement ceux liés à la diffusion de l'automobile, du cinéma et de la télévision. L'effet recherché dont parle Unwin devient de plus en plus l'« espace critique » dont parle Virilio. Dans les villes européennes, à la superposition historique des limites (enceintes médiévales, portes, halls de gares, boulevards périphériques, guichets d'aéroports…) se sont surimposés des concepts spatiaux parfois antagoniques : à la perspective finie du tableau de la Renaissance avait succédé l'infini des horizons des parcs et des places classiques ; au continuum spatial revendiqué par le mouvement moderne a succédé la vision fragmentaire, cinématique, « zappée » de la condition contemporaine. Chaque époque surajoute son projet visuel dans l'espace urbain sans réussir pour autant, malgré ses prétentions hégémoniques, à effacer les périodes antécédentes. À défaut elle réinterprète à contre-emploi les époques précédentes : au XIXe siècle on bâtira des temples antiques grecs axés au bout de longues voies d'accès, et on dégagera les cathédrales médiévales enchâssées dans le tissu urbain. L'architecture elle-même tente parfois de conjuguer, selon les quatre propositions corbuséennes, vision « objective » (visuelle, en perspective frontale), « subjective » (intellectuelle, à vol d'oiseau) « organique » et « texturique ».

La vue se brouille devant un tel écheveau. Autant de moyens de transport, autant d'angles de visions, autant de rythmes de perceptions. Autant de regards, autant de visions personnelles. Autant de situations (promeneurs, visiteurs, voyageurs, usagers) autant de perceptions. Dans une telle situation, sans consensus ni conventions tacites ou explicites, on peut attribuer au tracé le statut d'œuvre ouverte : ouvert à l'édification progressive de la ville, à ses substitutions potentielles, le tracé reste ouvert à des perceptions, et des représentations multiples. Cette affirmation (ce souhait ?) ne vaut pas pour autant justification d'une esthétique du chaos. Il nous semble nécessaire que le tracé maintienne un minimum de lecture commune : celle de l'intelligence du site (par le dessin des voies notamment), celle de la mémoire des axes symboliques qui organisent et ont organisé l'histoire de la ville (par et autour de la composition des « monuments » définis au sens large) et celle, plus nécessaire encore, du repérage quotidien (des adresses notamment) et de l'accessibilité des bâtiments et des voies de desserte.

La lecture des objets-repères

Ces parcours sont souvent jalonnés d'objets-repères. Les objets-repères sont une terminologie large qui permet ici (provisoirement ?) d'échapper à une définition contemporaine du monument. Celui-ci se définit usuellement par sa situation exceptionnelle, son échelle relative, sa symbolique particulière. Aujourd'hui il est rare qu'il remplisse l'ensemble de ces trois conditions. Il peut donc s'inscrire ou non (comme la place) dans la trame courante du tissu urbain (c'est le cas réussi de Beaubourg par exemple). Il peut ou non dominer ses voisins. Ou, du seul fait de sa géométrie et de sa situation, il peut assumer son rôle de monument (c'est le cas du cube-portique de la Tête-Défense ou de la Rotonde de Ledoux entre le canal Saint-Martin et le bassin de la Villette). Il n'est pas forcément un programme civique et public : en banlieue, des équipements et des ouvrages d'art réputés inaccessibles, jouent parfaitement le rôle de monument-repère, voire de monument historique, à la satisfaction de tous.

Localiser et spécifier le bâtiment qui va jouer le rôle d'objet-repère suppose de réfléchir à la perception que l'on pourra en avoir. Les manuels de perspective du début du siècle nous ont appris à distinguer grandeur réelle, grandeur apparente et grandeur d'estimation. Ils nous disent aussi que : « l'examen en détail requiert un recul égal à sa hauteur environ ; que pour bien le voir isolément dans son ensemble il faut un recul double ; qu'une vue d'ensemble par rapport à son entourage ou au cadre demande une distance triple de la hauteur ; enfin une vue pittoresque de silhouette suppose un recul de quatre fois la hauteur ». Mais il nous rappelle aussi, que le monument doit savoir ménager ses effets. « L'Opéra de Paris découvert trop tôt à l'extrémité de son avenue interminable, perd beaucoup de sa valeur monumentale, tandis que la Madeleine, aperçue à l'entrée d'une artère de longueur modérée, garde toujours sa valeur ».

Cette « équation du prospect » se fait au nom de la croyance en l'objectivité de la science optique et dans le cadre d'une architecture encore fortement codifiée par les ordres classiques. Elle est aussi sélective que celle de la Nouvelle Objectivité allemande de l'après-guerre, qui réduit le prospect à la seule dimension du rapport de densité entre terrain bâti et terrain libre.

La largeur propre du bâtiment, les effets de diffusion sur ces limites, les rapports architecturaux (vocabulaire, mesures, matériaux, géométrie...) qu'il entretient avec ses bâtiments voisins, la vitesse de déplacement du sujet, la qualité de la lumière, le climat, l'humeur même du sujet, en un mot l'âge du capitaine, rendent relatifs de tels calculs. Néanmoins, à l'échelle de grands tracés, ils peuvent aider à localiser tel ou tel objet, à jalonner tel ou tel parcours, à dimensionner tel ou tel ensemble.

Il est bien entendu que, dans ce cas comme dans d'autres, la mesure sert avant tout à régler la mise en forme architecturale d'une conception urbaine préalablement adoptée et souvent implicite : le pittoresque s'intéresse davantage aux angles de vue du piéton, sous l'aspect du vu/caché, découvert/couvert ; la Ville radieuse met en scène la lecture différenciée des réseaux et des monuments-événements (gratte-ciel, cathédrales, unités d'habitations...) pour un regard statique, automobile ou aérien ; le « fil conducteur », tentative conciliatrice de la mégastructure territoriale à l'échelle du piéton, privilégie « l'homme sensoriel... » À grande échelle, composition urbaine et composition architecturale sont indissolublement liées...

La constitution des axes symboliques

Les axes symboliques sont rares ou multiples selon les publics : un ou deux par ville sont suffisamment « forts » pour demeurer des supports d'urbanisation incontournables : ce sont parfois des lieux-capitales : les Champs-Élysées à Paris, Unter der Lieden à Berlin, le Mall à Washington, l'Avenida del Independenza à Buenos Aires... Ce sont souvent les lieux des grandes manifestations politiques. Ils sont jalonnés d'éléments qui peuvent servir de repères pour définir un itinéraire à une personne qui ignorerait un parcours : des monuments, des équipements, des configurations géométriques assez identifiables, des couleurs, des signalétiques de tous ordres servent ainsi usuellement à constituer de tels axes de circulation. Ce sont des axes : ce qui signifie que les constructions qui peuvent être édifiées sur l'axe (obélisques, statues, arcs de triomphe, fontaines…) ne doivent pas l'interrompre. Comme l'indique Bernard Huet, ce sont l'espace public et les institutions de la ville qui déterminent les ordres symboliques ; le monument ou la sculpture servent à conforter un lieu déjà prédestiné par son propre espace ou sa propre fonction. Ils ont pour seul but de relayer les points de vue « ad aeternam ». Issu d'un point focal (la chambre du Roi ou l'Assemblée), le seul souvenir du regard du prince suffit à l'ordonner, les grandes ordonnances étant le plus souvent réservées à la frontalité plus qu'à la perspective (la rue de Rivoli face aux Tuileries, les quais de Bordeaux, de Saint-Pétersbourg ou de Lisbonne, face au fleuve…). À l'axe symbolique peut se substituer, à partir d'un monument, la perspective symbolique qui devient ou non support d'urbanisation. Les compositions haussmanniennes sont inférieures au kilomètre : 800 m pour le boulevard Malesherbes jusqu'à Saint-Augustin, 900 m pour l'avenue de l'Opéra. Mais les villas-châteaux de Rivoli et de Stupinigi continuent à jouer ce rôle sur des distances considérables — 19,5 km pour la route en ligne droite qui mène à Rivoli.

Moins immédiats, des outils réglementaires, qui peuvent paraître parfois arbitraires, désuets, ou contraignants, contribuent à façonner non seulement les « regards intérieurs » de la ville mais aussi sa perception globale. On pense aux faisceaux de gabarits imposés dans la perspective d'un monument (par exemple autour de cathédrales, elles-mêmes orientées symboliquement) ou à la somme des règlements qui ont façonné les gratte-ciel des centres d'affaires des villes américaines, et, par conséquent, leurs skylines.

En lignes ou en faisceau, les parcours symboliques peuvent être aussi circulaires : les enceintes, les boulevards, le périphérique, la « ligne des forts » sont autant de limites plus ou moins virtuelles entre un intérieur et un extérieur, des centres et des périphéries. Les parcourir c'est faire le tour, jamais achevé, de la ville.

Tracés et monuments ont à jouer un rôle essentiel dans la recomposition d'organisations urbaines dignes de ce nom. Si nous avons esquissé les grandes lignes de ce qui permet de mettre en situation le bâtiment on pourrait résumer notre propos en empruntant à trois auteurs des distinctions nécessaires :

— Le monument doit se distinguer du logement. Plus précisément cette proposition de Bernard Huet fonctionne le plus souvent dans l'autre sens : c'est à force de monumentaliser le logement que l'on a du mal à distinguer de plus en plus le monument.

— La différenciation entre le monument et le reste est affaire de « gravité », dans les deux sens du terme. Cette suggestion de Christian de Portzamparc, peut être interprétée dans plusieurs sens. Au sens statique du terme le ou les bâtiments-monuments se distinguaient autrefois par leur noblesse de matériau, par leurs ordres spécifiques, ou par la massivité de leurs appareils. Aujourd'hui, où beaucoup de ce qui se construit donne l'apparence de béton-carton enduit, le chemin de la distinction est ouvert aussi bien au beau matériau qu'à la légèreté de l'apparence (d'où l'efficacité des monuments high-tech qui créent la différence par l'introduction de matériaux

« innovants »). Mais la gravité peut aussi s'entendre au sens civique du terme. Le monument n'a pas à en imposer artificiellement au citoyen ; il doit exprimer une échelle de valeurs à l'intérieur même des institutions existantes, quitte à la contester ; les écoles républicaines par exemple, réalisées le plus souvent par des architectes communaux anonymes, ont su exprimer à un certain moment historique cette gravité, sans pour autant être des bâtiments qui voulaient jouer la fable de la grenouille et du bœuf.

— Le monument peut changer de sens par le fait même que la situation qui l'environne a changé elle-même. Aldo Rossi a insisté à juste titre en son temps sur la permanence du monument, au-delà des usages qui peuvent en être fait. Mais l'idée du monument comme « fait urbain » inclut une idée de la dynamique qu'il peut susciter autour de lui : on se souvient des exemples du palais de Spoleto devenu ville, des arènes transformées en habitations. Les exercices, pas si virtuels que cela, effectués par R. Perez de Arce de densification de lieux monumentaux récents (le Capitole de Chandigarh, Dacca, Runcorn...) illustrent bien, au-delà de la critique active implicite faite aux dispositions et aux dimensions initiales des projets, l'avenir le plus probable du monument confronté à l'évolution du tissu urbain. Même certaines formes « néo-platoniciennes » connaissent à terme la dissolution. Ainsi une forme monumentale aussi archétypique que celle du Panthéon romain se retrouve avec de faibles changements dans des situations urbaines relativement différentes : à Turin on le retrouve en tête d'une composition avenue/place/pont, à Trieste au centre d'une place, à Paris le Cirque d'Hiver est pris entre deux immeubles face à un square et à un boulevard ou au Guggenheim enchâssé dans la largeur d'un block new-yorkais ; de même les silos (silos à grains dans les campagnes, silos à parkings dans la ville) sont les formes réactivées du cylindre antique. Ils connaissent ou connaîtront ce genre de confrontation : choisis à leur origine pour leurs capacités physiques de rayonnement, ils ne prolongent que pour un temps indéfini le splendide isolement des panthéons et des flèches des églises.

Istanbul : le marché aux fleurs.

Chapitre 6 Des activités

On voudrait aborder dans ce chapitre la question des activités sous l'aspect de leur localisation et des dispositions morphologiques et des dimensions parcellaires susceptibles de les accueillir. Cette question est souvent réglementée à partir de l'énoncé normatif de « besoins » un peu abstrait — on pense aux quatre « fonctions » de la Charte d'Athènes ou aux « grilles » d'équipements par exemple — ou avec l'idée que les activités parviendront toujours à se caser, à s'intégrer dans des (méga)structures plus vastes — voir la notion d'équipements intégrés. Entre cet excès de ségrégation, et, par réaction, cet excès d'intégration, il nous semble là encore, que de l'observation des villes telles qu'elles se développent, et des types de bâtiments, tels qu'ils existent aujourd'hui, on peut tirer quelques enseignements utiles pour localiser les activités dans la ville et dimensionner les surfaces nécessaires.

Nous l'avons dit en introduction, un certain nombre de types contemporains apparaissent négligés ou ignorés dans la mise en forme urbaine. Éloignés et ignorants des logiques commerciales, les architectes pèsent peu sur les logiques de produits. Dès lors la mise en situation urbaine et la mise en forme architecturale s'en ressentent. Grandes surfaces commerciales, immeubles industriels, immeubles de bureaux, hôtels et centres de loisirs se spécifient et évoluent sous les seuls critères de la promotion commerciale. Et les autres programmes publics normalisés relèvent de la logique bureaucratique. À titre d'illustration nous tenterons de décrire un certain nombre des caractéristiques distributives et dimensionnelles de ces « types » non reconnus ou méconnus et discuterons de leurs modalités d'implantation.

Boutiques, marchés, hypermarchés...

On pourrait d'abord rappeler que les activités liées aux commerces se situent le plus généralement le long des voies de liaison qui sont les plus anciennes (Cf. « Les rues commerçantes » chapitre 3). Cette observation préalable peut être faite sur des exemples pris dans des cultures urbaines diverses. Cela a comme conséquence pratique, que, sur un tracé, il vaut mieux localiser les voies commerciales sur les voies déjà existantes ou sur celles qui accueillent ou sont déjà voisines de commerces existants. Le commerce appelle le commerce, chacun le sait. Un second phénomène, largement observable, concerne l'« effet de souk ». Les commerces, autres que ceux de première nécessité qui doivent être accessibles à pied, se regroupent souvent entre eux par types d'activités marchandes. La spécialisation des souks dans les médinas est bien connue. De même, dans la ville occidentale, les commerces de même ordre, par effet d'achalandise ou d'une proximité commode entre grossistes et détaillants, ont souvent intérêt à se rapprocher par quartiers ou par rues. La Rive Droite à Paris abrite le quartier du Sentier pour le prêt-à-porter, la rue des porcelainiers (rue du Paradis), la rue des fourreurs (rue du Faubourg Poissonnière), celle des journaux (rue de Réaumur), des assurances (rue de Chateaudun)… Elles sont nées au XIXe siècle et perdurent de la même manière que date du XIXe siècle la concentration des théâtres sur les grands boulevards auxquels se sont ajoutés au XXe siècle les grands cinémas. De même, certaines activités se regroupent à proximité de l'institution dont elles dépendent : les courtiers et les agents de change autour de la Bourse, les papeteries ou confiseries à la sortie des écoles…

Aujourd'hui le long des routes d'accès des villes les différentes activités liées à l'automobile (stations-service, concessionnaires, garages, pièces détachées, marchés d'occasion, dépôts-ventes de caravanes, casseurs…) reproduisent, sur de plus vastes emprises ce phénomène de souk. Sorties de villes, carrefours, voies d'accès aux péages d'autoroutes sont leurs points d'ancrage privilégiés. Au risque accepté de dépendre un jour de la concurrence d'un autre tracé ou du déplacement d'un point de réseau territorial (les stations-service en sont des exemples).

Si les commerces de détail occupent souvent les plus anciennes rues et les marchés couverts ou découverts, les plus anciennes places, les emplacements le long des axes de transit ne sont pas uniformes : le commerce fonctionne par tronçons, par secteurs. Les angles des voies sont évidemment des points clefs dans « la partie de go » que se livrent les commerces de détail les plus riches et les plus organisés : banques, pharmacies, grands cafés… Tout comme les hypermarchés recherchent carrefours et ronds-points, dont certains d'entre eux deviennent à terme les vraies places contemporaines.

Le commerce de détail lié à la grande distribution a une histoire déjà ancienne qui commence avec les premières chaînes de grands magasins, à l'origine en contexte urbain, sous la forme d'immeubles reliés entre eux par des passerelles ou des galeries en sous-sol, distribués le plus souvent sur plusieurs étages autour d'un grand escalier éclairé zénithalement. Apparus ensuite, les « magasins à prix unique » se limitent à 1 000 et 2 000 m^2 de surface de vente et occupent sur un niveau les rez-de-chaussée d'immeubles, avec éventuellement une partie en mezzanine ou en sous-sol ; les supérettes, destinées au commerce de première utilité, sont apparues au moment des ZUP, pour des zones d'achalandises de 500 à 2 000 logements en rayonnant sur des distances maximum de 700 à 1 000 m.

Au début des années soixante le développement de la grande distribution a donné lieu, dans les périphéries urbaines, à la création de supermarchés, de grandes surfaces spécialisées et d'hypermarchés. Les premiers, de 400 à 2 500 m^2 de surface de vente, restent essentiellement consacrés au commerce d'alimentation. Les seconds sont des halls d'exposition-vente spécialisés dans la vente d'un type de produit (luminaires, électroménager, meubles, articles de bricolage…) et souvent situés à la sortie des agglomérations sur les routes à grande circulation ; pratiquant une politique de prix au rabais, ils incluent à ce titre les magasins d'usine apparus plus récemment. L'hypermarché proprement dit occupe une surface supérieure à 2 500 m² de vente au détail couvrant l'alimentaire aussi bien que d'autres commerces (habillement, bricolage, services). Ils représentent aujourd'hui en France plus du quart du chiffre d'affaires du commerce alimentaire et 15 % du commerce en général. Importés d'outre Atlantique en 1963, près de 650 hypermarchés ont été construits, en 25 ans, avec une moyenne de 5 000 m² de surface de vente. Durant la seule année 1986, 29 hypermarchés ont été réalisés et on estime au millier les possibilités du marché en France.

En un quart de siècle le modèle a déjà considérablement évolué : de l'usine à vendre à proximité des ZUP au centre commercial avec mail et boutiques on arrive aujourd'hui à une volonté de diversification des services — cafétérias, boutiques, lieux de prière, bibliothèque et vidéothèque, services de micro-informatique... Certaines chaînes tentent de réunir sous un même toit, à l'intérieur d'une même (méga)structure (qui exclut toutefois l'habitat) les « services » du centre ville traditionnel. La guerre des licences de ventes pour certains produits jusque-là protégés (pharmacie, assurances, centre de soins...) est un signe évident de cette volonté globalisante.

Leur localisation sur les axes et les nœuds routiers et leurs modes d'organisation laissent peu de place à l'improvisation : même placés au milieu d'un échangeur routier, les accès, les parcours des visiteurs et la circulation des marchandises seront parfaitement fléchés, hiérarchisés, dimensionnés, conditionnés. On peut décomposer ainsi l'enchaînement des lieux :

1. une bande de service (signalétique, station d'essence) liée à la voie d'accès ;

2. un parking en surface qui occupe près des 4/5ᵉ du terrain (20 places sur 100 m² de surface de vente, soit près de 20 000 m² pour 5 000 m² de surface de vente, moyenne nationale) ; le parking accueillera éventuellement des animations, des marchés temporaires ;

3. la galerie commerciale ou le mail des boutiques doit être un passage obligé pour accéder à la surface de vente de l'hypermarché ;

4. la surface de vente elle-même n'est accessible qu'à partir d'une ligne de caisses unique : à l'intérieur elle est organisée comme une mini-ville à l'américaine avec des allées principales et secondaires, des retours d'angles (les fameuses « têtes de gondole »), ses rayons bas et hauts... Cette surface doit occuper au moins 60 à 75 % de la surface totale couverte ;

5. les dépôts, limités au maximum pour assurer une gestion au plus près des stocks, doivent être accessibles sur leurs arrières ou leurs côtés par des quais de déchargements.

L'ensemble couvre donc une surface de 1 à 2 ha ; en ville, pour un hyper de 2 500 m² de surface de vente, de telles organisations sont possibles sur des parcelles de 100 m environ d'ouverture sur des profondeurs équivalentes. On peut doubler cette surface en superposant une partie des parkings et en réalisant une partie du magasin à demi-niveaux.

Bureaux, hôtels industriels...

La localisation d'activités qui ne dépendent pas d'une zone de chalandisme particulière (de voisinage ou occasionnelle) obéit à des nécessités très prosaïques : les bureaux seront près des moyens de transport en commun ou devront les susciter ; les entrepôts ou les lieux de production qui nécessitent des manutentions de matériel lourd seront près des échangeurs routiers, des gares de marchandises ou des zones de fret, et souvent à l'interface d'une des « enceintes » de la ville. Les commodités d'accès, le coût de la charge foncière sont ici les premiers critères de choix.

Les bureaux obéissent à une démarche plus complexe : il faudrait sans doute distinguer ici les bureaux qui dépendent soit de l'administration locale, régionale et nationale, soit de sociétés privées. Les uns et les autres ont des impératifs sensiblement différents même si la nature du travail effectué peut paraître proche. Les premiers doivent parfois obéir dans leur localisation et par leur disposition à des impératifs de « service public » (aménagement du territoire, pressions électorales, accueil du public...) ; les autres doivent parfois obéir à des stratégies internationales qui dépassent le strict intérêt local en matière de déplacements et d'emplois. À cet égard les deux subissent et agissent sur la spéculation immobilière. Ils mènent des stratégies particulières souvent contradictoires avec leurs voisins immédiats. Un tel spécule sur son patrimoine et vend ses terrains sans se soucier du lendemain, tel autre tente d'asseoir son pouvoir par la main mise sur des sols ou des bâtiments manifestement inutiles qu'il est vite incapable de gérer. Le choix de lieux de prestige, symboliques de la localisation de la « cité d'affaires » prônée par Le Corbusier, attirera les décideurs ; le retour à la campagne (de la ville nouvelle à la technopole) séduira les cadres des entreprises de pointe ; quant aux employés, en dépit des invocations répétées sur la nécessaire proximité entre lieux de résidence et lieux de travail dépendront avant tout de la charge foncière ou locative et de l'existence de desserte par transports en commun.

Une même entreprise peut donc disperser ses lieux de travail selon ses catégories de personnels avec des modalités d'insertion qui peuvent varier : tour, immeuble, campus...

Les hôtels industriels d'aujourd'hui et les immeubles industriels d'hier recouvrent des réalités urbaines diverses. Néanmoins, leurs conceptions reposent sur un principe constant : des plateaux sur plusieurs niveaux qui permettent de multiplier les surfaces utiles par rapport à une zone industrielle à plat. Au gain de surface, s'ajoutent les économies d'infrastructures, d'équipements, de transports, de disponibilité de main-d'œuvre. Des études donnent un certain nombre d'indications sur les dimensions techniques les plus favorables. Pour les hôtels industriels on estimait à 42 m × 66 m les dimensions minimales d'une parcelle susceptible d'accueillir un immeuble industriel à cour de 24 m × 42 m, sur 4 niveaux et 5 000 m^2 utiles.

Aujourd'hui la miniaturisation des appareils et des sources d'énergie permet sur des gabarits semblables de procéder à des redivisions en lots de 100 m^2 minimum. S'ils doivent être redistribués par des accès communs et profiter de services groupés, les plateaux horizontaux sont les plus adaptés. Par contre, lorsqu'il y a des contraintes particulières d'accès, il vaut mieux concevoir des travées verticales indépendantes. Dans les deux cas, des variantes à cours centrales ou latérales peuvent être aisément imagées.

Pour les bureaux, la demande accrue d'espaces de bureaux cellulaires, avec vue sur l'extérieur et éclairage naturel, implique des formes de bâtiment permettant un rapport « linéaire de façade/surface d'étage » important ; des épaisseurs de bâtiments très étroits (10 m) ou très épais (17 m) seront d'un usage moins souple.

Ces exigences et ces dimensions permettent, par la substitution, la reconversion mais aussi la création, une meilleure insertion des lieux de travail en ville.

Salles de spectacles, terrains de jeux…

Les lieux de loisirs héritent actuellement d'une double conception : celle rattachée à l'idée de l'équipement normalisable, quantifié et éventuellement appropriable par une collectivité plus ou moins stable et ciblée. Le lieu du sport et du cinéma était celui d'un club avec ses fidèles et ses maisons (de la culture). Mais parallèlement s'est développée une conception plus mobile de loisir qui s'inscrit dans une logique de consommation rapide dans des lieux souvent éphémères, presque infra-urbains ou extra territoriaux, voire repliés dans la sphère privée. Cette évolution n'est pas sans inconvénient pour certains arts-spectacles. Comme le souligne C. Zimmer (1988) la crise du cinéma n'est pas seulement due à la concurrence de la télévision, mais elle est aussi la conséquence de la perte d'identité, attachée à un lieu, voire à un quartier : « La fidélisation du véritable cinéphile ne se fera pas en "gommant", mais, tout au contraire en acceptant ce qui détermine l'autonomie, la spécificité du cinéma en tant que phénomène esthétique et fait social. Non pas en intégrant des salles à des lieux, à des zones de loisirs, où voir un film, faire un repas au restaurant, prendre un verre entre amis ou se livrer aux joies du shopping, deviennent des activités absolument équivalentes, mais en créant des centres d'intérêt cinématographique de plus en plus diversifiés, répondant à des désirs de plus en plus précis. Le loisir et la culture obéissent aujourd'hui à la loi de la concentration géographique : celle-ci a remplacé la dissémination dictée par le besoin. Combien, naguère, était fort le dépaysement apporté par le spectacle, dans la salle de quartier, sorte d'extra-territorialité au milieu d'un territoire, ailleurs profondément inscrit au sein d'un univers familier et en osmose avec lui. Plus fort en tout cas que le plaisir procuré aujourd'hui par le même spectacle dans des lieux anonymes et impersonnels, territoires de personne, où l'imaginaire ne respire plus… ». Il ne s'agit pas ici de cultiver la nostalgie du « Last picture show » ; les distributeurs eux-mêmes semblent, ces dernières années, avoir senti que, à force de complexes multisalles enterrés dans l'urbanisme souterrain et polyvalent des centres commerciaux, ils allaient tuer la dimension spectaculaire du grand écran.

Le sport connaît aussi deux logiques : celle de lieux d'appropriation institutionnels et celle de lieux de consommation qui obéissent à des localisations et à des types de locaux assez divers.

Les premiers étaient traditionnellement couverts par la programmation d'équipements, souvent lourds à gérer, à utilisation épisodique dans le cadre de zones sportives. Elles se transforment souvent aujourd'hui en zones de loisirs, ce qui permet parfois de mieux amortir le coût des infrastructures. Mais si on veut éviter un certain nombre d'écueils énoncés plus haut, cette « zone » doit intégrer la dimension territoriale et locale : cette tradition hellénique du rapport entre la ville, le paysage et le stade ou l'amphithéâtre, que la Charte d'Athènes avait oublié en banalisant les terrains de sports comme autant d'objets posés sur un green hors de la ville, peut offrir de nombreux avantages : désenclaver la pratique sportive, en faire un spectacle urbain (on pense au rôle des cirques et des arènes dans les villes), rentabiliser les constructions, relier entre elles diverses parties de la ville : la « passerelle » de Bellinzona, édifiée en 1968, et qui relie la ville au fleuve Tessin tout en distribuant les différents bassins de natation est un modèle du genre.

Cette urbanité des terrains sportifs peut se retrouver aussi dans la réalisation d'équipements plus petits qui profitent des « terrains artificiels » que ne manque pas de produire la ville : terrains de basket ou de base-ball sur des lots provisoirement vides, tennis sur des toits de parkings, sont des images familières de la ville américaine. Ils offrent l'exemple d'aménagement de lieux désertés ou considérés a priori comme inexploitables (dessous de ponts, de viaduc, d'autoroutes, de plates-formes, de parkings...). Sans être des équipements gérés par des administrations extérieures, ils peuvent être des lieux équipés sommairement le temps d'une fête, d'un chantier, d'une mode, ou d'un squat. Ils peuvent aussi s'abstenir de tout aménagement spécifique (le jogging, les patins à roulettes ou la gymnastique de rue). Salles, stades, terrains de jeux, terrains « artificiels », terrains vagues, c'est sur les différences entre ces formes qu'il nous faut réfléchir si l'on veut dépasser la seule analyse quantitative des besoins.

Aires et containers

Dès les années soixante-dix, le critique anglo-saxon R. Banham (1972) invitait les architectes à aller voir du côté des docks la façon dont évoluaient les gigantesques zones portuaires. Il y avait découvert que ces zones ressemblaient davantage à des pistes d'aéroports, à des parkings de supermarchés, à des échangeurs d'autoroutes, qu'aux gravures du XIXe siècle. La disparition progressive des docks et des hangars lui paraissait consommée et inéluctable. Et il se félicitait entre les lignes de quelques projets contemporains de musées qui avaient emprunté leur esthétique à l'univers de la manutention des marchandises (Beaubourg n'était pas loin).

On ne discutera pas ici du bien-fondé de la seconde partie de l'appel de Banham (largement reçu aujourd'hui à tel point que le low-tech est devenu la nouvelle forme quasi académique des bâtiments culturels), mais nous suivrons plutôt ici son invitation à regarder plus attentivement le fonctionnement, plus que l'esthétique, de ces grandes zones marquées par ce qu'il est convenu d'appeler la révolution du container. L'ouvrage d'A. Vigarié sur les *Ports de commerce et vie littorale*, nous donne, cartes et schémas à l'appui, une série d'indications sur l'ampleur et les dimensions des installations contemporaines et cela à différentes échelles :

— celles des espaces portuaires d'abord : ce qui peut déjà concerner des dizaines de kilomètres (200 km de couloirs navigables répartis le long des quais de la ville et des bras du delta à La Nouvelle-Orléans ; 120 km pour la vallée estuaire de Rouen...) ;

— celle des infrastructures navales ensuite : le gigantisme des ports polyfonctionnels a conduit à approfondir les couloirs d'accès et les plans d'eau, à redessiner les courbes et reprendre les alignements, à consolider les quais ;

— enfin et surtout la « révolution nautique » a bouleversé les superstructures ; « les effets de l'utilisation des charges, de la conteneurisation surtout, ont réduit les hangars au profit de vastes terre-pleins, de surfaces de jonctions avec les transports terrestres, de larges aires de roulage, de portiques et de "straddles", etc. Le port s'étale en de multiples secteurs horizontaux. »

Ainsi, des piers new-yorkais tramés quasiment sur le réseau viaire de Mahattan pour mener la marchandise vers les lofts de l'East Side, on a gardé la même chaîne rationnelle en démultipliant les dimensions et en utilisant une plus grande profondeur de terrain permise par des zones jusque-là non urbanisées.

Cette tendance à l'hyper-rationalisation de l'embarquement de la marchandise a évidemment des effets importants sur la redistribution des fonctions traditionnelles industrielles à l'intérieur des agglomérations elles-mêmes mais aussi vers les villes de l'hinterland : en Allemagne on considère que déjà moins de 50 % des containers sont remplis et vidés sur place. On évolue vers une activité de port-couloirs ou de terminaux avec une tendance à la disparition même des ports dont les activités traditionnelles d'alotissement, de mises sous cargaisons, de dédouanements seraient effectués en amont, dans les villes de l'intérieur. Mais cela est un problème d'aménagement du territoire qui dépasse notre propos, limité ici à une tentative de définition contemporaine de l'aire.

Les grands équipements : hôpitaux, universités...

Faut-il les appeler équipements « publics » ou équipement « collectifs » ? Ou faut-il reprendre à la source le terme d'« édifices publics » qu'emploie J. N. Durand (1819) ? Sous cette rubrique il met successivement dans l'ordre « des Temples, des Palais, des Trésors Publics, des Palais de Justice, des Justices de Paix, des Maisons Communes ou des Hôtels de Ville, des Collèges, des édifices destinés à la réunion de savants, des hommes de lettres et des artistes, des Bibliothèques, des Museum, des Observatoires, des Phares, des Halles et Marchés, des Boucheries, des Bourses, des Douanes, des Foires, des Théâtres, des Bains, des Hôpitaux, des Prisons et des Casernes ».

Notre gêne à privilégier telle ou telle appellation et à en dresser une liste contemporaine, tient sans doute au fait que, depuis les travaux

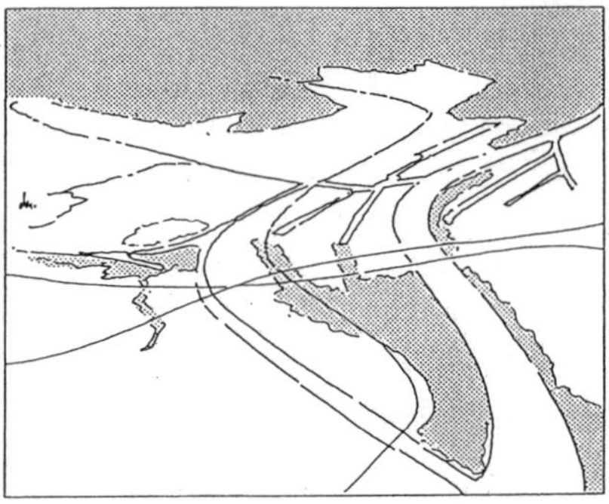

a

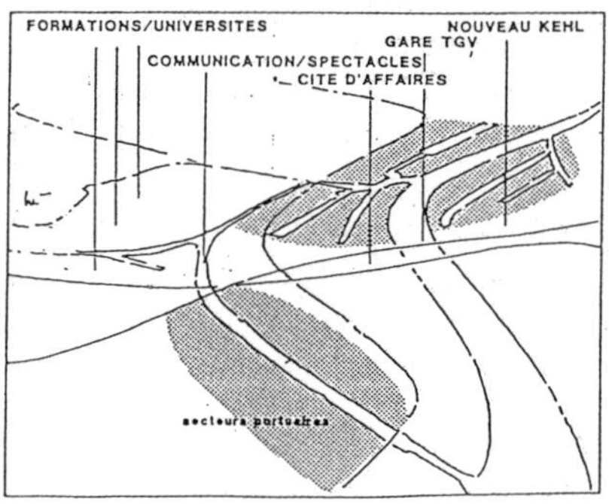

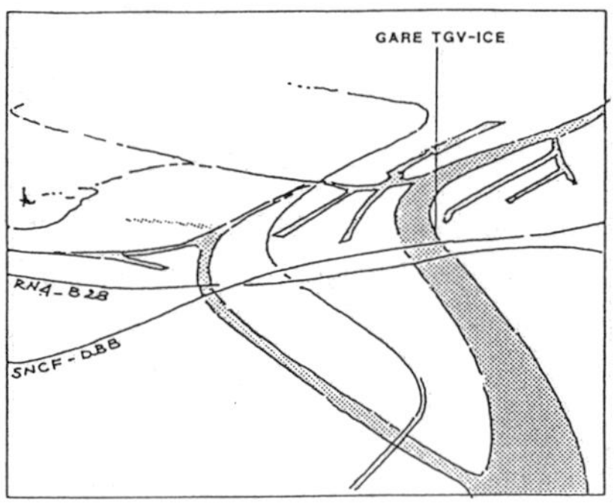

b | c

Fig. 29 : Strasbourg : activités-friches.
a Parcs
b Activités
c Réseaux
(Philippe Panerai).

de Michel Foucault et des équipes qui lui furent proches, l'approche des équipements ne peut plus être aussi idéaliste qu'au temps du Siècle des Lumières. Il a souligné le rôle ambigu que le terme portrait en lui : l'équipement peut être, successivement ou à la fois, directement productif, mercantile et normalisateur des conduites au sens large. D'autres, avec lui, ont souligné le rôle idéologique ou illusoire que comportaient les divers qualificatifs associés au terme d'équipement (« collectif », « service », « public »...) dès lors qu'on examine de plus près ses possibilités d'accès (physique et administratif) et de gestion. Tant et si bien qu'il nous faut sans doute, lorsqu'on parle de localisation des équipements reprendre les questions soulevées par M. Foucault (1976) :

« 1. Par quel type de propriété se définit l'équipement collectif ? Le moulin seigneurial au Moyen Âge est privé, mais en un sens seulement : il faut distinguer l'appropriation collective de l'usage collectif. (Le statut de propriété de ces équipements est à étudier. Il faudrait comprendre dans les équipements collectifs du Moyen Âge le moulin, la route, mais aussi la bibliothèque monastique, le corpus de savoir agronomique entre les mains d'un monastère par exemple). Le mode d'appropriation des équipements collectifs est très variable.

2. La fonction d'un équipement collectif est d'être un service, mais comment fonctionne ce service ? À qui est-il ouvert ou réservé ? Quels sont les critères de délimitation ? Ou encore : quel bénéfice en tire celui qui l'utilise ? Mais aussi quel profit (et non pas forcément économique) en tire celui qui a assuré la mise en place de l'équipement collectif ? Bref, la direction double, ou plutôt multiple, de l'équipement collectif.

3. L'équipement collectif a un effet productif : le gué, la route, le pont permettent un accroissement de richesses. Mais quel type de production ? Ou quelle place dans le système de production ?

4. Un rapport de pouvoir sous-tend l'existence de l'équipement collectif et son fonctionnement (par exemple la route à péage ou le moulin banal actualisant un certain rapport de pouvoir ; l'école, un autre).

5. L'implication généalogique : comment à partir de là, se diversifient un certain nombre d'effets ? Il s'agira de montrer par exemple comment l'urbanisation se fait à partir de l'équipement collectif. Ville et équipement collectif ne sont pas équivalents : la forêt domaniale, la prairie communale, lieux de production comme une usine de ciment, à quelles inductions et cristallisations donnent-elles naissance ? Comment le processus d'urbanisation s'accroche-t-il sur l'équipement collectif ? Soit qu'il préexiste (pont-moulin), soit qu'il se constitue comme un équipement collectif urbain. »

Ces enjeux sont d'importance et s'interpénètrent : ainsi la localisation d'un hôpital important engage tout à la fois les patients, les personnels et les visiteurs : éloigner trop considérablement de son domicile l'une de ces deux dernières catégories d'usagers, et c'est la qualité des soins qui s'en trouvera affectée : retards dans les urgences et les services, espacement des visites à cause de l'éloignement, convalescences plus pénibles... De même mettre hors la ville les universités dans des campus éloignés, au nom de la tranquillité des études (et celle, des citadins) ne fait souvent qu'amoindrir l'espace politique, social et culturel des étudiants et créer des microcosmes politiques artificiels.

Bien heureusement, la localisation des équipements se fait la plupart du temps par substitution, dans un tissu urbain plus ou moins préexistant. Il n'en demeure pas moins que le choix du programme en fonction du terrain libéré, pose des questions non seulement d'ordre quantitatif (surfaces, volumes, distances de voisinages…) mais aussi, de hiérarchies dans la ville, de rapport avec l'environnement immédiat, d'accessibilité et de familiarité du bâtiment : en d'autres termes de limites et de monumentalité. Ce sont les questions que nous voudrions aborder pour conclure ce chapitre.

Enceintes, clos, enclos, enclaves : parcs et parcages

Nous l'avons vu à l'aide de plusieurs exemples : la localisation des activités obéit à une logique commerciale qu'il est difficile de contrecarrer. Chaque investisseur se livre à une étude (« sauvage » ou par sondages) avant de s'implanter ici ou là. Cette géographie urbaine plus ou moins empirique sait parfaitement bien déceler les voies passantes, les itinéraires publicitaires, les lieux symboliques plus ou moins privilégiés.

Mené à grande échelle, on l'a vu avec l'évolution des hypermarchés en centres de loisirs, ces stratégies et ces savoir-faire ne sont pas sans conséquences. Le sociologue S. Bordreuil les résume ainsi (1988) : « Les commerciaux ont une idée particulière de l'identité ; ils identifient des “cibles”. Ils identifient des segments de clientèle, leur “vulnérabilité”, leur sensibilité culturelle pour leur proposer des produits. Ils renforcent ainsi des identités construites dans lesquelles les clients possibles sont conviés à se reconnaître. Tant que le marchand travaille sur l'emballage du produit par adjonction de valeurs imaginaires ajoutées, cela ne concerne qu'une foule relativement abstraite et disséminée de clients potentiels. Mais les choses changent quand ce savoir travaille non plus sur l'emballage mobile, mais sur l'emballage de l'emballage, l'espace de vente lui-même qui prend sa place au cœur de la ville. “Pour vendre il faut d'abord l'espace de vente”, dit la presse spécialisée. L'effort publicitaire porte alors sur le lieu lui-même, et l'arraisonne à sa logique propre. D'où le risque de sélection massifiante des publics, le risque de renforcer l'identification du citadin comme consommateur, et finalement le risque d'une clôture imaginaire qui exclurait ceux qui ne s'y reconnaissent pas. Ainsi, ce qui fait problème aujourd'hui dans les espaces publics, ce n'est plus le zonage, mais le parcage, tels les parcs de loisirs, où non seulement on localise une occupation, mais on propose aussi un dédoublement imaginaire qui sépare de l'extérieur, des autres, et qui crée un effet de clôture, et empêche la transition réelle avec d'autres espaces. »

L'uniformisation des modes de consommation dans de grands « espaces de vente », la « crise » des institutions visibles, s'accompagnent, grâce au développement des moyens d'émission-réception, d'un repli de certaines activités dans la sphère privée. La mondialisation du phénomène, plus particulièrement dans les zones périurbaines des sociétés industrielles, est-elle irrésistible ?

Si la volonté politique existe, des mesures incitatives ou dissuasives peuvent éviter une telle dérive consumériste de la ville, avec péages, polices privées, et interdits. Elles doivent peser sur la grande emprise qu'une activité commerciale, gérée par une société de droit privé ou parapublique, peut prendre. Elles doivent aussi analyser les effets pervers induits par une trop grande spéculation des zones de bureaux (La Défense) ou de commerces : on sait maintenant que les voies piétonnes commerçantes ont souvent comme double effet négatif de chasser d'un secteur les logements existants (du fait des nuisances et du coût du pas-de-porte) et de désertifier la nuit des zones devenues monofonctionnelles et insécures.

Prisonniers de véritables cercles vicieux pour sortir de cette impasse, les gestionnaires tentent de générer artificiellement (l'« animation ») d'autres cycles d'activités et par là prennent encore davantage de pouvoir dans une gestion consumériste de la voie publique.

Il faut cependant souligner que l'effet de « clôture imaginaire » n'est pas forcément synonyme de clôture physique de ces lieux. L'histoire urbaine ancienne et actuelle, nous montre que le phénomène de ghetto par la religion, la race, l'argent ou l'âge, peut prendre des formes (urbaines) bien différentes. Le ghetto juif a pu être, comme à Venise, un lieu clos, fermé la nuit, à la forme urbaine atypique ; il peut aussi, à l'extrême inverse, être circonscrit comme à Anvers par des limites insoupçonnables aux « goys ». Ces mille degrés de matérialisations des limites se retrouvent aussi bien dans les ghettos des villes américaines ou dans l'idée ou plutôt dans le fantasme et la pratique, que nous entretenons avec certains quartiers de nos villes : Neuilly, la Goutte d'Or…

A contrario le parc, fermé par une grille, n'est pas synonyme de parcage : l'hôpital, enclos parisien, avec ses bâtiments-cours ou ses pavillons, n'est pas infranchissable : il est même souvent le lieu d'itinéraires raccourcis où passants et convalescents peuvent échanger regards et paroles. On pourrait même dire que la suppression des limites physiques, au nom d'une prétendue adéquation entre transparence spatiale et transparence sociale aboutit le plus souvent aux effets inverses : renforcement des contrôles aux entrées et opacité architecturale des bâtiments plus importante. La suppression des grilles, murs et murets et l'absence de possibilités de réels parcours publics traversants (passages, galeries, bâtiments à cours commandées…) empêchent en réalité de constituer des différences spatiales et des identités institutionnelles fortes mais accueillantes. Karl Gruber a bien montré dans son analyse des villes antiques et de la ville allemande médiévale (1952), la richesse spatiale et symbolique que les enclos, ensembles conventuels résidentiels, universitaires ou hospitaliers pouvaient apporter, en suscitant une lecture différentielle de la ville. Aujourd'hui se substituent à ce vieil héritage des franchises médiévales, pour des raisons à la fois d'économie à court terme et de fantasmes sécuritaires, des formes d'enclaves plus immatérielles en apparence mais bien davantage dissuasives : péages, dispositifs électroniques de surveillance, interphones n'incitent pas spécialement à la « traboule ». C'est autant de problèmes de limites et de localisation que dépend à court terme la constitution de faits urbains. Le dépassement d'un zonage purement fonctionnaliste est à ce prix.

Fig. 30 : Chartres : parc d'activités.
(David Mangin).

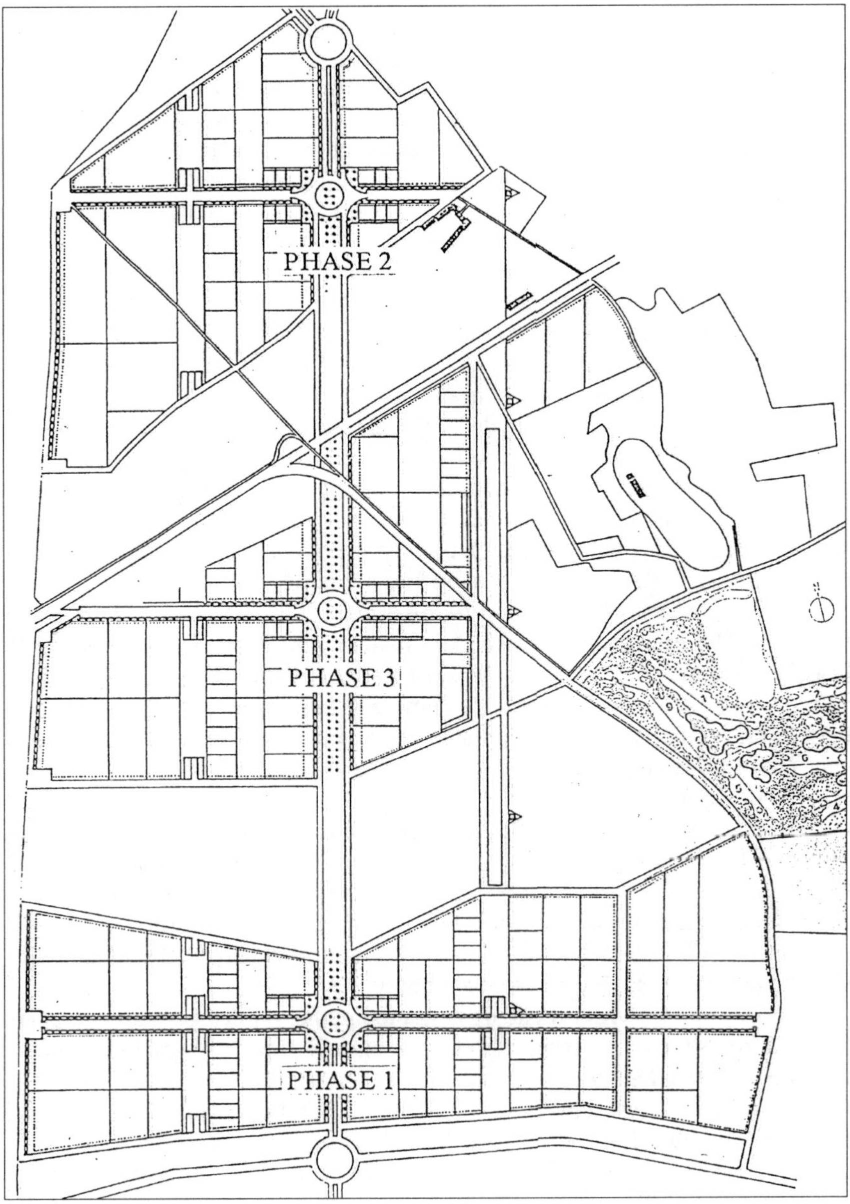
PHASE 2
PHASE 3
PHASE 1

Activités et tissu urbain

Un des moyens les plus immédiats, au jour le jour, pour lutter contre ces nouvelles formes de zonage résident dans une pensée substitutive. Celle-ci permet d'envisager les changements d'activités et d'échelles sans bouleverser pour autant les systèmes de relations qui peuvent exister entre le tissu urbain et l'introduction des nouvelles activités. On pourrait donner les indications d'échelles suivantes :

— La première de ces échelles est celle du logement (substitution à un ou deux logements groupés) d'environ 150 m² auquel peuvent se substituer des commerces traditionnels, de petits services (médicaux, paramédicaux, artisanat d'entretien et de réparation, agences de voyages, petits bureaux, crèche, permanence d'administration…).

— À l'échelle de l'immeuble, de la parcelle bâtie, 500 m² au sol : services publics de quartier, petits hôtels industriels, équipements sociaux, superettes + bureaux… La substitution ici donne lieu à l'intérieur d'un même programme, à une densification des types, par exemple le passage au XIXe siècle de l'hôtel particulier à l'immeuble porche par l'intermédiaire des corps de logis transformés et réunis en un même immeuble.

— À l'échelle du groupement d'immeubles ou de parcelle (fraction d'îlot qui nécessite parfois des remembrements), 1 500 à 2 000 m² et jusqu'à 5 000 m² : écoles, marché couvert, gares de banlieue…

— À l'échelle de l'îlot, la substitution prend souvent une dimension symbolique, institutionnelle, ou monumentale, les dimensions pouvant être équivalentes à celles ci-dessus : lycées, squares, jardins, terrains de sports, édifices du culte…

— À l'échelle du super-bloc et des groupements d'îlots on retrouve les grosses institutions (universités, ministères, grands musées, grands hôpitaux…) gares centrales, parcs urbains, grandes casernes, usines, zones industrielles urbaines, cimetières, échangeurs d'autoroutes… Les plans en grilles de Chicago à Barcelone, montrent, « en régulier », cette logique qui s'applique aussi dans des tissus plus embrouillés.

— À l'échelle de la grande maille ou des grandes compositions : aéroport, gare de triage, forêt, zone agricole (école d'agriculture, pépiniéristes…), parc régional.

C'est dans ces deux dernières échelles qu'aujourd'hui les enjeux sont les plus immédiats avec l'obsolescence des infrastructures de la grande industrie du XIXe siècle. Et si l'on veut éviter dans l'aménagement des « friches industrielles » de répéter l'occasion ratée des grands ensembles et des villes nouvelles, incapables de s'adapter aux territoires et à l'histoire urbaine locale, il faut non seulement intégrer tracés et limites existants mais aussi penser différemment la question des activités (donc des programmes). Ces terrains offrent a priori une grande diversité de cas qui a été répertoriée ainsi par M. H. Contal (1983) :

— La friche terrain : sites industriels délaissés ; zone de stockage, de traitement ; infrastructures de transport ; emprises d'établissements publics (EDF, GDF, SNCF…). Des pièces de 50 ha parfois, grevées de lourds handicaps à la « réurbanisation » : fondrières, toxicité et stérilité du sol.

— La friche bâtiment, plus familière aux amateurs d'archéologie : halles, filatures et hangars, hauts fourneaux, etc.

— Les espaces en mutation, résidus dont la généalogie est plus complexe : au cœur des grandes agglomérations, poches au statut un peu flou, à forte imbrication habitat/travail, terrains vagues entre deux usines ou entre deux ZUP. La « zone » pour tout dire.

L'aménagement de ces terrains offre une double opportunité :

— Celle de leurs dimensions et de leurs limites. En remarquant tout d'abord à la suite de G. Samona et bien d'autres, que grands terrains n'est pas forcément synonyme de grands projets en termes de programme unique construit d'un seul tenant. Conjointement l'opportunité est offerte, à partir des enclaves usinières de reprendre la question de l'enclos urbain contemporain. Souvent assimilé négativement à l'enclave infranchissable, l'enclos, avec différents degrés de perméabilité, apparaît comme une alternative aux campus universitaires de banlieue, à l'hôpital mégastructure ou à l'usine impénétrable. Le jeu sur les différents types de limites, de traversées, « de ville dans la ville » permet de créer des différences de statuts et de faire communiquer des activités entre elles, sans les dissoudre forcément dans le tissu urbain.

— Ces terrains doivent être aussi l'occasion de réfléchir à la place des lieux de travail tertiaire contemporain en ville qui, actuellement sont constamment repoussés hors de la ville. Sur ces vastes terrains, souvent en bordure de canaux et de fleuves, les projets actuels insistent le plus souvent sur les programmes de loisirs ou de zones résidentielles (la « reconquête » des rives du fleuve par la ville sous forme de bases de loisirs ou de simili marinas sont les plus courants). Cette tendance naturelle (ou électorale) mériterait d'être pondérée quelque peu si l'on veut éviter une version moderne du zonage le plus simpliste.

LA COUPE ÉVOLUTIVE
DE LA ROUTE AU BOULEVARD
Transformations successives sans expropriations onéreuses d'une voie en bordure de laquelle les zones *non aedificandi* ont été imposées par le plan d'urbanisme.

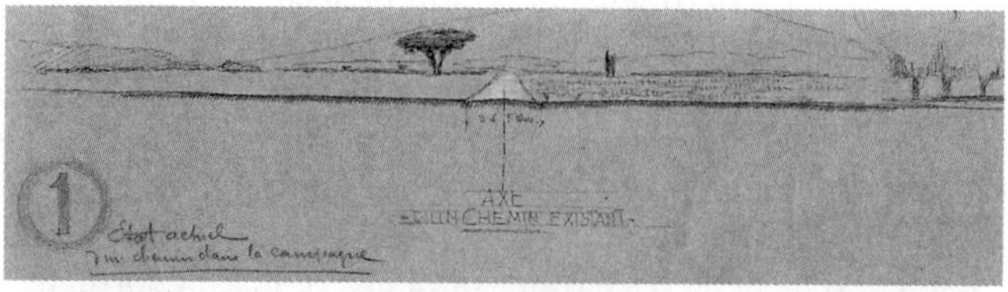

Etat actuel: d'un chemin dans la campagne.

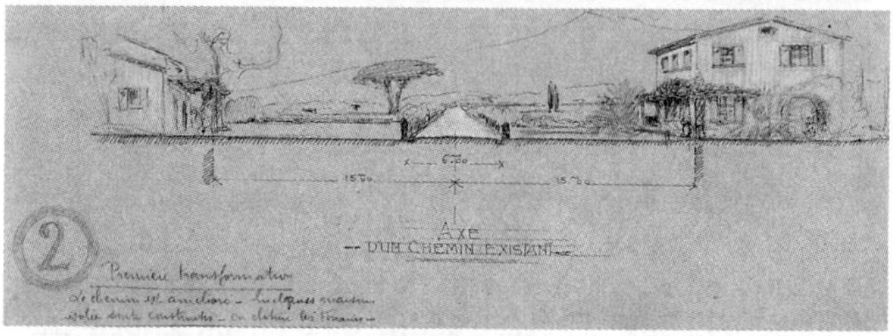

PREMIERE TRANSFORMATION

Le chemin est amélioré. Quelques habitations sont construites. On clôture les terrains.

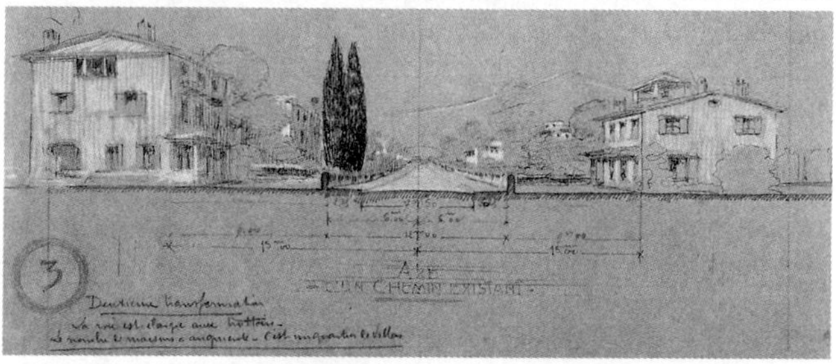

DEUXIEME TRANSFORMATION

La voie est élargie avec trottoirs. Le nombre des habitants a augmenté. Un quartier de villas s'est formé.

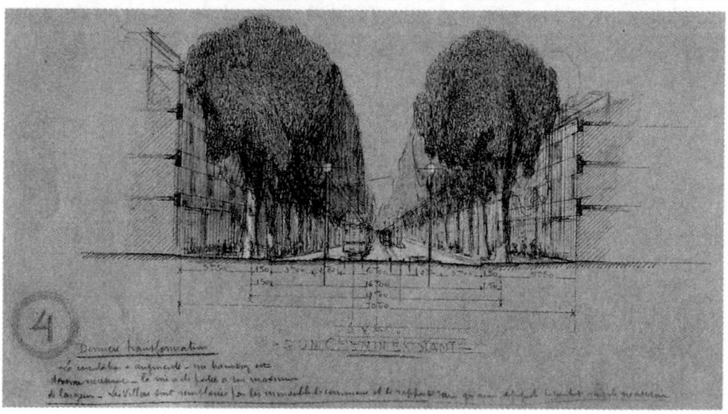

DERNIERE TRANSFORMATION

La circulation a augmenté. Un tramway est devenu nécessaire. La voie a été élargie au maximum par la suppression des zones non aedificandi. Les immeubles et commerces ont remplacé les villas. Aucune construction n'a été expropriée.

Ci-dessous, la «mauvaise solution : la route est devenue une rue, on ne peut ni élargir ni faire des trottoirs. Où circule le piéton ? »

Du chemin à la ville, Henri Prost.

Chapitre 7

Construire avec le temps

Un des livres les plus fameux sur l'architecture moderne s'intitule *Espace, Temps, Architecture* (1941). Nous ne parlerons pas ici d'une remise de l'architecture à l'heure de l'espace/temps mais plutôt de la prise en compte de la durée dans la conception et la gestion des villes : les temps du montage, du découpage, de l'édification, de la gestion, de la substitution… La maîtrise de ceux-ci appartient, dans les sociétés industrielles, à des intervenants divers, à des logiques professionnelles parfois concurrentes, à des économies d'échelles souvent contradictoires. Encore une fois, nous n'avons pas l'illusion de croire qu'ils pourraient être confondus dans les mêmes mains, et ramenés à une seule unité de mesure. Il nous semble que si l'on veut espérer améliorer quelques dysfonctionnements coûteux, financièrement et socialement, on pourrait essayer de coordonner deux ou trois de ces logiques entre elles.

Le temps de la décision et du montage

Le temps du montage intègre deux types de préoccupations, celles du politique et du financier. S'il intéresse des terrains dont l'enjeu est important, le montage devra s'appuyer sur un programme et un projet qui méritent parfois des débats et de longues procédures.

La République de Venise mit un siècle pour se décider à construire le pont en pierre du Rialto alors qu'elle reconstruisit son marché incendié en quelques décennies. L'aménagement de l'axe Porte Maillot/La Défense mit un demi-siècle à se dessiner. Ces durées exceptionnelles peuvent sans doute se comprendre lorsqu'elles engagent des choix formels et symboliques, qui après tout n'empêchent pas la ville de se développer pendant ce temps. Elles deviennent plus problématiques lorsqu'une programmation, complexifiée souvent artificiellement pour ménager des intérêts privés, gèle durablement une partie non négligeable d'une ville (on pense aux « projets » des Halles par exemple). Le plus souvent le temps du montage est construit à partir d'une échéance financière ou électorale et conduit à des choix de terrains et de programmes non ajustés : l'idée d'échéances butoirs, motivées par tel ou tel événement (Expositions universelles, Jeux olympiques, célébrations d'anniversaires…) est aussi parfois utile pour mobiliser énergies et crédits ; il est toutefois dangereux de soumettre la gestion quotidienne des espaces publics ou la réalisation de grandes infrastructures à la seule échéance d'un événement qui ne dure que quelques semaines ; cette évidence mérite d'être rappelée si l'on compte le nombre de cimetières d'éléphants que comptent les villes qui ont accueilli ce genre de manifestations : salles, stades ou parcs d'expositions devenus ingérables, villages olympiques difficilement reconvertis, villes endettées... À moins grande échelle tout soumettre à une échéance électorale est difficilement garant de durabilité des investissements : saupoudrage d'équipements, gadgétisation de l'espace public, en sont souvent les résultats. Cela ne veut pas dire pour autant que la rapidité de la décision politique soit une mauvaise chose. Au contraire elle a tout intérêt à s'exercer rapidement une fois la (bonne) décision prise. Toutefois celle-ci ne peut s'appuyer que sur un travail théorique et institutionnel de longue haleine. La presse, spécialisée ou non, lorsque des réalisations de qualité apparaissent dans telle ou telle ville, les présente souvent comme le résultat d'une génération spontanée due à une personnalité unique. Or, l'histoire ou l'actualité le démontre, les grands projets urbains sont l'œuvre d'équipes ayant un long acquis théorique, et des doctrines d'interventions parfois laborieusement mises au point dans des cadres universitaires et lors de réalisations expérimentales modestes. On peut titrer à propos des réalisations barcelonaises : « 40 espaces publics en 4 ans ! » Mais c'est oublier un peu vite que la coordination, au sein des services municipaux assurée par l'équipe de Bohigas, s'est appuyée sur une connaissance très grande de la ville à travers vingt ans d'études morphologiques, de contre-projets et de réalisations ponctuelles. Le défi des Jeux Olympiques n'a pu être relevé qu'à cause de ce travail préparatoire où, encore une fois la théorie a montré sa légitimité : celle d'être pratique et de faire gagner du temps. En résumé une politique de « coups » ne remplacera jamais une politique urbaine.

Si le temps du politique s'évalue souvent en quelques années, celui des financiers s'évalue en terme de semestres. Aujourd'hui un lotissement de maisons individuelles de dimension moyenne (15 à 20 lots) est réalisé sur une période de 24 à 36 mois jusqu'à la dernière cession. Le programme d'une centaine de logements collectifs est monté puis construit dans des délais à peu près équivalents. Lorsque les programmes dépendent de financement complexes, le plan de financement peut réagir sur le projet lui-même : amputation ou extension du projet, délais de phasages... Les programmes d'école qui doivent suivre l'évolution de la carte scolaire et les courbes démographiques ont progressivement dû intégrer ces données, et les architectes prévoir des possibilités d'extension à leurs projets de bâtiments scolaires. Ces contraintes existent aussi ailleurs, dans les programmes d'activités notamment où certaines dispositions sont plus favorables que d'autres pour gérer ces incertitudes. Dans les années soixante on a cru que certains types de mégastructures lourdes (à ossatures tridimensionnelles ou « plug-in city ») pouvaient répondre à l'évolution de la demande. En réalité ces infrastructures apparentées à l'ouvrage d'art, se révèlent souvent d'une flexibilité beaucoup plus limitée que des découpages parcellaires et constructifs plus simples.

Mais la question du coût financier ne peut pas s'apprécier seulement en terme de rentabilité à court terme. L. Cervellati a résumé ainsi le coût social de certains choix urbanistiques : « Rénovation des centres ou extensions périphériques, création d'équipements ou déplacement des zones d'activités, toute action sur la ville demande à être évaluée non seulement au regard des possibilités de financement à court ou à moyen terme, mais d'abord en terme de coût social. À la dépense de construction proprement dite, il faut donc ajouter (compte tenu de la rente foncière) :

a) le coût des réseaux d'infrastructures primaires, équipements sociaux et divers ;

b) le coût des services de transports publics et privés qui dépend du lieu d'implantation du nouveau quartier par rapport au milieu urbain existant et surtout par rapport aux lieux d'emplois ;

c) le coût des services administratifs supplémentaires nécessaires pour la gestion d'une ville étendue. »

Le simple tracé de voie comporte ce mélange de facteurs : entre le promoteur soucieux de diminuer son linéaire de voirie, l'entrepreneur soucieux de vendre du tuyau, et l'électeur soucieux de diminuer ses impôts locaux, le juste tracé doit composer, pour mieux desservir et mieux densifier à terme.

À l'échelle de lotissements communaux, par exemple, on peut se demander si en abandonnant au promoteur le dessin de la voirie, les communes s'y retrouvent : elles devront la plupart du temps, à la demande du même promoteur ou des habitants, classer ultérieurement comme voie publique une voirie dont les tracés en « cul-de-sac » ou en « raquettes » intègrent mal les contraintes propres aux services d'entretien et de distribution de la commune et ignorent ses possibilités de développement ultérieur.

Le temps des projets et des chantiers

Nous avons déjà parlé de la logique de formation des tissus urbains et du découpage parcellaire. Mais au-delà du découpage foncier et technique (constructif), si l'on veut que la division morphologique du territoire prenne sens dans l'architecture, un troisième niveau de découpage intéresse la maîtrise d'ouvrage et les architectes. Le vis-à-vis, le côte à côte, le face à face, le tête-bêche, le dos à dos, les quatre angles d'un carrefour, sont quelques-unes des figures les plus courantes qui permettent d'articuler simplement différentes architectures entre elles sans perte du sens urbain.

On sait bien comment procéder pour les projets urbains de certaine taille : après Borromini et sa place des Quatre Fontaines les architectes haussmanniens s'intéressaient à « tenir » les quatre angles des carrefours, les architectes de l'École d'Amsterdam savaient répartir entre eux les différents fragments de tissus à partir des vis-à-vis des rues et des avenues ; ils savaient aussi utiliser l'expérience des plus aguerris pour les articulations-clefs ou les problèmes plus difficiles des grandes longueurs et des grandes compositions ; dans certains « hofe » viennois il est impossible de distinguer telle ou telle main, parmi lesquelles exerçaient pourtant les plus grandes figures des Sécessions viennoise et berlinoise. Plus récemment à l'Isle d'Abeau ou à Amsterdam Nord de tels principes de répartitions des bâtiments furent utilisés par l'AUA et l'OMA. Les principes sont les mêmes : une composition claire du point de vue du statut des lieux, des choix de matériaux et des convictions minimales communes ou complémentaires sur l'architecture.

Le temps de l'édification à strictement parler est celui du chantier. Mais là encore une série de choix, s'ils sont intégrés suffisamment tôt, permettent de faire des chantiers en ville soit des événements familiers, spectaculaires et même didactiques, soit des éléments de nuisance. Ces choix concernent aussi bien, les moyens de levage et les terrassements, l'enchaînement des tâches, le choix des matériaux.

On peut donner ici quelques exemples concrets :

L'usage approprié des remblais et déblais permet bien souvent des économies de talutages et de mouvements de reliefs trop coûteux : les exemples des carrières des Buttes-Chaumont transformées en parc ou des fondrières réutilisées en bassins de loisirs ou en réservoirs d'eau sont bien connus.

Penser les baraques de chantier comme les premiers logements d'une nouvelle agglomération, utilisables éventuellement plus tard pour des ouvriers sédentarisés, peut avoir des effets nombreux : améliorer les baraquements et localiser d'emblée un début de ville et de vie. Planter dès l'acquisition des terrains les voies publiques, c'est déjà habiter la ville.

L'édification c'est aussi le choix des matériaux : la question de l'obsolescence concerne aussi bien le mobilier urbain que les bâtiments. Aujourd'hui l'incapacité fréquente à concevoir les dispositions élémentaires qui permettent à la ville de se hiérarchiser, conduit à la fois à la comédie urbaine de façades-décors et à la gadgétisation de l'espace public, publicitaire. Là où des choix de longue durée devraient être faits en matière de solidité et d'entretien facile, on préfère développer une succession d'objets-gadgets, à faible espérance de vie pour assurer son renouvellement constant et son entretien par des sociétés privées. Et, à l'inverse, là où le choix de matériaux permettant la transformation, l'extension, la surhauteur, le prolongement, la mitoyenneté facile, on offre le plus souvent l'immobile, l'indestructible : l'appareillage en pierre savait laisser en attente des harpes auxquelles le voisin puisse s'accrocher ; aujourd'hui dans les autoconstructions l'habitant sait laisser des fers en attente pour rehausser lorsque la famille ou ses moyens grandissent. Mais il est rare que, dans le logement collectif par exemple, le choix des matériaux et des structures tienne compte des transformations ultérieures : façades sur rue et façades sur cour ou jardin n'ont pas forcément les mêmes exigences ; murs mitoyens, séparatifs de logements et cloisons ont bien des épaisseurs différentes pour des raisons structurelles, phoniques et thermiques : mais ils ne facilitent pas toujours les transformations et l'appropriation. Les recherches sur les mégastructures avaient bien tenté de développer cette distinction entre éléments fixes et mobiles, mais elles l'on fait à l'intérieur d'un projet globalisant dans un espace tridimensionnel homogène. Il est temps de reprendre ce débat en d'autres termes, ceux de la gestion et de l'entretien des immeubles et de la ville : changer des réseaux techniques, ravaler une façade, nettoyer les vitres, construire une loggia fermée, planter un clou, faciliter à l'occasion des possibilités de surhaussements... Carrières, fondrières, palissades, plantations, chemins de grues, échafaudages, matériaux sont autant de choix de mise en œuvre et d'ordonnancement des tâches qui sont aussi des choix urbains.

Le temps de l'usage

Les chantiers terminés, vient le temps des emménagements, des premiers voisinages, du repérage des lieux environnants, des premières réunions d'habitants où pourront se vérifier les degrés de commodité et d'identification des lieux, donc des chances de leur viabilité à plus long terme. Bien évidemment cette identification ne se fait pas uniquement sur des critères « objectifs » et pratiques : les jugements sur le logement, mais aussi le quartier, intègrent des préjugés, comme l'ont montré de nombreuses études sociologiques. L'image que chacun se fait de son propre itinéraire social et du mode de vie auquel il aspire joue un rôle déterminant. Les modes d'accès à tel ou tel type de logements, plus ou moins choisi, vont jouer dans la durée de passage, les modes d'occupation, de gestion et d'entretien des bâtiments et des espaces publics.

Ceux-ci sont liés aux cultures (limites propre/sale, vu/caché, public/privé), aux niveaux de vie des habitants, à leurs aspirations au changement social (les jeunes ménages en début de carrière vivent le logement collectif comme une étape transitoire et obligée vers la maison individuelle mais, à l'inverse, des milieux universitaires participeront aisément à des opérations « expérimentales » d'habitat autogéré), aux cadres juridiques imposés (durée des baux, règlement de copropriété...).

Propriétaire, copropriétaire, multipropriétaire, locataire d'Office ou locataire du privé, sous-locataire, résidant en foyer sont des situations juridiques différentes. L'un peut transformer son logement, prendre part à des décisions sur les parties communes qui pèsent sur la vie quotidienne, l'autre pas.

La réhabilitation obligée, à peine une vingtaine d'années après leur construction, de certains grands ensembles ou le redécoupage obligé de certains lotissements dans les villes nouvelles sous peine, faute d'entretien, de voir se démultiplier terrains vagues et effractions en sont les signes les plus évidents. Mais aussi les conditions de « no man's land » (les *Non-Lieux* de M. Augé, 1992), infra-urbaines et infralégales de certaines zones d'urbanisme souterrain ou commercial récentes (parfaites pour encanailler l'imaginaire touristique ou cinématographique, mais plus dramatiques pour ceux qui les vivent vraiment) font partie des erreurs rapidement et chèrement payées par la collectivité.

Dans un certain nombre de « quartiers sensibles », on a pris conscience de la relation entre possibilités d'usages, de gestion et d'entretien et découpage initial du sol, et choix des systèmes distributifs et techniques ; ailleurs on semble continuer à traiter au coup par coup les problèmes : on développe la mise aux normes techniques ou la vente du patrimoine HLM sans profiter de celles-ci pour améliorer les accès, les pourtours, les entre-deux des bâtiments au-delà du « tour d'échelle » nécessaire aux pompiers.

La gestion au quotidien

Au jour le jour l'administration locale doit ériger des règles qui fixent les conditions imposées à l'édification. De fait, de telles règles contribuent à donner une certaine forme à la ville, même si celle-ci n'est pas explicitement représentée.

Les règles urbaines depuis que le monde est monde, sont souvent accusées de tous les maux : inefficaces ou absentes, on les accuse de ne pas pouvoir, à elles seules, endiguer la spéculation et les abus ; trop présentes on les dénonce comme contraignantes et causes uniques de la médiocrité architecturale. C'est sans doute leur faire trop d'honneur et ignorer l'histoire urbaine, même la plus récente. Les règles urbanistiques, la plupart du temps, ne font, dans des sociétés à économie mixte comme les nôtres, qu'accompagner a posteriori des phénomènes spéculatifs qui, eux-mêmes, suivent la conjoncture économique et immobilière. Elles ne viennent que légitimer des compromis, plus ou moins réussis entre promoteurs immobiliers, pouvoirs politiques et idéologies architecturales convoquées pour la cause. Richard Plunz a très bien montré dans son ouvrage sur Manhattan comment se négociait au gré de la conjoncture et des excès des uns et des autres la réglementation du block new-yorkais. À Paris si l'on a pu mettre fin en 1975 aux règlements édictés en 1967, au plus fort de la puissance du « gaullisme immobilier », c'est davantage à cause du déplacement des capitaux vers d'autres secteurs à partir de la crise pétrolière de 1976, que par un retour à une vision plus « raisonnable » de la ville. L'argumentaire du retour à la rue et aux gabarits, n'aura été entendu que parce que le camp des promoteurs s'était déplacé vers d'autres secteurs.

Il ne faut pas faire preuve en matière de règlement ni d'idéalisme (à la limite de l'irresponsabilité politique), ni d'angélisme artistique : la règle régule plus qu'elle n'ordonne.

C'est pour cela que la crainte du « grand ordonnateur » souvent invoquée par des architectes, pour de plus ou moins bonnes raisons, paraît souvent excessive. Non seulement la règle n'ordonne pas tout mais elle évolue dans le temps, et elle offre à la fois des marges d'interprétations, d'inventions et de laissé-pour-compte qui sont autant d'occasions de démontrer les savoir-faire — on pourrait même soutenir, exemples à l'appui que les « bons architectes », ne le sont jamais autant que lorsqu'ils ont à s'exprimer dans leurs villes à l'intérieur de règles qui leur permettent justement de faire entendre leur différence : Horta et Gaudi en sont, parmi bien d'autres, les plus spectaculaires exemples. Mais, plus largement la règle est aussi source de renouvellement des types en procédant ou en accompagnant les évolutions. H. Bresler et A.-M. Chatelet ont bien décrit (1987) comment, à la suite de l'évolution du nouveau règlement parisien en 1902, G. Perret et H. Sauvage en radicalisant au maximum les règles de retrait et de dimension des cours, rue Franklin, et rue Vavin, ont engagé le processus de l'immeuble-redent et de l'immeuble-terrasse.

Le droit et la forme urbaine

Mais sur quoi portent les règles ? En théorie elles peuvent concerner :

— l'occupation du sol, le rapport entre sol libre et sol constructible, la profondeur édifiable, la distance entre constructions, les gabarits des cours intérieures…

— les hauteurs des constructions, les hauteurs permises sur voiries, les possibilités de retraits et d'avancées, le nombre d'étages, la définition des profils de corniches, voire l'ordonnancement des façades…

— le parcellaire, l'ouverture de parcelle, sa superficie, sa profondeur, l'alignement du bâti sur la parcelle…

— l'usage, résidence individuelle ou collective, les types d'activités…

En pratique, les règles évoluent dans le temps et selon les exigences et les doctrines du moment elles pourront puiser dans ce répertoire de mesures. Pour reprendre des exemples que nous avons souvent évoqués, les villes de New York, Barcelone et Paris ont connu depuis le début du XIXe siècle plusieurs grandes réformes qui ont intéressé successivement les dimensions des voies, les gabarits des rues, les limites constructibles, les rapports entre largeur des voies et hauteur des bâtiments, les retraits et les saillies, les dimensions des cours et courettes…

On pourrait commencer par décrire sommairement l'évolution de la réglementation sur l'Ensanche de Cerda. Elle a connu principalement quatre réglementations en 128 ans d'existence :

Au départ, seules deux franges bâties de l'îlot de 113 × 113 m sur une profondeur de 16 m étaient déclarées constructibles.

Une réglementation va faire passer en trente ans, 1860-1890, de 16 à 20 m de hauteurs constructibles et de 50 à 70 % l'occupation au sol de la parcelle.

Trois autres règlements vont régir les volumes constructibles à l'échelle de l'îlot entier :

- 1891-1941 : une profondeur d'édification de 28 m, une hauteur de 23 m sur la bande constructible et de 4,4 m sur l'intérieur de l'îlot aboutissent à une occupation maximale autorisée de 73,6 % de l'îlot.

- 1950-1976 : les « ordonnances congestives » permettent de surhausser les bâtiments avec des retraits jusqu'à R + 7 et 2 niveaux supplémentaires en retrait ; à l'intérieur de l'îlot la hauteur passe à 5,5 m avec la possibilité d'édifier des « ziggourats » en cœur d'îlot.

- 1976 : l'ordonnance du PGM revient sur des dimensions proches de celles de la première moitié du siècle : 20,75 m de hauteur sur la bande constructible et 4,5 sur l'intérieur de l'îlot ; la nécessité croissante de parkings fait autoriser un nombre illimité de constructions de planchers en sous-sol.

Ainsi l'Ensanche, n'aura connu que deux types de règlements vraiment différents et vit depuis plus d'un siècle, avec un règlement de profondeur constructible identique (à remarquer que, après le boom immobilier du franquisme, on est revenu aux hauteurs limites antérieures).

Manhattan a connu lui aussi le système de la réglementation à la parcelle et celui de la bande constructible sur l'îlot entier.

Le plan de la Commission de 1811 engageait non seulement la dimension des blocks mais aussi le découpage parcellaire. Très vite sous l'effet des immigrations massives le logement spéculatif va saturer à l'extrême la construction sur les parcelles.

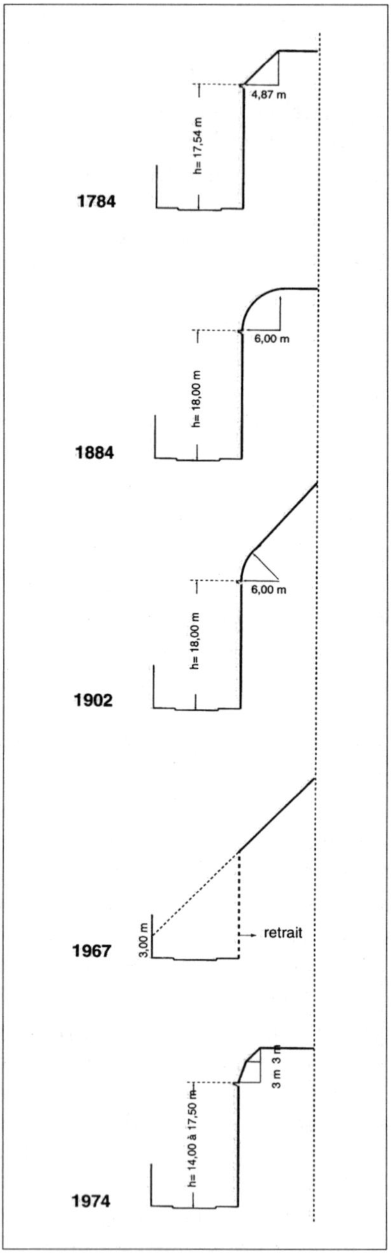

Fig. 31 : Les changements de la réglementation à Paris de 1784 à 1974.
(Anne-Marie Châtelet).

La « Nouvelle Loi », de 1901 est le fruit d'une série de mesures antécédentes pour limiter la densification et élargir les cours des *tenements* : elle va limiter à 70 % le taux de couverture de la parcelle, limiter la hauteur à une fois 1/3 la largeur de la rue, donner des dimensions minimales aux cours. Le résultat a été un remembrement de parcelles, le plus souvent par groupes de trois et, plus généralement, une concentration des opérations plus importante.

La loi de 1916 est avant tout une loi de zonage et de différenciation des activités entre Downtown, Midtown et Uptown.

La Multiple Dwellings Law de 1929 s'est surtout intéressée aux constructions hautes permises par le développement des ascenseurs. La loi imposait des restrictions de volumes et de hauteur pour les logements hauts qui laissaient une gamme de possibilités bien supérieure aux retraits imposés par le zonage du plan d'urbanisme de 1916 : les tours, sur des terrains de 30 000 pieds carrés ou plus, pouvaient s'élever à trois fois la largeur de la rue, si elles ne dépassaient pas le cinquième de la surface de la parcelle. Ces deux lois ont contribué aux profils de certains gratte-ciel gradins ou à tours jumelées.

La création de Special Zoning Districts, à partir de 1961, a engagé un processus de relâchement des alignements par les retraits négociés, avec *piazza* et rachat des droits aériens constructibles des voisins qui ont permis indirectement d'accroître de l'ordre de 20 % les surfaces construites par immeuble dans la Midtown notamment. Ces « zonages stimulants », que Paris connaît avec les plafonds légaux de densité, s'ils ont l'avantage de relancer l'investissement immobilier et les taxes locales, n'est pas sans inconvénient sur la forme urbaine s'ils sont appliqués sans aucun contrôle.

Paris a une histoire urbaine plus longue et plus violente : le franchissement des enceintes successives s'accompagne de tissus urbains d'âge et de densité différents peu susceptibles a priori de mesures uniformes. Si jusqu'aux années soixante, Paris a gardé une certaine unité d'échelle c'est sans doute à cause de la continuité des dispositions réglementaires qui se sont exercées depuis la fin de l'Ancien Régime. Entre le règlement de 1783 où les voies-types vont de 7, 8 à 9, 75 m et les voies-types du XIXe siècle, de 12 à 18 m, il y a une différence d'un étage.

Avec Haussmann et le règlement de 1859, sur les avenues et les boulevards on construira, sur les voies de 20 m et plus, jusqu'à 20 m de hauteur soit cinq étages carrés au-dessus du rez-de-chaussée. Ce n'est qu'en 1884 que l'on commencera à lier arithmétiquement la hauteur des bâtiments à la largeur des voies pour les parties supérieures des bâtiments. Avec le règlement de 1902, la modulation des hauteurs entre immeubles construits sur des voies de largeurs différentes s'accroît et avec elle les difficultés de raccordement d'échelles aux angles des rues. La modification du règlement sur les saillies et sur les gabarits en arc de cercle va accentuer les ruptures d'échelles. Toutefois, sans édicter d'hauteurs-plafonds, et par le seul fait du règlement des gabarits, en un peu plus d'un siècle, l'exhaussement n'aura été que d'une dizaine de mètres.

Le règlement de 1967, qui n'est que la généralisation des pratiques dérogatives ou déjà inscrites dans le Plan d'Urbanisme Directeur de

Paris de 1961, va changer complètement les points de vue : il est directement et explicitement inspiré des principes de la Charte d'Athènes et de l'architecture moderne internationale. Dès 1975, à peine huit ans plus tard, la revue officielle d'urbanisme de la Ville de Paris en analysait les conséquences : « La trame urbaine n'est plus définie par les rues mais par l'ordonnance des constructions, elle-même guidée par des considérations fonctionnelles [...]. Les façades se présenteront diversement au regard, des logements seront éloignés du bruit [...]. Il faut innover par rapport à l'urbanisme d'îlot ». Pour assainir, aérer, décongestionner, en un mot moderniser Paris, on peut, on va préconiser « l'aménagement d'îlots, possibles pour les deux tiers d'entre eux, grâce aux plans de rénovation ». Soit au bas mot 1 500 ha. Les mesures pour réaliser progressivement ce plan cohérent rompent avec les procédures antérieures :

— Un « coefficient d'utilisation du sol » quasiment homogène de 3 pour l'ensemble de Paris (3,5 pour les zones d'activités).

— La notion de « retrait volontaire » possible des constructions par rapport à la rue ou à l'emprise publique et celle de l'implantation obligatoire de tout bâtiment à 6 m au moins de l'axe de la voie. Cette mesure, appliquée sur les voies très nombreuses de 9,75 ou 10 m, revient de fait à un retrait obligatoire des nouveaux bâtiments sur ces rues et progressivement à un élargissement des voies de 12 m. En attendant c'est la multiplication de petits redents qui va se réaliser sur les trottoirs, dont l'obligation est faite de les aménager.

— Des « plans d'alignement » doivent doubler la largeur de nombreuses voies ; conjugués aux mesures précédentes, ils occasionnèrent de très nombreuses incohérences non seulement avec le tissu ancien (ce qui après tout était souhaité) mais surtout entre les nouvelles constructions elles-mêmes : retraits obligés et retraits volontaires étant souvent contradictoires.

— La substitution du « prospect réel » au prospect à l'alignement (à 31 m dans le centre et 37 m dans les arrondissements périphériques) : cette mesure ajoutée aux mesures beaucoup plus libérales sur les « hauteurs de plafonds » va engendrer des ruptures d'échelles équivalentes en 10 ans à celles qu'avait connues Paris en un siècle.

En réalité, le règlement de 1967, se référait implicitement, comme souvent, à un modèle de bâtiment précis : la barre orientée est/ouest, dégagée du sol : l'élargissement des cours à 12 m, la limitation à 60 % d'emprise au sol des bâtiments et l'obligation de réaliser 30 % d'espaces verts sont les mesures complémentaires révélatrices de ce modèle. Dans l'état des parcellaires parisiens et dans l'application « au plus rentable » des règlements, de telles mesures ont engendré à la fois des remembrements parcellaires importants, et des immeubles en T, une barre perpendiculaire à la rue étant réalisée à l'intérieur du terrain à 6 m des limites mitoyennes. L'orientation privilégiée recherchée est/ouest fut loin d'être systématique.

Il faut donc remarquer que, fonder sur le principe de l'ensoleillement maximum une réglementation « moderne », dans une ville où la grande majorité des tracés préexistent, n'a pas grand sens car l'orientation est déjà donnée par la trame viaire. C'est comme nous l'avons déjà dit, bien plus par la distribution des immeubles (et le mouvement moderne est riche en inventions sur ce plan) que la recherche du meilleur ensoleillement peut, au coup par coup être résolue.

De manière presque caricaturale, l'histoire du règlement 1961-1967 et 1975 permet de tirer quelques réflexions sur la fréquence, le délai d'application et le chevauchement dans le temps des règles urbanistiques. Comme à Manhattan dans l'entre-deux-guerres, on voit se succéder, en moins de dix ans, sous la forte pression immobilière, démographique (ou à l'occasion d'innovations techniques importantes), deux règlements pour corriger des législations jugées rapidement par leurs auteurs trop libérales. Pas tellement pour condamner explicitement la doctrine mise en œuvre mais pour ménager les effets pervers induits sur les dispositions urbaines antérieures. La question des alignements est significative : a priori l'idée de réaliser dans le temps de nouveaux alignements pouvait être séduisante. Mais l'incapacité de gérer les trottoirs, autrement que par des aménagements misérables ou par l'envahissement d'un mobilier urbain gadget, rendait peu convaincant le processus.

Cet exemple pose plus généralement le problème classique des « coups (mal) partis », que connaissent bien les gestionnaires des villes : faut-il réaligner les redans et les « laissé-pour-compte » du règlement de 1967 ? Ou faut-il « guérir le mal par le mal » en réalisant pleinement le « continuum spatial » là où il n'est aujourd'hui que compromis oiseux (mieux vaut parfois quatre mauvaises tours qu'une seule) ? Ou encore doit-on « accommoder les restes » au coup par coup, la fragmentation et la rupture d'échelle se transformant en recomposition ? Autant de cas d'espèces à juger sur place.

Ensuite le champ géographique d'application des règles est déterminant : en définissant les périmètres des secteurs et des zones, les nouveaux règlements ne font en général qu'entériner des développements historiques et chronologiques d'anciens règlements. Ceux-ci ne vont d'ailleurs pas nécessairement dans le sens des plus fortes densités dans les quartiers les plus anciens : à Paris le plafond des 37 m intéresse principalement les arrondissements périphériques. Au contraire, dans les villes américaines, c'est souvent la *downtown* historique qui, si elle n'a pas été muséifiée, deviendra le siège des immeubles de grandes hauteurs.

La définition de ces périmètres homogénéise des ensembles entiers, parfois sans nuance ou intelligence du site. Ce sont d'ailleurs les critiques les plus recevables que l'on puisse faire contre les règles urbaines : celles de niveler la ville par les hauts quartiers, à coup de hauteurs et de densités plafonds, au lieu et place d'une politique qui saurait d'emblée intégrer des dimensions spatiales capables, à l'occasion, d'accepter de franches ruptures de gabarits.

Autres effets pervers des procédures administratives : dans les tissus constitués, l'îlot reste aujourd'hui l'unité de mesure statistique et urbanistique des ZAC notamment alors que, nous l'avons vu plus haut, c'est davantage le vis-à-vis des voies qui définit l'usage et les gabarits (comme c'est le refend plus que la façade qui importe dans la fabrication du tissu urbain). Pour dévier ces critiques le législateur définit souvent des procédures exceptionnelles qui dérogent sur des sites particuliers, aux règlements habituels. C'est sans doute une solution commode, mais elle présente l'inconvénient majeur de déroger à des règles qu'elle a elle-même édictées pour les interventions privées.

Ce qui affaiblit la portée même des règlements et l'autorité de ceux chargés de les appliquer.

On doit donc s'interroger quant aux effets indirects des règlements sur l'évolution de la ville. Prises surtout pour limiter les effets visibles de telle ou telle dimension urbaine (le gabarit trop étroit des rues, la densification excessive des parcelles, la surhauteur des bâtiments vis-à-vis de la silhouette générale de la ville), les mesures réagissent souvent les unes sur les autres sans que le législateur ait entrevu les conséquences de telle ou telle mesure ponctuelle sur l'ensemble des facteurs d'évolution. Telle mesure prise au début du siècle pour éviter des cours et des courettes trop étroites va, à Manhattan, susciter des remembrements parcellaires (voire par blocs entiers) ou telle autre mesure prise à Paris à la demande des architectes pour créer des oriels en façade va aboutir à l'effet inverse : entraîner un renversement de la cour sur la rue. Le règlement aura été ici littéralement pris à revers. Les bâtiments de grandes hauteurs offrent d'autres exemples d'effets indirects : en général on s'en inquiète lorsqu'ils « dénaturent » le « skyline » d'une ville. Mais la tour (tout comme la pyramide...) ressemble à l'iceberg. Elle dissimule une concentration d'activités et de circulations automobiles et piétonnières qui ne sont pas sans poser d'importants problèmes urbains dans son environnement immédiat. Comme R. Unwin l'a bien montré, plus elle est haute, moins elle est rentable dans ses étages les plus hauts et plus elle crée le vide autour d'elle pour des raisons d'accès et de prospects. Ainsi la surhauteur des tours est, en soi, un problème visuel ; mais elle est plus sûrement, à sa base, un problème d'encombrement au sol source d'urbanismes souterrains souvent coûteux et douteux.

Les effets induits, voire les effets pervers de règlements qui portent à l'origine sur une dimension architecturale ou urbaine, se retrouvent à plus ou moins long terme sur les autres dimensions. Comme s'il y avait dilatation ou vase communicant entre les différentes dimensions. Les mètres qu'en hauteur ou en largeur on perd d'un côté, on tentera de les gagner de l'autre.

Aussi dans la mesure du possible la conception doit s'accompagner de la construction graphique de ses conséquences les plus visibles (tout en sachant que l'ensemble des configurations existantes nous échappera toujours). Ainsi l'on doit :

— envisager graphiquement les conséquences induites par telle mesure sur les différents types de voies et de dimensions parcellaires existants ;

— examiner les nouvelles dispositions morphologiques induites si l'on systématise le règlement en s'affranchissant du parcellaire existant ;

— prévoir des raccords les plus courants entre les ordonnancements préexistants et les nouvelles mesures envisagées ;

— définir les cas d'angle : la règle la plus courante dans le cas de deux voies de dimensions inégales donne pour l'immeuble d'angle priorité au règlement appliqué sur la voie la plus importante.

Le règlement de 1784 à Paris distinguait non seulement la taille des voies mais aussi les types de constructions (pierres ou moellons plus haut, et pans de bois plus bas d'un ou deux étages. La mixité de deux paramètres, largeur des voies et résistance au feu, pourrait faire imaginer aujourd'hui des rues de métal et des rues de béton qui, à leur rencontre et selon leurs largeurs, pourraient inverser leur matière...).

Le cas singulier de l'ordonnance architecturale

Comme la règle urbaine, l'ordonnance architecturale a mauvaise presse. Sans doute parce qu'à son sujet circulent bien des idées reçues et de nombreux procès d'intentions : on la suspecte habituellement de vouloir imposer un décor urbain uniforme et dicter aux architectes un style qui privilégierait les façades au détriment de l'ensemble de la conception du bâtiment, de ses relations intérieur/extérieur notamment.

Il faut d'abord souligner que l'ordonnance architecturale comme problème collectif, qui dépasse un seul bâtiment, est chose exceptionnelle. Les rues et les places n'ont pas à être ordonnancées dans la plupart des situations. Ce qui ne veut pas dire évidemment que chaque bâtiment, chaque architecture, doivent ignorer par définition le problème de sa propre composition au regard de sa situation, de ses voisins ou de ses vis-à-vis. Mais dans de tels cas des réponses peuvent être apportées à l'aide d'un cadre juridique très simple d'alignements et de gabarits. C'est l'évolution lente de la commande et de la mode qui fera évoluer ou ressembler éventuellement les bâtiments entre eux. Il pourra alors se créer de fait à partir de types d'activités et d'écoles d'architecture communes, des fragments d'ordonnancements, autogérés.

En revanche dans certains cas limités, inscrit dans une « politique de l'espace civique », le souhait d'ordonnancements conventionnels peut exister. Ils intéressent alors non pas tel ou tel bâtiment en particulier, mais les relations entre espaces publics et bâtiments, site et bâtiments, monuments et logements. On l'a déjà dit, le logement, sous peine de confusions dans la hiérarchie des lieux et des bâtiments, n'a pas à être monumentalisé. Mais dans certaines situations (quais, fronts d'urbanisations, vis-à-vis devant un parc, grande longueur...) la nécessité de compositions d'ensembles à de plus vastes échelles peut se faire jour. De même certaines places de représentation peuvent relever de divers modes de compositions qui engagent aussi l'espace public (galeries, portiques...). Mais en tout état de cause, l'ordonnancement doit s'intégrer dans une conception ou une lecture de la hiérarchie des espaces publics et du découpage du tissu urbain (vis-à-vis, angles...). Sinon il y a toutes chances de ne pas faire sens, donc d'être difficile à élaborer, à s'imposer et à perdurer.

On pense souvent à la période néoclassique où le langage des ordres pouvait servir de langue commune à partir de laquelle des paroles singulières purent s'exprimer. Mais à côté des grandes compositions royales cette contamination de l'ordre s'exerçait aussi de manière plus subtile. Par exemple le thème de la serlienne qui parcourt les faubourgs Poissonnière et Saint-Denis à la fin du XVIIIe siècle ne fait pas l'objet de simples citations mais d'une adaptation à différents programmes et distribution d'édifices : on le retrouve dans les portes-guichets du rempart, puis dans les portes cochères des immeubles à trois entrées, dans les immeubles porches des passages traversant les îlots et, même jusqu'au XIXe siècle, dans la composition des façades des gares. Ainsi le même thème parcourt encore aujourd'hui les édifices clefs du

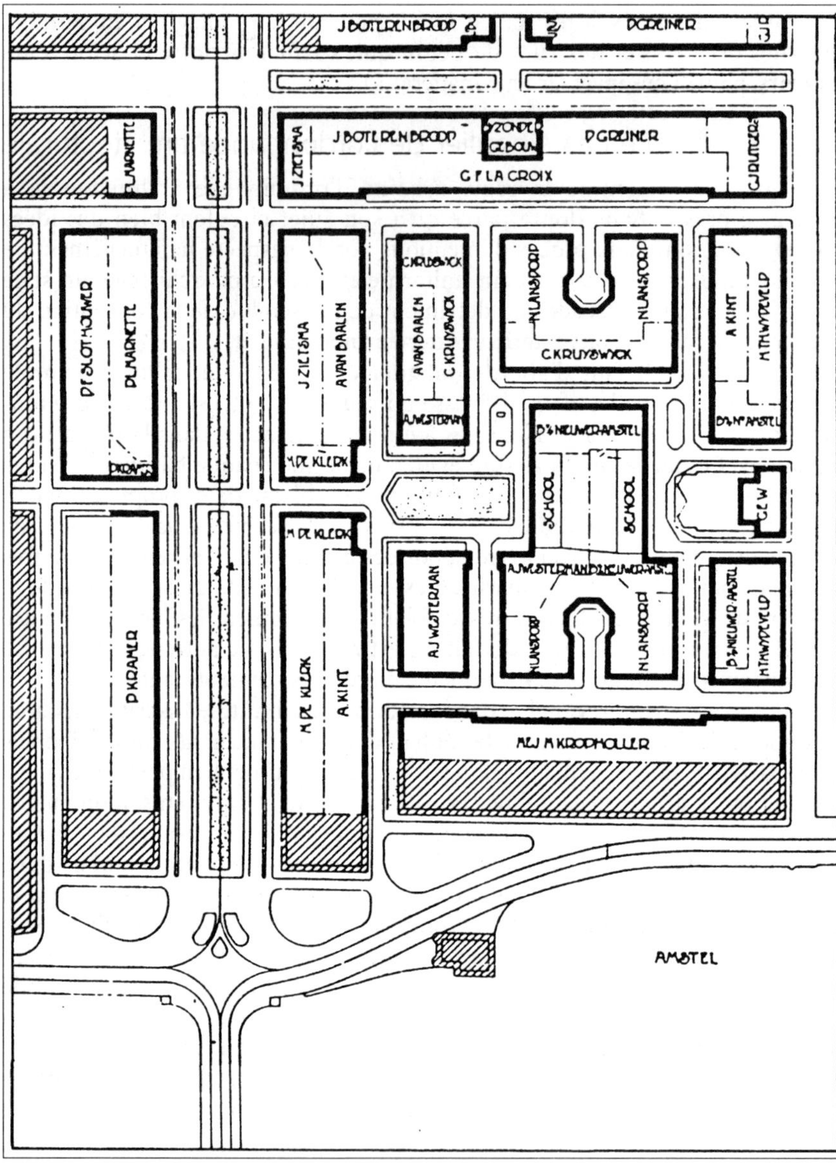

Fig. 32 : Formes urbaines et répartitions de la maîtrise d'oeuvre, Amsterdam plan sud, détail du secteur du pont de Berlage.
a Tracé, découpage et répartition des architectes.

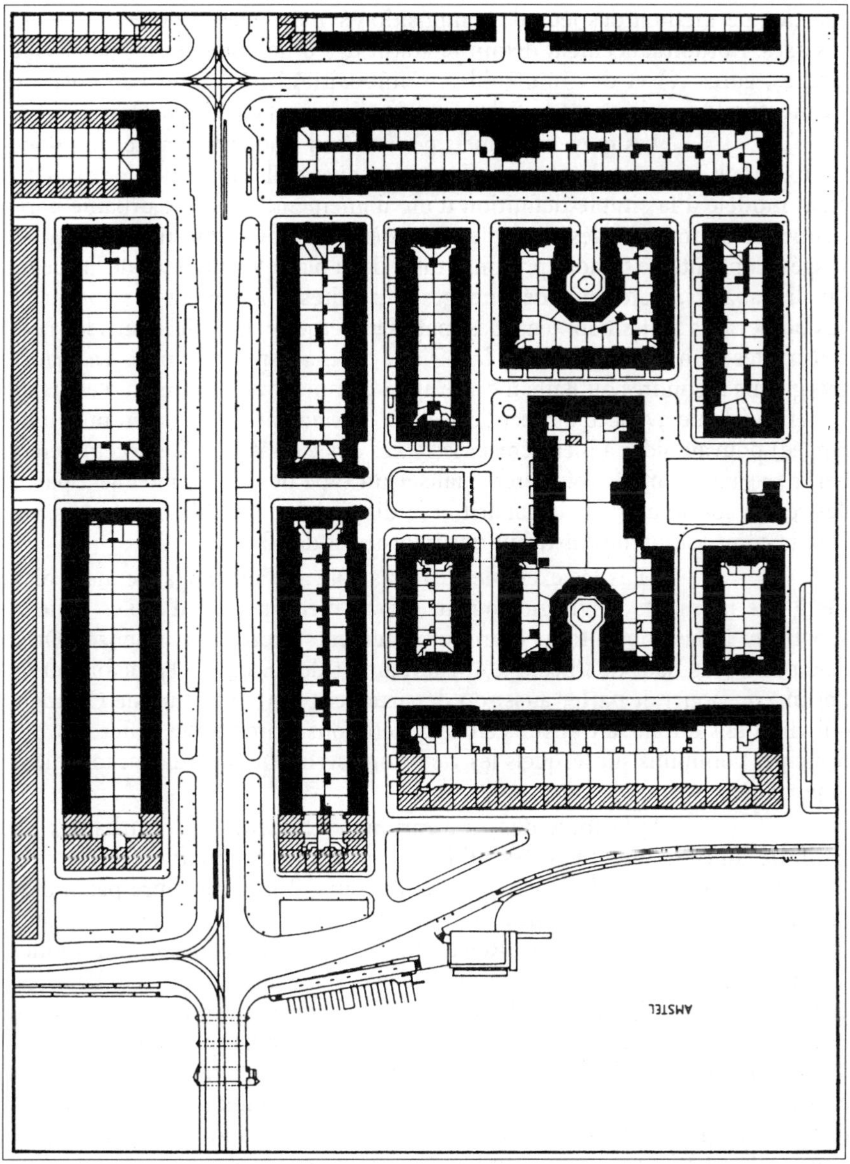

b Parcellaire et bâti, état actuel.

quartier, permettant des jeux de composition symétriques et de détriplement des axes. L'ordonnancement définit le statut des différentes portes de la ville (arches, gares...) et des immeubles. Composition urbaine et composition architecturale se rejoignent (guichets, passages, portes cochères...).

Les moyens formels pour définir une ordonnance sont donc nombreux et peuvent s'exercer à des degrés divers. Ils peuvent aller du bâtiment modèle à la simple définition d'un alignement. L'histoire urbaine parisienne en donne tous les exemples : modèles de pavillons sur la place des Vosges, dépliants de façades préconstruites de la place Vendôme et de la rue de Rivoli, gabarits, matériaux, découpages tripartites, alignement des corniches des boulevards haussmanniens, des matériaux et jeux des oriels dans les rues construites d'un seul tenant dans la période posthaussmannienne... La *terrace* georgienne à Londres ou Bath, montre aussi comment un minimum d'effets de symétrie (légère avancée ou recul de tel ou tel élément en fin ou en milieu de rangée) pouvait aider à hiérarchiser les voies des « estates ». Plus récemment à Berlin, certains ont essayé de réactualiser un type de villa-immeuble à partir des règles communes sur le gabarit et la distribution des édifices, en laissant libre la composition des distributions internes et des façades.

Mais les exemples les plus convaincants appartiennent bien sûr à des moments privilégiés où un travail d'équipes ou d'écoles peut se substituer à des conventions d'ordonnancements prescrits et imposés. On a déjà parlé plus haut de l'École d'Amsterdam et de l'École de Francfort ou de Berlin ; on pourrait parler aussi du département d'Architecture de Camden, qui vingt ans durant, a transmis à des générations d'architectes différents, des principes communs sur lesquels les variations stylistiques gardaient toute leur importance.

Si la force des conventions architecturales et urbaines est moindre aujourd'hui, dans des milieux soumis à la circulation des revues d'architecture et à l'individualisme du concours, il n'en demeure pas moins que des vocabulaires modernes sont parfaitement capables de créer des jeux identiques. On l'a vu à Pessac, Royan ou El Asnam. Dans des grandes villes d'Amérique du Sud et d'Afrique on peut voir, sur des tracés coloniaux (on pense ici par exemple à des villes comme Alexandrie, Alger, Rio, Port Saïd ou Bogota) des unités d'habitation, des immeubles à portiques ou des petites tours en béton jouer l'air du thème et de la variation, avec rigueur typologique et invention formelle, tout en respectant les alignements : les pilotis au lieu d'être parkings sauvages deviennent des galeries marchandes ou de vrais parkings... Des bâtiments conçus en Europe comme des prototypes free-standing posés dans un parc irréalisable, se sont « naturellement » urbanisés.

Soulignons-le l'ordonnance peut s'exercer avec les moyens les plus divers : un matériau local (l'architecture vernaculaire exerce ainsi, pour partie, son unité), une ligne de corniches, des gouttières en mitoyens, des stores identiques... Il suffit parfois de fort peu. Il peut aussi s'exercer sur une seule partie du bâtiment : même les ordonnances haussmanniennes n'intéressent pas les boutiques, libres de leurs enseignes et de leurs décors. L'ordonnance, notamment sur les grandes distances, n'est pas forcément additions de symétries : celles-ci étant perçues de plus loin et parfois, en voiture, de plus vite, des symétries décalées, des balcons filants permettent d'éviter des compositions trop monumentales : les « hofe » viennois ont su avec un minimum d'effet éviter le pompiérisme.

Le dessin des ordonnances doit aussi prévoir les déformations qu'elles auront à subir dans leur mise en œuvre : courbes et pentes notamment. Dans ce dernier cas, l'ordonnance doit se soumettre ou soumettre. En d'autres termes, elle doit se fragmenter en autant de séquences plus ou moins signifiantes (décalages réguliers ou irréguliers), soit maintenir la ligne de faîtage et faire adapter en conséquence les systèmes distributifs. Bien entendu, divers cas de figures négociées existent : rattrapage au niveau d'un sous-sol par exemple (Rennes), décalage maison par maison, par groupes de maisons… L'ordonnance doit être réglée à partir des bâtiments installés au plus haut de la rue (ce qui est socle ou bandeau devenant plus loin bandeau ou corniche).

Pour conclure les conditions d'émergence d'une ordonnance peuvent être ainsi résumées :

1. pour convaincre elle doit s'inscrire dans une lecture de la ville ou un projet urbain évident pour tous ;

2. les architectes doivent en accepter les règles et celui qui les édicte doit les vérifier lui-même en étant associé à la réalisation ;

3. le cadre juridique de gestion et d'entretien doit être intégré dès la conception. Sinon les ordonnances deviennent inachevées, illisibles ou transfigurées. L'histoire urbaine, là aussi, est pleine d'exemples de ce type : on pense aux politiques d'alignements incohérentes, aux « inversions » des maisons de Pessac, le Quartier Moderne de Le Corbusier, ou, place des Vosges, aux pavillons de la place qui ne correspondent pas à des copropriétés d'immeubles effectives… ce qui n'est pas sans conséquences sur les ravalements des façades.

Ces évolutions peuvent être plus ou moins heureuses sur le plan esthétique. Mais la persuasion en ce domaine demeure limitée : les goûts et les couleurs… Poser la question de l'ordonnance d'une manière qui ait quelque chance d'être efficace suppose de lier l'argumentation économique, celle du contrôle de la densité par exemple, à l'argumentation esthétique.

Cette double motivation a été particulièrement bien comprise dans le projet de rénovation du quartier de Barcelonetta à Barcelone. Posé à l'origine par une surdensification limite du quartier, le projet propose de revenir progressivement à une densité acceptable par des surbaissements ou des surhaussements, tout en proposant une lecture architecturale de l'état primitif. Pensé « par le haut », le nouvel ordonnancement est tout à la fois une mesure d'hygiène publique, d'architecture et d'histoire urbaine.

À l'intérieur du temps

Signe sans doute d'une époque pressée, nous l'avons dit en introduction à ce chapitre, le temps est apparu comme le problème central de l'analyse et de la théorie urbanistique de ce siècle. Quelles que soient les comparaisons empruntées aux disciplines scientifiques les plus en vue, physique, biologie, linguistique (Peneau 1987), le temps reste le sujet sous-jacent. Siegfried Giedion a légitimé le mouvement moderne par une lecture dynamique de certains bâtiments-clefs de l'histoire de l'architecture : le déplacement

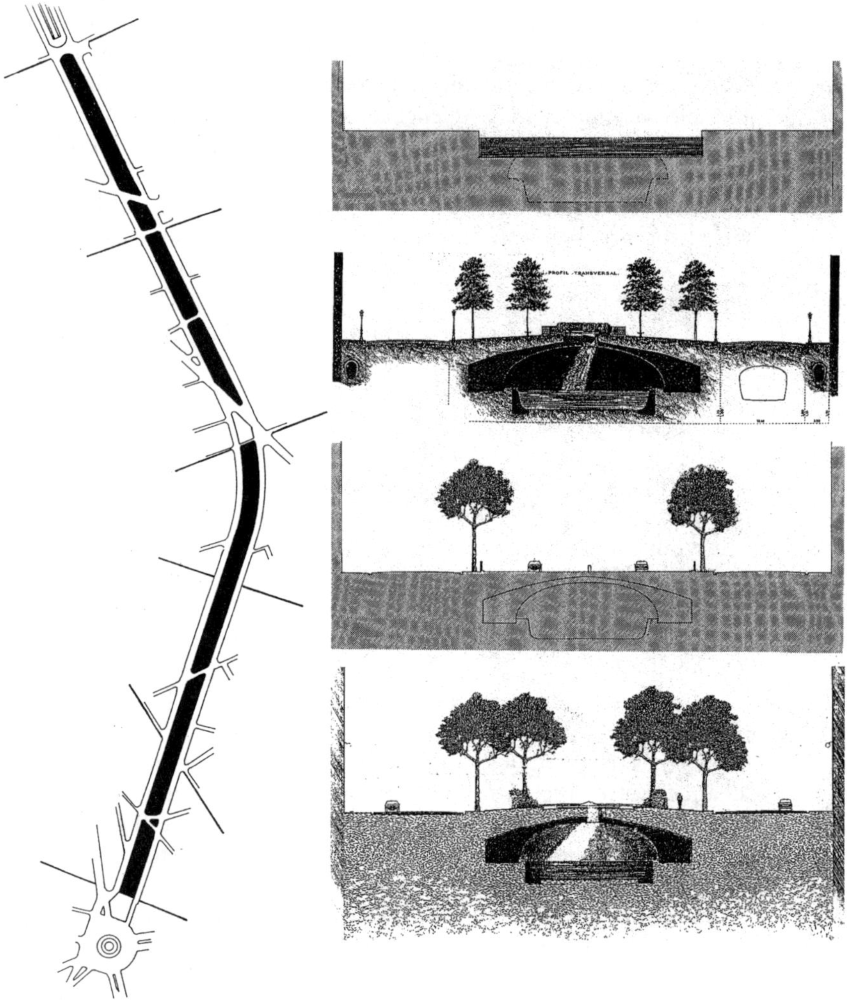

Fig. 33 : Paris, boulevard Richard Lenoir, un modèle d'intégration dans le temps et l'espace.

(David Mangin).

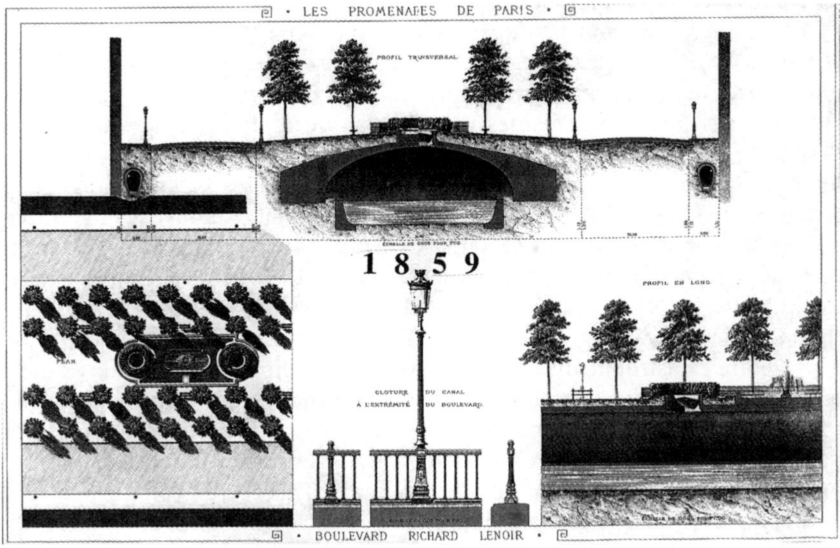

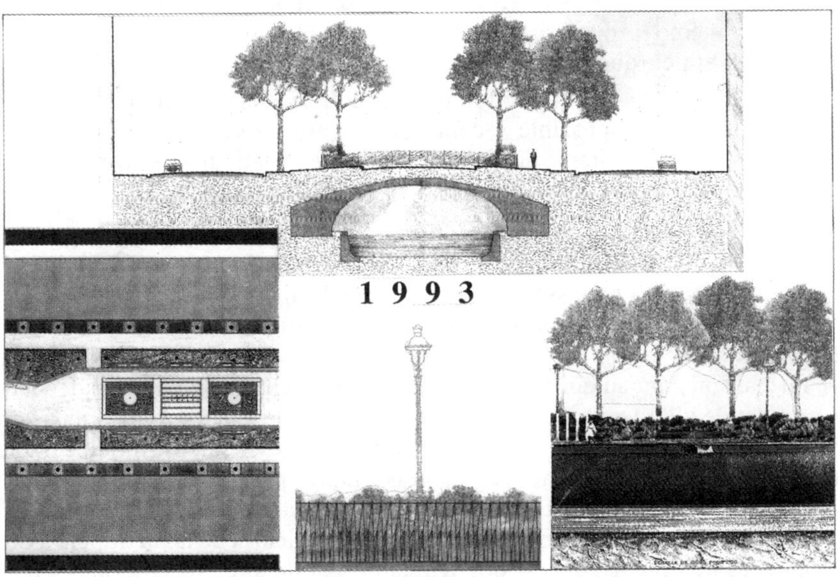

Le boulevard Richard Lenoir a considérablement changé de valeur d'usage en 170 ans : canal industriel, promenade bourgeoise, projet autoroutier, projet de canal de plaisance et enfin réaménagement en promenade et marchés forains. Entre-temps, il aura intégré dans le même profil, bâteaux, métro, automobiles et vélos.

de l'individu, sa cinétique, expliquent la promenade architecturale corbuséenne ou les formes organiques wrightiennes ; la vulgarisation des développements de la biologie a contribué à dépasser les métaphores urbaines organicistes ou fonctionnalistes et introduit l'idée de croissance ou de dégénérescence des micro-organismes urbains ; aujourd'hui c'est davantage sous l'angle de la vitesse, des temps de déplacement et de communication que le temps nous revient pour remettre en cause les repères physiques auxquels nous sommes habitués : nouvelles limites immatérielles, nouvelles interfaces, nouveaux programmes, nouvelles images seraient susceptibles, nous dit-on, de bouleverser notre perception de l'espace-temps. K. Lynch avait posé les premiers jalons de telles analyses pour essayer de sauvegarder quelques repères dans la croissance des grandes mégapoles nord-américaines. Sur un autre registre, entre catastrophisme et fascination, Paul Virilio nous alerte sur « l'indéterminisme contemporain dont la crise des dimensions est aussi le symptôme, crise du découpage et non pas du montage (crise de la représentation et non pas de la construction) ». À l'appui de cette fascination-répulsion qui nous prend devant l'inflation et la rapidité des images, sur l'écran comme à la ville, le zapping et le collage feraient figures de défenses provisoires et de nouvelles légitimités du chaos urbain, de la *Collage City* (C. Rowe, F. Koeffer, 1978). Pour cela on convoque une question posée par le cinéaste Jean-Luc Godard que l'on pourrait transposer terme à terme dans nos disciplines : « Le seul grand problème du cinéma [projet urbain] me semble être, de plus en plus, à chaque film [projet] où et pourquoi commencer un plan et pourquoi le finir ? »

Si réel que soit le problème de la (dis)continuité urbaine — à distinguer de l'impossible « continuum spatial » ou architectural — la question de l'hyper-vitesse doit être abordée avec relativité, tout comme celle de l'hyper-distance.

Car peut-être à force de vouloir s'inventer à tout prix de nouvelles modernités, à coup de technologies « révolutionnaires », peut-être ne faudrait-il pas trop régresser... A. Rossi, avec l'aide des géographes urbains, avait réfuté ces analyses de science-fiction : même si certaines analyses de *L'architecture de la ville* peuvent paraître elles aussi appartenir à un autre genre de formalisme, son auteur voyait juste quand, tout en acceptant l'idée de ville-région ou de ville-territoire, il insistait sur le fait que « la nouvelle dimension ne change pas la substance d'un fait urbain. Il en est sans doute modifié d'une manière ou d'une autre, mais sa qualité ne change pas. Les définitions techniques comme celles de "nébuleuse urbaine" sont peut-être utiles dans le langage technique ; elles n'expliquent rien. Réduire les problèmes de la métropole à des problèmes de dimensions est une réduction qui dénote une ignorance complète de la structure de la ville et des conditions de son évolution. La lecture de la ville à partir des éléments singuliers, des faits urbains constitués et des aires d'influence permet d'étudier la croissance de la ville sans que les changements de dimensions n'influent sur les lois du développement [...]. Nous nous trouvons en fait, comme à toutes les époques, dans une situation où l'homme et l'espace sont, d'un point de vue général, dans un système de relations équilibrées, analogues à celles d'autrefois, si ce n'est que toutes les mesures spatiales sont aujourd'hui plus grandes que ne l'étaient les mesures d'il y a cinquante ans, plus statiques. »

En insistant parallèlement sur la longue durée des monuments, au-delà de l'espérance de vie utilitaire des programmes, A. Rossi faisait des « faits urbains » à la fois des éléments de permanence des fragments de ville, mais aussi des ordonnateurs des dynamiques de croissance ou de dégénérescence de telle ou telle forme d'agglomération. Cette idée du temps, comprise comme mémoire collective et individuelle, est surtout opératoire dans des pays comme l'Italie où la mémoire tant géographique, historique et artistique parle à chacun. Chacun a sa propre culture du temps au regard de sa propre histoire. Le temps comme vitesse, le temps comme mémoire sont habituellement les deux visions extrêmes auxquelles notre imaginaire est habitué et dans lesquelles il s'entretient : d'un côté la splendeur immobile de la ville comme fait urbain, achevé, architecturé, iconographié — c'est le centre historique italien (Venise s'entretient consciemment dans ce mythe depuis les débuts de la Renaissance) ; et, à l'opposé une vision paroxystique, cinématographique, « zappé » d'une ville en constant changement (c'est une certaine vision des périphéries que nous ne connaissons la plupart du temps que sur le mode de la traversée, du parcours, de la vitesse ou de la représentation électronique). D'un côté, la ville que l'on peut embrasser « d'un seul coup d'œil », et de l'autre, celle qui changerait « à vue d'œil ».

Cet état des choses, reflets de nos expériences mais surtout de nos préjugés et de notre état d'inattention et d'insatisfaction, n'est pas sans conséquences dans l'entretien d'autres dichotomies devenues très opératoires : centre/périphérie, logement/architecture… et dans une idée du temps qui devient une véritable barrière psychologique. Ainsi l'on entendra parler de rues, souhaiter des rues. Mais pourquoi n'en construit-on pas malgré le fait que les arguments hygiénistes sur les thèmes de la « rue-corridor » aient fait long feu. Sans doute à cause de la réelle difficulté, autant pour l'usager que pour l'architecte, d'imaginer qu'une rue puisse se construire d'un seul bloc, en un seul moment. Chacun sait et ressent que la rue ne se construit pas ainsi et qu'elle est un processus de densification progressive. Les seules vraies rues qui n'abusent pas du terme aujourd'hui sont justement construites au coup par coup dans des lotissements d'autoconstruction ou par substitution ponctuelle, immeuble après immeuble. Au lieu de prendre acte d'un tel obstacle psychologique et penser le tracé des rues et leur construction dans le temps, on préfère, malgré et par-devers soi, cautionner des successions de placettes qui n'ont aucune des vertus, ni de la place, ni de la rue… ni de la placette.

Pour déplacer ces blocages, s'il fallait aujourd'hui convoquer une nouvelle discipline scientifique à la rescousse, plus qu'à la relativité, c'est à la thermodynamique — « le temps est construction » écrit lui-même Prygogyne — qu'il faudrait faire appel. Elle pourrait nous rappeler que les villes sont des états successifs et interactifs. Pas plus qu'il n'existe de terrains vierges, sauf pour les amateurs de « tabula rasa », il n'existe de moment zéro de l'urbanisation. On fonde rarement des villes de nos jours et la plupart du temps les nouveaux quartiers s'inscrivent dans des cycles de rénovation-reconversion, réhabilitation-spéculation. Parallèlement les « états de modernité » ne sont probablement pas, sauf pour les stations-services d'autoroutes, de nouvelles natures ou de seconde culture, mais plutôt des états provisoires : ce qui apparaît aujourd'hui comme périphérie constituée d'infrastructures

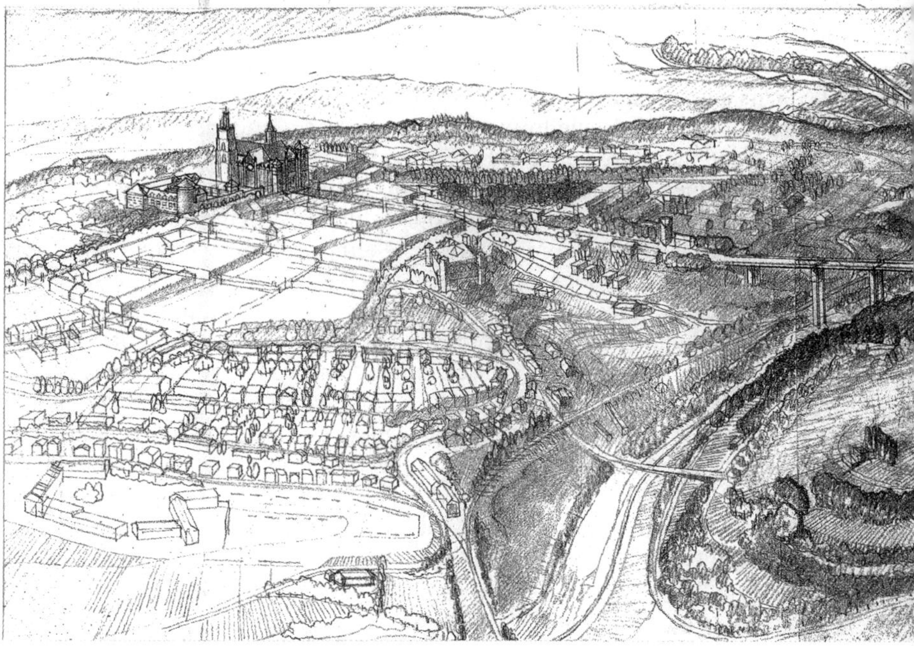

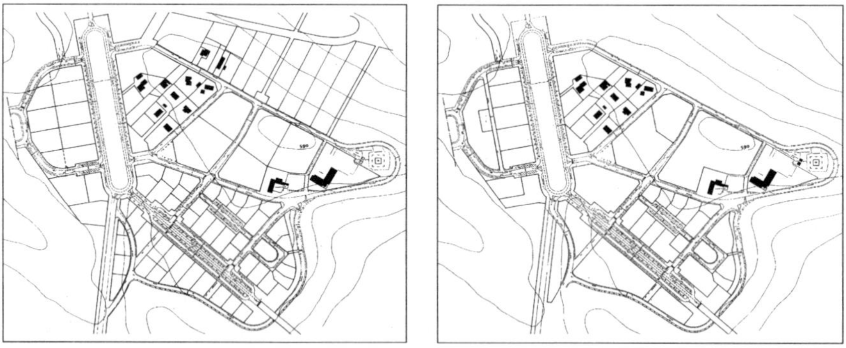

Fig. 34 : Rodez, construction d'une nouvelle entrée de ville.
(Philippe Panerai).

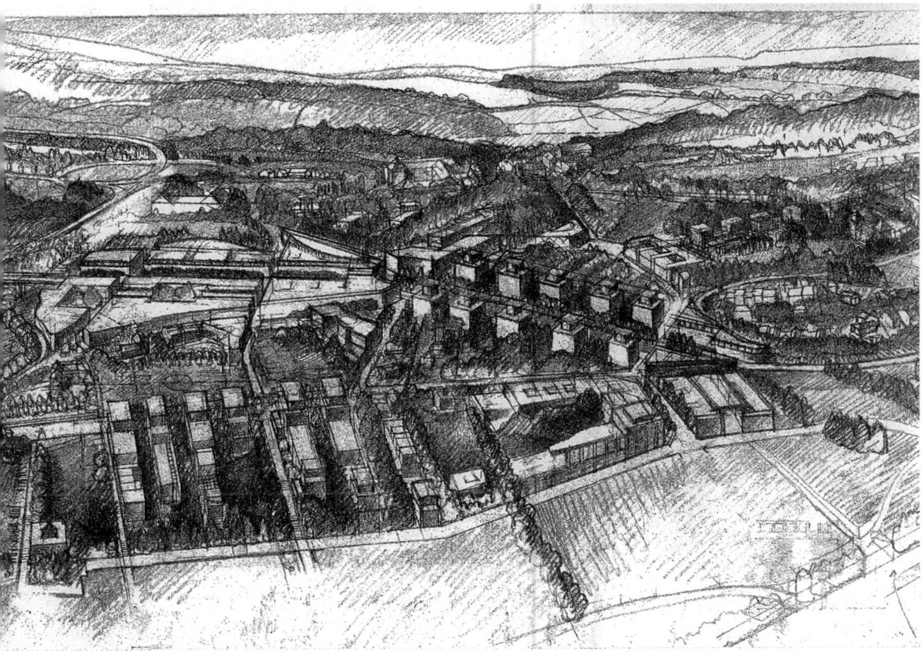

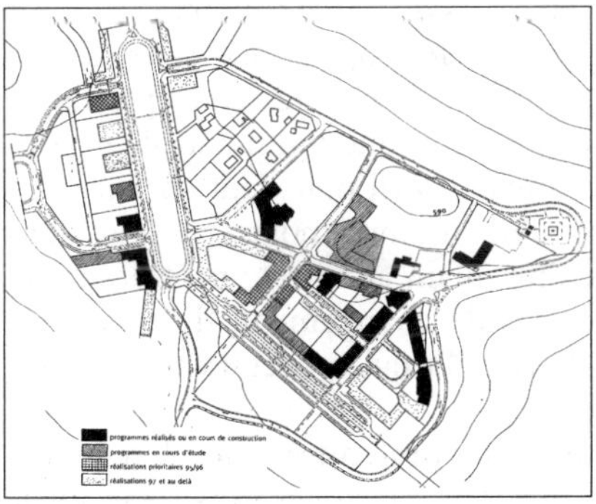

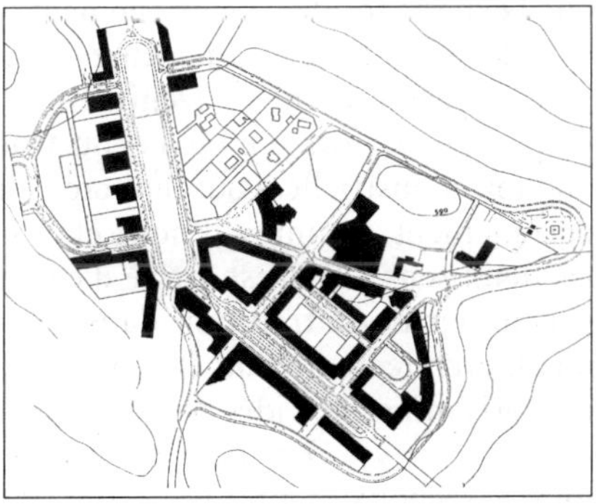

Le tracé des espaces publics forme la base sur laquelle progressivement se constitue le quartier.

lourdes, sera demain faubourgs ou centre si elle ne l'est déjà. La ville a horreur du vide.

Le véritable travail urbanistique consiste à savoir distinguer le permanent et l'éphémère, le superficiel et l'artificiel. Cette distinction n'a rien à voir avec une condamnation convenue de la mode. Elle suggère seulement de prendre les mots au pied de la lettre : le superficiel c'est au sens propre, la surface. L'artificiel c'est le décor. Les deux ont leur place, mais rien que leur place : même les décors des fêtes éphémères ont leurs calendriers, leurs emplacements, leurs parcours. De même la surface fait partie du réel, comme écran, comme image ou comme façade, avec ou sans ornement. Les modes passent (c'est leur fonction), les enjeux restent : donner leur véritable sens aux mots ou cultiver artificiellement la confusion des genres et des disciplines ? Mimer la variété ou la congestion ou créer les conditions pour que les usages différenciés puissent se développer dans le temps ? Il nous faut apprendre à penser « à l'intérieur du temps », comme depuis longtemps nous le suggère Aldo Van Eyck (1972) : « De nos jours les architectes sont pathologiquement obsédés par le changement, considérant qu'il s'agit là d'un fait auquel on ne peut s'opposer, que l'on peut rechercher au contraire, ou tolérer, mais que l'on ne peut ignorer. C'est la raison pour laquelle, à mon avis, ils tendent à couper le passé de l'avenir, avec cette conséquence que le présent se ferme à toute approche émotionnelle, perd sa dimension temporelle. Je déteste tout attachement sentimental au passé, aussi bien que le culte technocratique du futur. L'un et l'autre se fondent sur une notion statique et linéaire du temps (c'est ce qu'ont de commun les passéistes et technocrates). Partons donc — pour changer — du passé et voyons à la lumière du changement — c'est-à-dire des changements que lui-même apporte à ses conditions de vie — ce qui, dans la condition de l'homme, ne peut que rester inchangé. Si l'on comprend que l'expérience de l'environnement faite au cours du passé conserve sa valeur dans le présent (qu'elle demeure contemporaine), les oppositions s'atténueront entre passé, présent et avenir, entre anciennes et nouvelles conceptions de l'espace, de la forme et de la construction, entre production manuelle et production industrielle. Pourquoi croit-on si souvent qu'il nous faut choisir catégoriquement, comme s'il nous était impossible de nous montrer loyaux dans les deux sens ? Il m'est arrivé d'entendre dire qu'un architecte ne saurait être prisonnier de la tradition dans des époques de changement. Il me semble qu'un architecte ne doit être prisonnier de rien. Et qu'en aucun cas il ne doit être prisonnier de l'idée de changement. »

En d'autres termes plutôt que prétendre « accélérer l'histoire », sachons en tirer les leçons. Plutôt que de s'interroger sans cesse sur la meilleure manière d'être de son temps, sachons construire avec le temps. Ayons la nostalgie du futur de nos villes.

Lexique

La moindre des exigences d'un usager de la ville c'est de pouvoir s'y retrouver. Que non seulement l'habitant puisse commodément vaquer à ses occupations, mais que le facteur et le visiteur puissent « s'adresser » aisément. Cela suppose que les voies aient des noms et que ces noms correspondent à une réalité tangible. C'est l'objet de la toponymie, celle des noms communs et des noms propres.

Nous avons dans les chapitres précédents évoqué un certain nombre d'abus de langage courants aujourd'hui dans le monde de la promotion immobilière ou celui de la technocratie urbanistique. Nous avons aussi énoncé les caractéristiques communes, dans notre culture, de certains types de voies sans prétendre à l'exhaustivité. Afin d'enrichir ce vocabulaire restreint au plus courant on voudrait rappeler ici, sous forme d'un lexique, d'autres termes empruntés à des cultures du monde méditerranéen ou anglo-saxon. Par les illustrations et les renvois d'un mot à l'autre on a insisté sur les relations qui lient ces mots à l'intérieur d'une même langue et d'une même ville. Les isoler, comme on le fait souvent à l'aide d'images publicitaires c'est perdre leur sens profond que nous voudrions rappeler ici. Mais auparavant, il nous faut éclaircir quelques points de méthode quant au corpus que nous avons retenu.

Corpus

Un lexique est un dictionnaire succinct d'un domaine technique spécialisé qui s'adresse au plus grand nombre. L'objet de celui-ci est de rappeler les termes de langage courant qui traînent dans les villes, sur les plaques de rues, dans les guides (tout ce qui entretient la fameuse « mémoire collective »). Avec pour première ambition d'introduire les définitions de certaines figures reconnues, soit par le vocabulaire commun et l'expérience quotidienne, soit comme exemple de références dans la culture urbanistique et architecturale. Il inclut les trois types de termes :

— des termes désignant l'espace public et ce qui le conforme, voiries, ensembles construits, itinéraires, lieux de passages et de rencontres principalement. Pour chacun des termes on essaye de donner l'étymologie du mot, les acceptions de sens significatives pour notre sujet telles qu'elles ont pu évoluer dans l'histoire de la langue, des exemples, et des compléments de définition, des citations et des exemples développés qui peuvent éclairer une ou plusieurs significations du mot. Certains de ces mots ont des équivalents, plus ou moins proches dans d'autres langues. On les distinguera parfois sans pour autant renvoyer forcément à d'autres entrées du lexique.

— des œuvres désignant des agglomérations, des villes ou parties de villes : bastide, bourg, faubourg, hameau... Dans ce cas il ne s'agit évidemment pas de décrire le « fait urbain » en lui-même (ce que font régulièrement l'économie, la géographie, l'histoire ou la sociologie urbaines), ni de formuler des typologies de villes (ce que certains auteurs ont déjà fait). Ces articles servent plutôt de prétexte pour décliner de nouveaux termes, propres à chacune des langues, qui désignent usuellement les différentes parties de ces agglomérations (« ghetto, loop, outskirts, strip, waterfronts... »).

— des termes désignant des grandes décisions politico-juridiques historiques qui ont dessiné les grands tracés sur de vastes territoires (Centuratio, Enclosure Act, Land Ordinance, Leyes dos Indias).

On l'aura compris ce glossaire est l'amorce d'un projet tout à la fois subjectif et sélectif. Il procède tout à la fois d'éléments de méthodes préalablement posés et de règlements au cas par cas de certains mots litigieux. Il restera incomplet parce que inépuisable, chacun pouvant l'amender ou le compléter à sa guise.

ACROPOLE gr. *akropolis*, ville haute.

♦ 1 — Ville haute fortifiée des anciennes cités grecques abritant notamment les sanctuaires. ♦ 2 — Roc ou citadelle fortifiée accueillant une agglomération urbaine ou une partie de celle-ci et de ses édifices sacrés. ♦ 3 — Par antonomasie, l'Acropole d'Athènes.

AGORA gr., la parole et le lieu de la parole, le discours et la forme politique correspondante.

♦ 1 — Assemblée du citoyen. ♦ 2 — Lieu de réunion, habituellement la place du marché, dans les villes importantes, lieu en plein air spécialement aménagé (à Athènes la colline de Pnix).

ALCAZABA esp. de l'arabe *kasba*, fortification, ville fortifiée.

→ KASBA.

ALCAICERIA esp. de l'arabe *kaisariya*, DE CÉSAR.

♦ Entrepôt commercial plus ou moins spécialisé. À Séville, le marché de la soie à l'époque musulmane.

→ FONDOUQ, HANE, WAKALA.

ALLÉE fr. 1160 de *aller*.

♦ 1 — Lit. passage étroit entre deux murs conduisant du dehors à l'intérieur d'une maison. ♦ 2 — XIIIe : chemin bordé d'arbres, de massifs, de verdure. Dans une ville nom de certaines promenades plantées d'arbres, généralement accompagnées de contre-allées qui ont la moitié de sa largeur.

À Chambéry passage à travers un îlot. → TRABOULE.
« Allée de Tourny (Bordeaux) », « Allée du Bois de Boulogne », « Grande allée des Tuileries » Paris.

ARCADE angl.

♦ 1 — Arcades en bord de rue, galerie. ♦ 2 — Passage.

« Burlington Arcade » (Londres).

ARRABAL esp. de l'arabe *al-roba*, le quart de la ville, division « administrative » de la ville arabe.

♦ 1 — Quartier. ♦ 2 — Faubourg.

AUTOROUTE fr. a remplacé autostrade dans les années 1930.

♦ Large route à deux chaussées séparées, réservées aux véhicules automobiles et qui ne croise à aucun niveau d'autres voies.

→ HIGHWAY, MOTORWAY, MAINROAD, AUTOBAHN, AUTOSTRADA.

AVENUE fr. 1549, de *avenir* (arriver).

♦ 1 — Chemin par lequel on arrive en un lieu. ♦ 2 — Voie plantée d'arbres qui conduit à une habitation ou un château. Large voie urbaine. ♦ 3 — Terme de chasse : route ou sentier que l'on fait dans les pipées. → BOULEVARD.

« Avenue de Vincennes », « Avenue Foch », « Avenue Daumesnil ».

BARRERA esp.

♦ Place fermée où peuvent se dérouler des corridas dont les rues d'accès peuvent être fermées pour l'occasion, et dont les galeries et les balcons des maisons qui donnent sur la place deviennent tribunes.

BASTIDE fr. du provençal *bastida*, bâtie.

♦ 1 — Au Moyen Âge ouvrage de fortifications, ville neuve fortifiée. ♦ 2 — Depuis le XVIe siècle, en Provence, petite maison de campagne.

« Les bastides du Sud-Ouest, villes créées pour des raisons militaires ou économiques, obéissent plus ou moins consciemment à un modèle caractérisé par un jeu subtil entre la régularité du plan, le rôle de la place et celui de la clôture ; elles présentent par rapport aux villes de l'Antiquité, une particularité principale : celle d'avoir au centre une place sensiblement carrée, bordée d'arcades et longée par des rues. Cette place peut être considérée comme une case vide de la grille, ou comme la matrice de la ville. Ce modèle n'est pas limité aux bastides. Les villages de défrichement établis à la limite de la Brie, les villes neuves en pays Slaves (*Spysska Nova*), en Italie (*Terre Nuove*), en Espagne dans le Pays Basque le long des chemins de Saint-Jacques et en Angleterre l'illustrent également. Mais il n'est pas universel : à la même époque les villes marchandes créées par les ducs de Zahringen (Berne, Fribourg, Morat...) présentent des dispositions fondées sur des logiques différentes. »

[Réf. : Divorne F., Gendre B., Lavergne B., Panerai P., *Les bastides d'Aquitaine, du Bearn et du bas Languedoc, essai sur la régularité*, Bruxelles, Archives d'Architecture moderne, 1985.]

BAZAR turc de *bez*, coton, tissu et *bezaz*, marchand de coton.

♦ Marché public au Proche-Orient.

Le bazar regroupe différents types d'édifices commerciaux : *hane*, regroupant des magasins autour d'une cour, *bedesten*, entrepôts fermés et *arasta*, rues commerciales couvertes. → PAZAR (persan), SUQ (arabe), ALCAICERIA (esp.).

[Réf. : M. César, *Typical Commercial Buildings of the Ottoman Classical Period and the Ottoman Construction System*, Istanbul, Is Bankasi, 1983.]

BÉGUINAGE du néerl. *begijnhof*, cour des béguines.

♦ Groupement de maisons enclos par un mur, organisé autour de jardins et d'une chapelle, situé à l'origine à l'extérieur de la ville, où se retiraient les veuves.

Béguinages de Bruges, Gand, Louvain, Amsterdam...
« À l'époque gothique il existe une relation entre l'expérience des Wohnhöfe et celle des béguinages, ou de la Fuggerei [...] comme il existe dans les villes françaises un lien étroit entre fonctions résidentielles et structures conventuelles, hospitalières. [...] [Elles] se posent dans la ville comme de véritables îlots polyfonctionnels. Il se forme autour d'une abbaye prospère une accumulation de maisons particulières (marchands, étudiants...) et des structures d'accueil comme les "maisons-Dieu", les "hospices", les "hôpitals", les "maisons-croisées", les "hôtelleries". »

[Réf. : Grassi G., « Caractères de l'habitation dans les villes allemandes » [1966], in *L'architecture comme métier*, Bruxelles, Mardaga, 1983.]

BELVÉDÈRE fr. de l'italien *bello* et *vedere*.

♦ 1 — Construction établie en un lieu élevé et d'où la vue s'étend au loin. → KIOSQUE, MIRADOR, OBSERVATOIRE, TABLE D'ORIENTATION. ♦ 2 — Dans le Sud-Ouest, partie élevée d'un bâtiment ou galerie dans le comble permettant les vues. → MIRANDE.

BERGE fr. du latin *barica*.

♦ 1 — Bord exhaussé d'un cours d'eau. → RIVAGE, RIVE. ♦ 2 — Par anal. bord relevé d'un chemin, d'un fossé. → TALUS.

BERME fr. du néerl. *berm* (talus).

♦ 1 — Chemin étroit entre le pied d'un rempart et d'un fossé. ♦ 2 — Par anal. chemin laissé entre une levée et le bord d'un canal ou d'un fossé. → BERGE.

BIDONVILLE fr. v. 1950 de bidon et ville.

Dans la région parisienne jusqu'aux années soixante-dix, les bidonvilles abritent principalement les familles de travailleurs migrants venus d'Europe du Sud et d'Afrique du Nord et sont constitués des faubourgs illégaux jugés insupportables. Les phénomènes d'urbanisation « informelle », d'« autoconstruction » et d'« habitat sous-intégré » varient d'un pays à l'autre et d'une période à l'autre. Même si on juge préférable aujourd'hui de les améliorer que de les détruire ils restent des lieux précaires. Cf. : *barracas* (esp.), *borgate* (ital.), « gourbivilles » en Afrique du Nord, *canicos* (villes-roseaux) au Mozambique, *favelas* (Brésil), *poblaciones* (Chili), *asentiamentos* (Argentine), *ranchos* (Venezuela), *trugillios* (Colombie)...

BIEF fr. du latin pop. *bedum*, fossé.

♦ 1 — Portion d'un cours d'eau entre deux chutes d'un canal de navigation, entre deux écluses « bief d'amont et d'aval ». ♦ 2 — Canal de dérivation d'un cours d'eau vers une machine hydraulique.

BLOK OU BLOCK angl.

♦ Ilot de maisons (entre quatre rues), pâté de maisons ; ensemble de bâtiments ; lot de terrains.

Le blok est souvent l'objet d'une planification de la voirie, du découpage du sol et du bâti suivant un maillage régulier. C'est la tradition flamande, préoccupée de préparer une urbanisation sur des terrains qu'il a fallu assécher ; ou la tradition anglaise des *estates* proche des bastides du Sud-Ouest. Ce sont des types de block que les immigrants en Amérique du Nord reprendront, avant même la Land Ordinance de Jefferson.

BOIS fr. d'origine germanique *bosc* vers 1020.

♦ Espace de terrain couvert d'arbres.

Le bois lorsqu'il sert de promenades et de jeux en lisières des villes peut être plus ou moins clos. Ce fut le cas des Bois de Boulogne et Vincennes après leur réaménagement par le Service des Promenades d'Haussmann.

BOULEVARD fr. du néerl. *bolwerc*, ouvrage de madriers puis remparts.

♦ 1 — Terre-plein d'un rempart : terrain occupé par un bastion. ♦ 2 — Place forte. ♦ 3 — Promenade plantée d'arbres établie à l'extérieur ou en remplacement du rempart.

Avant d'être le boulevard haussmannien (proche de l'avenue), le boulevard a été associé aux transformations successives des limites de la ville entre centre et faubourgs. → RONDA, RAMBLA.
→ BOULEVARD PÉRIPHÉRIQUE. ♦ Autoroute urbaine de ceinture.

BOULINGRIN fr. de l'anglais *bowling- green*, gazon pour jouer aux boules.

♦ Parterre de gazon généralement entouré de bordures, en talus qui renvoient les boules vers le centre.

BOURG fr. de l'all. *burg*, château-fort.

♦ 1 — Lieu fortifié. ♦ 2 — Gros village où se tiennent ordinairement des marchés.

BY-PASS (ROAD) angl.

♦ Route d'évitement, de contournement ; rocade.

By-path, sentier écarté, détourné. *By-road*, chemin détourné, chemin vicinal. *By-street*, rue écartée ; ruelle. *By-way*, chemin détourné, voie indirecte.

CALE fr.

♦ 1 — Partie en pente d'un quai. ♦ 2 — Plan incliné servant à la préparation, à la construction des navires : « cale sèche », « cale de radoub ». → BASSIN.

CALLE esp., du latin *callis*, sentier entre deux murets.

♦ Rue.

En catalan *Carrer* provient du bas-latin *carreriu*, lieux où passent les *carros* (charrette).

CAMPO vénitien, du latin *campus*, champ.

♦ Place. — Dim. CAMPIELLO.

Les « campi » vénitiens trouvent leur origine dans la nécessité et l'usage de maintenir un terrain vide (*terra vacua*) autour des églises pour le pâturage. À l'époque gothique, le développement des activités commerciales et de la ville les transforme en place conservant un rôle communautaire (marchés, fêtes...). « Campo di Santa Formosa ». Dans les villes de la *terra ferma* on retrouve le terme à l'époque médiévale. Le « campo de Sienne » demeure l'exemple le plus fameux.

CAMPUS Amér. du Nord 1930, du latin.

♦ Aux États-Unis, parc d'un collège, d'une université, puis l'université elle-même, le quartier universitaire où se mêlent bâtiments à enseignement, logements et services divers. ♦ En France, par extension, université construite hors d'une ville, les bâtiments étant répartis autour d'un vaste espace.

CANAL fr. du latin *canalis*, roseau.

♦ 1 — Lit ou partie d'un cours d'eau. ♦ 2 — Cours d'eau artificiel : « canal latéral », de « jonction », de partage, de dérivation, maritime (Canal de Suez, Panama). ♦ 3 — Pièce d'eau étroite et longue (le grand canal de Versailles). → BASSIN, MIROIR. ♦ 4 — Bras de mer (Canal du Mozambique).

CARRÉ fr. du latin *quadratus*, carré.

♦ 1 — Espace de terre pour la culture. ♦ 2 — Carré d'eau, pièce d'eau en carré. ♦ 3 — Quadrilatère à côtés à peu près de même dimension ; « Cour carrée du Louvre », « Carré Curial » (Chambéry). ♦ 4 — Jardin public carré. → SQUARE ; au Québec « Carré Saint-Louis » (Montréal), « Carré Jacques Cartier » (Québec). ♦ 5 — Figure de composition d'un parc ou d'un jardin : « Carré de l'Élysée », « Carré Marigny », « Grand carré du battoir ou des jeux ». ♦ 6 — Pré-carré.

CARREAU fr. du latin pop. *quadrellus*, en carré.

♦ Sol pavé de carreaux où l'on étalait, où l'on vendait les légumes et les fruits. « Carreau des Halles », « Carreau du Temple » ; emplacement où sont déposés les produits extraits, « carreau de la mine ».

CARREFOUR fr. du latin *quadrifurcus*, qui a quatre fourches.

♦ 1 — Endroit où se croisent plusieurs voies. → BIFURCATION, CROISÉE, CROISEMENT, EMBRANCHEMENT, ÉTOILE, FOURCHE, PATTE D'OIE, ROND-POINT.

CARREYROU fr. méridional, diminutif de *carrer*.

♦ Dans les bastides du Sud-Ouest de la France, ruelle desservant l'arrière des parcelles. → RUELLE, PASSAGE, RUETTE, MEWS.

CASBAH arabe, fortification.

♦ La citadelle d'un souverain ; la ville, la capitale. Par extension la ville arabe, la ville ancienne, Casbah d'Alger. Au Moyen-Orient on emploiera plus volontiers le terme de *médina* dans ce sens.

CASTRUM latin.

♦ Forteresse de légionnaires romains à l'époque de la colonisation. ♦ Repli fortifié de la ville après la chute de l'Empire romain.

Après le millénaire un certain nombre de *castrum* vont servir de point de départ à la Renaissance urbaine médiévale.

C.B.D. anglo-saxon.

♦ Le Central Business District regroupe dans une agglomération le quartier des affaires, les fonctions de direction et d'administration, le commerce de luxe et les grands magasins...

CENTRE DIRECTIONNEL

♦ La Cité des Affaires corbuséenne concentrait les gratte-ciel de bureaux des « décideurs », les « City » londoniennes ou new-yorkaises, les quartiers commerciaux et les quartiers financiers. Le centre directionnel, ajoute aux banques et aux bureaux, des hôtels, des salles de congrès... Dans les années soixante des centres directionnels planifiés furent projetés ou réalisés soit à l'extérieur des villes sur des « terrains artificiels » (La Défense à Paris), soit comme en Italie à l'intérieur même des villes (projet pour le « centro direzionale » de Turin, 1962).

CENTURIATION lat.

♦ Division rationnelle du territoire à défricher effectuée par les Romains afin de partager le terrain entre les soldats-paysans d'une centurie (cent centurions).

CHAMP DE FOIRE fr. du latin *campus*.

♦ Esplanade utilisée périodiquement pour les marchés en périphérie des villes. → FOIRAIL.

CHAUSSÉE fr., du latin *calceare*, paver à la chaux.

♦ 1 — Élévation de terre servant à retenir l'eau. → DIGUE, LEVÉE, REMBLAIS, TALUS. « Chaussée d'étang, de retenue ». ♦ 2 — Levée de terre, talus servant de chemin. ♦ 3 — Partie médiane d'une voie publique. Par extension partie de la voie réservée à la circulation des véhicules ayant fait l'objet d'un traitement particulier. ♦ 4 — Large voie tracée et les bâtiments qui la bordent : chaussée de Louvain, d'Ixelles autour de Bruxelles, chaussée du Maine (aujourd'hui avenue) à Paris.

CHEMIN fr. du celte *cam*, pas.

♦ 1 — Voie qui permet d'aller d'un lieu à un autre ; bande déblayée assez étroite qui suit les accidents du terrain (opposé à route) → PISTE, SENTIER. ♦ 2 — Chemin de ronde : corridor maçonné construit le long d'un parapet. ♦ 3 — Chemin creux enfoncé entre des parties plus hautes dans les chemins de bocage. → « fendue » dans le pays breton ; chemin montant. → PENTE, GRIMPETTE, RAIDILLON, RAMPE ; chemin de halage. → BERME, MARCHEPIED, TIRAGE ; chemin muletier de douanier ; chemin de traverse.

CIRCUS angl. du romain « autour de ».

♦ Rond-point ou place circulaire, plus ou moins ordonnancée, sur laquelle débouchent une ou plusieurs rues.

King's Circus (Bath).

CITÉ fr. du latin *civitas*, la cité entendue comme organisation politique.

♦ 1 — Territoire possédant ses propres lois, Cité Interdite (Pékin), Cité des Morts (Le Caire), Cité Murée (Dehli). ♦ 2 — Ville : partie la plus ancienne d'une ville où se trouve la cathédrale. ♦ 3 — Ensemble de maisons qui sont mitoyennes → VILLA. Cité fleurie, Cité J. Moulin (Paris). ♦ 4 — Groupes isolés ou identifiables d'immeubles ayant même destination ; cité ouvrière, cité administrative, cité HLM...

En France le terme de cité, contrairement à l'Italie (*città*) ou l'Espagne (*ciudad*), sera abandonné au profit de celui de « ville » au Moyen Âge, lorsque la cité s'agrandira des bourgs et des faubourgs limitrophes. Au XIXe siècle il désigne un groupe de logements liés à l'industrie : cité minière, cité ouvrière. À la fin du XXe siècle, il devient synonyme de grand ensemble : « les jeunes des cités ».

CITÉ-JARDIN fr. trad. de *garden-city*.

♦ 1 — Théorie du développement de la ville industrielle proposée par Ebennezer Howard. ♦ 2 — Système d'implantation de logements mêlant bâti et espaces plantés.

CIVIC CENTRE angl.

♦ Lors de la reconstruction des centres historiques anglais le Civic Centre concentre les bâtiments édilitaires les plus représentatifs : mairies, tribunaux, bibliothèques, théâtres, cinémas...

CLOS fr.

♦ Terrain cultivé et clos de haies, de murs, de fossés.

CLOSE angl.

♦ 1 — Clôture. ♦ 2 — Enclos, enceinte d'une cathédrale qui protège les cloîtres, écoles ou logements de service attenant « clos de Salisbury ». ♦ 3 — Impasse regroupant des logements, « Vicar close à Wells ». ♦ 4 — Forme variable d'impasses dans les cités-jardins systématisée par Raymond Unwin.

COMMON angl.

♦ 1 — Friche, terrain, pré communal. ♦ 2 — Terrain libre engazonné et ouvert au centre d'une ville ou à proximité.

CORON fr. *coor* mot du Nord qui signifie « coin ».

♦ Une maison ou un quartier d'habitations de mineurs.

CORRAL esp.

♦ 1 — Cour. ♦ 2 — Parc, enclos. ♦ 3 — Maison qui servait de théâtre « corral de comedias ». ♦ 4 — Par extension, en Andalousie, groupement de logements autour d'une cour et distribué par des galeries.

CORSO ital.

♦ À partir du XIVe siècle, rue que l'on peut parcourir à cheval ou en carrosse. Depuis, voie sur laquelle se déroulent les principales activités d'une ville ou d'une agglomération, cours.

CORTE ital.

♦ Lieu fermé adjacent à une construction, cour. → dim. CORTILE.

COUR fr. du latin *curtis*, de *cohortis*, COUR DE FERME.

♦ 1 — Espace découvert, clos de murs ou de bâtiments et dépendant d'une habitation. ♦ 2 — Rue en cul-de-sac : cour des Petites Écuries, cour des Miracles (Paris). ♦ 3 — Galerie commerciale : cour Batave (Paris).

COURS fr. de l'ital. *corso*.

♦ Voie servant de promenade ou de parades.

Cours-la-Reine (Paris), Cours Belsunce (Marseille), Cours Mirabeau (Aix-en-Provence).

COURSIVE fr., de l'italien *corsia*.

♦ 1 — Couloir étroit à l'intérieur d'un bâtiment (navire). ♦ 2 — Couloir latéral de distribution d'un immeuble à l'air libre. → GALERIE, RUE INTÉRIEURE.

COURT angl.

♦ 1 — Château, manoir. ♦ 2 — Ruelle, cul-de-sac, impasse.

CRESCENT angl.

♦ Rue ou côté de rue en arc de cercle.

Royal Crescent (Bath).

CUADRA esp.

♦ 1 — Écurie. ♦ 2 — Dortoir ou logement des cavaliers. ♦ 3 — Îlot, pâté de maisons régulier en Amérique latine.

Supercuadra, élément de base du plan de Lucio Costa pour Brasilia.

CUL-DE-SAC fr.

♦ Rue sans issue, impasse.

DALLE fr. du scand. *daela*, gouttière.

♦ 1 — Plaque de pierre pour le pavage du sol. ♦ 2 — Esplanade artificielle.

La dalle est apparue dans le langage urbanistique avec l'idée de « terrain artificiel », dégagé du sol, de la circulation automobile et des parkings. Les projets de Smithson (« Cluster City », concours de Berlin de 1957, Economist Building) vont progressivement déboucher sur des réalisations à plus grandes échelles où urbanisme souterrain et « dalle flottante » se conjuguent dans une même perte de relations avec l'environnement immédiat et ses plans de référence : La Défense, ou le Front de Seine à Paris en sont les exemples.

DARB arabe.

À l'origine la porte ou le passage ; le mot désigne actuellement la rue d'accès vers un quartier d'habitations ou la rue principale de ce quartier d'où le quartier lui-même.

DARSE fr. ou darce de l'arabe *dar-sina'a*, maison de travail.

♦ Bassin abrité dans un port méditerranéen.

DIGUE fr. du neérl. *dijk*.

♦ Longue construction destinée à contenir les eaux. → CHAUSSÉE, LEVÉE ; JETÉE, MÔLE ; EMBARCADÈRE ; ESTACADE.

DOCK angl.

♦ 1 — Bassin. ♦ 2 — Mise à quai et par extension quai où l'on entrepose. ♦ 3 — Bâtiments liés aux chargements, déchargements et entreposages des marchandises le long d'un fleuve (*dockland*).

ÉCART fr. du latin *exquartare*, diviser, séparer.

♦ Lieu écarté, hameau, rangée de maisons ou ferme isolée.

ENCEINTE fr.

♦ 1 — Ce qui entoure un espace à la manière d'une clôture et en défend l'accès. Équiv. rempart. ♦ 2 — L'espace ainsi entouré.

ENCLOSURE ACT angl.

♦ La grande opération de remembrement des terres agricoles effectuée en Angleterre entre 1750 et 1850, donna lieu à plusieurs milliers de décisions législatives, qui transformèrent non seulement le paysage rural anglais, mais aussi délimitèrent les limites des « estates » lotis en périphérie immédiate des villes.

[Réf. : W. G. Hoskins, *The Making of the English Landscape* [1955], Londres, Pelican, 1981.]

ENSANCHE esp.

♦ 1 — Élargissement. ♦ 2 — Agrandissement, extension. ♦ 3 — Quartier neuf.

ESCALIER fr.

♦ Suite de degrés qui servent à monter et à descendre.

En ville, l'escalier peut être en situation de parvis par rapport à un monument (escaliers d'Espagne à Rome), d'allées de jardins ou de rues piétonnes (escaliers de Montmartre, du viaduc de Passy, d'Alger...).

ESPLANADE fr. de l'italien *spaniare*, aplanir.

♦ 1 — Terrain uni et découvert aplani par la main de l'homme. ♦ 2 — Terrain aménagé devant un édifice, une maison afin de dégager les abords ou réaliser des parades ou des manœuvres militaires. Esplanade des Invalides (Paris). → FOIRAIL, TERRASSE.

ESTATE angl.

♦ 1 — État, condition. ♦ 2 — Bien, domaine, immeuble. ♦ 3 — Terre, propriété.

Housing estate, Cité. Depuis le XVIIe siècle l'estate est souvent loti et bâti d'un seul tenant par des *builders* avec des baux emphytéotiques.

FAUBOURG fr. *fors bourg*, hors le bourg.

♦ 1 — Partie d'une ville qui déborde son enceinte, ses limites ou qui s'allonge sur les routes qui mènent à une ville. ♦ 2 — Dans certaines grandes villes, quartiers qui, primitivement, étaient un des faubourgs ; « Faubourgs Saint-Antoine, Saint-Germain, Saint-Honoré, du Temple, Montmartre, Poissonnière... » (Paris).

FOSSÉ fr.

♦ Fosse creusée en long dans le sol et servant à l'écoulement des eaux, à la séparation des terrains. Ces fossés peuvent aussi être créés pour des raisons défensives, le long de remparts. Fossés Saint-Bernard (Paris).

GALERIE fr.

♦ 1 — Lieu de passage ou de promenade, couvert, beaucoup plus long que large, ménagé à l'extérieur ou à l'intérieur d'un édifice ou d'une salle. ♦ 2 — Passage public éclairé, éventuellement couvert, bordé de boutiques (galerie Vivienne et d'Orléans à Paris, galerie Vittorio-Emmanuelle à Milan).

GHETTO fr. de l'italien.

♦ À Venise quartier de résidence forcée des juifs. Par extension, lieu où une communauté vit séparée du reste de la population.

HOF all. et flamand.

♦ 1 — Cour de la maison, de l'immeuble ou du palais. ♦ 2 — Par extension groupement de maisons ou d'immeubles autour d'une cour ; « Karl-Marx-Hof » (Vienne), « Harmonie Hof » (Amsterdam).

HORTILLONNAGE fr.

♦ Nom donné dans la Somme à des jardins maraîchers conquis sur des terrains tourbeux.

ÎLOT fr. du latin *insula*, île.

♦ Groupe de maisons circonscrites par des rues, pâté de maisons.

IMPASSE fr.

♦ Petite rue qui n'a pas d'issue. → CUL-DE-SAC.

INN angl.

♦ 1 — Auberge, hôtellerie. ♦ 2 — The Inns of Court, les quatre écoles de droit.

À Londres les Inns of Court étaient le lieu de résidence des étudiants, limitrophes du cœur de la City.

JARDIN fr. début du XIIe siècle, du franc *gart*, clôture.

♦ 1 — Terrain généralement clos, où l'on cultive des végétaux utiles ou d'agrément. → CLOS, FRUITIER, POTAGER, VERGER, OUCHE ; Jardin de curé. ♦ 2 — Jardin public ; jardin d'agrément ménagé dans une ville. → PARC, SQUARE.

JARDIN OUVRIER fr.

♦ Les jardins potagers individuels ou familiaux sont liés à l'idée même de la cité ouvrière. Ils devaient assurer un complément de salaire en nature aux ouvriers. Progressivement le jardin ouvrier va être détaché de la maison et exister sous forme de lotissement de parcelles (de 2 à 6 ares en général). Celles-ci pourront soit être implantées dans les cités-jardins ou les siedlungs et permettent ainsi aux habitants des étages de profiter d'un jardin ; soit être reportées en limite des villes, souvent sur zones *non aedificandi* militaires.

[Réf. : « Jardins contre nature », in *Traverses* (Paris), n° 5-6, 1976.]

KHAN du persan.

♦ 1 — Gîte d'étape sur les grandes voies de communication. ♦ 2 — Entrepôt puis hôtellerie dans les agglomérations

Dans les deux cas c'est une construction composée d'une série de magasins voûtés autour d'une cour accessible par un porche. C'est un lieu de transactions commerciales spécialisées dans les grandes villes où les marchands pouvaient loger temporairement avec leurs marchandises. Ce type d'édifice existe dans pratiquement tout le monde musulman sous différents noms *fundùq* au Maghreb, *wakala* au Caire, *khan* en Syrie, *han* en Turquie, *samsara* au Yemen, *caravansérail* en Iran.

LAND ORDINANCE angl.

Disposition législative prise par T. Jefferson en 1785 pour organiser la colonisation des territoires de l'Ouest de l'Amérique du Nord. La Land Ordinance de 1785 prévoit que les limites des nouveaux territoires suivront une trame orientée selon les méridiens et les parallèles ; des multiples et sous-multiples appropriés de cette trame principale (formée de carrés d'un mile de côté) servent tant pour définir les morcellements agricoles que les terrains constructibles et donc le réseau routier des villes. Jefferson aurait voulu que la grille puisse être portée à l'échelle géographique afin de définir les frontières des nouveaux états. Il en fut ainsi décidé dans certains cas, mais souvent des barrières naturelles, comme le cours d'un fleuve, furent préférées. Cette disposition fondamentale a laissé une trace indélébile dans le paysage tant urbain que rural des États-Unis, par la généralisation du tracé en damiers, déjà expérimenté pendant la période coloniale.

[Réf. : L. Benevolo, *Histoire de l'architecture moderne*, Paris, Dunod, t. 1, 1978 ; J. W. Reps, *Town Planning in Frontier America*, Princeton, 1969.]

LEYES DOS INDIAS esp.

Si la « Recopilacion de Leyes de los Reinos de las Indias », ne furent officiellement publiés qu'à la Corona en 1681, le décret royal pris par Philippe II concernant les modalités de planification des nouvelles villes de l'Empire espagnol aux Amériques date de 1573 et fut précédé d'expériences antérieures. Le décret préconise « un tracé viaire réticulaire et orthogonal, une place centrale qui devait être située au milieu de la ville ». Durant les 300 ans de domination espagnole le modèle fut adapté avec quelques variantes dans des centaines de fondations de villes.

[Réf. : F. Chevalier, « La plaza mayor en Amérique espagnole ; espace et mentalités : un essai », in *Forum et plaza mayor dans le Monde hispanique* (Actes de Colloques), Paris, Casa Velasquez, fasc. IV, 1978.]

LICE fr.

♦ 1 — Palissade. ♦ 2 — Par extension, espace circonscrit par cette clôture, réservé aux services ou aux compétitions et par analogie, tout champ clos où se déroulaient les joutes et les tournois.

Nom donné parfois aux boulevards et aux cours dans le Midi de la France, « Les lices » (Arles).

LOOP angl.

♦ Boucle du métro desservant à Chicago le centre des affaires. Par extension, nom du quartier des affaires de Chicago.

MAIL fr. de *maillet.*

♦ Allée où l'on joue au mail. Par extension allée de promenades, de jeux ou de chalandise. → ALLÉE, AVENUE, COURS.

MALL angl.

→ MAIL.

Mall de Buckingham Palace et de Washington.

MANZANA esp.

♦ 1 — Pomme. ♦ 2 — Îlot, pâté de maisons isolé par quatre rues.

Dans la ville coloniale hispanique, la manzana se découpe en quatre terrains (*solares*) attribués aux personnages importants.

MARCHÉ fr.

♦ Lieu public de vente de biens et de services. Lieu où se tient une réunion périodique des marchands de denrées alimentaires et de marchandises d'usage courant. ♦ Marché couvert → HALLE.

MEWS angl.

◆ 1 — Ménagerie et oisellerie du palais royal de Chelsea. ◆ 2 — Impasses ou passages qui desservent les écuries et les logements des palefreniers. ◆ 3 — Rue de desserte interne à l'îlot. → CARREYROU, RUELLE.

MEYDÂN, MIDDAN arabe.

◆ 1 — Place d'armes. ◆ 2 — Place séparant la ville des fortifications, place devant la porte. ◆ 3 — Esplanade découverte environnée ou non de bâtiments.

PARADE angl.

◆ 1 — Esplanade. ◆ 2 — Promenade publique. ◆ 3 — Boulevard le long d'une plage.

PARC fr. du latin *parricus*, clôture.

◆ 1 — Enclos où est enfermé le bétail. ◆ 2 — Grande étendue boisée ou clôturée où l'on garde le gibier pour la chasse. ◆ 3 — Étendue de terrain boisé, entièrement clos, dépendant généralement d'un château ou d'une grande habitation.

« Parc de Sceaux », « Parc des Buttes-Chaumont » (Paris), « Parque Güell » (Barcelone), « Saint-James Park » (Londres).

PARKWAY angl.

◆ 1 — Terrain qui présente les caractéristiques d'un parc et qui est traversé par une route. ◆ 2 — Dessin de voie rapide, initié par F. L. Olmsted, qui sépare les réseaux piétonniers et les voies automobiles et accompagne les mouvements de terrain et du paysage.

PARVIS fr. du persan *pairidaeza* enclos, parc de chasse clos du Roi de Perse.

◆ 1 — Espace situé devant une église et généralement entouré d'une balustrade ou de portiques. ◆ 2 — Place située devant la façade d'une église « parvis de Notre-Dame » (Paris). Par extension place située devant un édifice public ; « Parvis du Palais de Justice », « Parvis du centre Beaubourg » (Paris).

PASSAGE fr.

◆ 1 — Galerie couverte où ne passent que les piétons « passage des Panoramas », « Passage Choiseul » (Paris). ◆ 2 — Rue découverte non classée par l'administration publique et dont l'entretien est à la charge des propriétaires.

Ces dispositions sont particulières aux grands îlots et peuvent recouvrir des particularismes locaux. On pourrait donc distinguer le passage-ruelle : « passage de la Geôle » (Versailles), le passage-villa : « Passage d'Enfer » (Paris) et le passage-galerie : « passage du Caire » (Paris), les cours communicantes : « traboule » (Lyon).

[Réf. : J. Geist, *Passages* [1979], Bruxelles, Mardaga, 1989.]

PIER angl.

◆ Jetée, digue, estacade, quai.

Sur la côte de la Manche, les *piers* sont des jetés à ossatures métalliques pouvant accueillir hors des limites territoriales les jeux des casinos.

PLACE fr. du latin *platea*, large.

◆ 1 — Espace ; lieu public découvert et environné de bâtiments. ◆ 2 — Place marchande. ◆ 3 — Place d'armes, élargissement d'une fortification.

À partir de la Renaissance on assiste fréquemment à un dédoublement place majeure/place mineure ; piazza/piazzetta (ital.), Place Royale/Place Dauphine (fr.) → MEYDÂN, PIAZZA (it)., PLAZA (esp.), PRAÇA (port.), PLACE (angl.), PLATZ (all).

PLACE D'ARMES fr.

La Place d'Armes est le lieu des rites militaires. Elles peut être située à l'intérieur d'une citadelle ou d'une caserne, ou, dans le cas d'un remaniement d'une ville fortifiée à l'intérieur même de la ville et s'ajouter sans se confondre avec les places existantes (Royale, Dauphine...), ni avec les esplanades, placées devant les citadelles qui servent à la fois aux parades et aux exercices militaires et à créer un terrain à découvert devant la place forte. Dans une citadelle, à Saint-Martin-de-Ré par exemple, on trouve le long de la place d'Armes la chapelle, l'arsenal, les logements des différents responsables, les casernes et la prison.

[Réf. : M. Parent, J. Verroust, *Vauban*, Paris, 1971.]

PLACE ROYALE fr.

♦ Place ordonnancée et régulière faite pour servir à la statue d'un souverain ; « Place des Vosges », « Place Vendôme » (Paris), « Place Bellecour » (Lyon).

PLACETTE fr. dim. de *place.*

PLATEAU fr.

Étendue de pays assez plat et dominant les environs « Plateau Beaubourg » à Paris, devant le centre Georges Pompidou, a conservé non seulement son nom, mais aussi l'usage contemporain d'un parvis, d'un plateau de théâtre et de cirque.

PLAZA MAYOR esp.

La *plaza mayor* médiévale était un ensemble de maisons différentes, à fenêtres et arcades construites à diverses époques et situé près de l'église principale ou, comme c'était le cas à Valladolid, près de la façade d'un grand couvent, celui de Saint François, dont une de ses chapelles s'ouvraient sur la place ; on utilisait cette chapelle les jours de marché. En outre au Moyen Âge, les *plazas mayores* étaient encore déplacées par rapport au centre urbain, elles ne constituaient pas encore le centre même de la ville. À l'inverse, la ville hispano-américaine est construite à partir de la place centrale où on installe l'église principale ou la cathédrale, le palais du vice-roi, du gouverneur, du capitaine et du conquistador, la mairie.

[Réf. : A. Bonnet Correa, « Le concept de plaza mayor en Espagne depuis le XVIe siècle » ; F. Chevalier, « La plaza mayor en Amérique espagnole ; espace et mentalités : un essai », in *Forum et plaza mayor dans le Monde hispanique* (Actes de Colloques), Paris, Casa Velasquez, fasc. IV, 1978.]

PROMENADE fr.

♦ Lieu aménagé dans une ville pour les promeneurs.

Dans les *Promenades de Paris*, présentant et illustrant les différents types de promenades dessinées sous Haussmann par le Service des promenades de Paris, J. Alphand distingue les Bois de Boulogne et Vincennes, les Champs-Élysées, les parcs, les squares, boulevards et places plantées.

QUADRANGLE angl.

Cour carrée d'une école. Les « quads » dans les villes ou les quartiers universitaires anglais, forment les rues (« High Street » à Oxford, King's Parade à Cambridge) ou une succession de cours de même échelle, communiquant parfois entre elles. Une pelouse, traversée ou non, par des allées, marque le centre de chaque « quad ».

QUAI fr.

♦ 1 — Ouvrage d'accostage d'un port, chaussée aménagée au bord de l'eau. Quai de débarquement, d'embarquement. ♦ 2 — Levée de terre le long d'un cours d'eau, d'un canal. Voie publique aménagée le long de cet ouvrage ; « Quai des Tuileries ». ♦ 3 — Plate-forme longeant la voie dans la gare.

QUARTIER fr.

♦ 1 — Division administrative d'une ville : le quart de l'arrondissement. ♦ 2 — Partie d'une ville ayant une certaine unité. ♦ 3 — Cantonnement militaire : « quartier de cavalerie », « quartier général ».

RAMBLAS esp. de l'arabe *ramala* (sable).

♦ 1 — Espace laissé libre de construction permettant le passage des eaux d'orage.
♦ 2 — Avenue plantée avec ou sans contre-allée.

Les Ramblas de Barcelone, furent réaménagés au début du XIXe siècle avec un mail central et deux contre-allées. De la « Plaza de Catalunya », au quais, ce terre-plein central sert successivement de lieux de promenades familiales en fin de journée (« Rambla de los Estudios »), de marché aux fleurs (« Rambla de las Flores »), de terrasses de café (« Rambla de Capuchinos »), de place de théâtre (« Plaza del Theatro ») et de quartier des marins (« Rambla de Santa Monica »). → COURS, BOULEVARD.

REDAN fr., de *re-dent*, début XVIIe.

♦ 1 — Ouvrage de fortification composé de deux faces qui forment un angle saillant.
♦ 2 — Ornement gothique d'une suite de découpures en forme de dents.

En urbanisme le terme apparaît avec E. Henard qui au début du siècle propose de généraliser le long de « boulevards à redans » des types d'immeubles à cours ouvertes jusque-là isolés.

RING all., anneau.

♦ Ensemble de quartiers, boulevards, parcs et jardins aménagés entre 1859 et 1872 sur les fortifications et le glacis de la vieille ville de Vienne et réalisant la liaison avec les faubourgs existants.

RING-ROAD angl.

Type de voie de contournement routière sous forme d'anneau circulaire, développé lors de la Reconstruction des villes anglaises ; les branchements sur les voies radiales s'effectuent par des *round-about*. On distingue l'*outer ring-road*, qui anticipe le développement de la ville, et l'*inner ring-road*, qui se confond souvent avec les boulevards d'enceinte ou les boulevards périphériques tels qu'ils existent sur le continent. → CINTURON (esp.).

ROCADE fr. fin XIXe, de *roquer* i.e. roc, ancien nom de la tour ; arabo-persan *rokh*, éléphant monté.

♦ Milit. ligne parallèle au front de combat permettant d'établir des liaisons entre les secteurs. Voie de rocade. Par analogie, voie de communication (parallèle à une autre) utilisée comme dérivation. → BOULEVARD, DÉVIATION.

RONDA esp.

♦ Boulevard circulaire.

ROND-POINT fr.

♦ Carrefour où aboutissent plusieurs routes et qui est souvent décoré au centre par une fontaine, un bassin ou un édifice ; d'abord utilisé dans les jardins et parcs de chasse, il devient une figure urbaine. « Rond-point des Champs-Élysées » (Paris).

ROUND-ABOUT angl.

♦ 1 — Manège de chevaux de bois ; carrousel. ♦ 2 — Carrefour giratoire.
♦ 3 — Détour

Le round-about, organisé autour d'un terre-plain circulaire central, avec priorité pour celui déjà engagé dans la manœuvre giratoire, est le système de carrefour utilisé en Grande Bretagne dans les rocades notamment. Dans la ville nouvelle de Milton Keynes les nœuds de l'ensemble du maillage sont constitués par des « round-about ».

ROUTE fr. du latin *via rupta*, de *rumpere*, ouvrir.

♦ Voie de communication plus importante que le chemin reliant une agglomération à une autre. Le mot a dû se dire d'abord des routes percées en terrain difficile. → RUE, AUTOROUTE, AVENUE, CHEMIN.

RUE du lat. *ruya*, ride, sillon puis en bas latin, rue.

♦ Voie bordée, au moins en partie, de maisons dans une agglomération (ville, village, bourg). → CALLE, RUA, STRADA, STRASSE, STREET.

RUELLE fr.

♦ 1 — Petite rue étroite. → VENELLE.

La ruelle peut être la rue du service qui dessert l'arrière des maisons, des communs ou des jardins. → CARREYROU, MEWS, SCHUPF, WICH, ou être une rue de faible dimension desservant des maisons encloses. → LANE, GRAVE (angl.), VICOLLO (ital.).

SHARIA' arabe.

♦ La rue principale, la grand' rue ou une rue importante du quartier.

SIEDLUNG all.

♦ 1 — Établissement, organisation, colonie. ♦ 2 — Par extension, ensemble de logements planifié.

Dans l'entre-deux-guerres désigne plus particulièrement les cités ouvrières réalisées sous la République de Weimar à Berlin, Francfort, Hambourg, Magdebourg... Siedlung Berlin (Berlin), Siedlung Römerstadt (Francfort).

STREET angl.

♦ 1 — Rue ; *street* est souvent précédé d'un qualificatif qui permet de comprendre le développement de la ville : Old Street, High Street, Man Street, New Street. ♦ 2 — Courte jonction, sans commerces la plupart du temps, entre deux squares.

Le mot *street* (rue) vient du latin *sternere*, paver, et s'apparente donc à tous les dérivés latins ayant la racine *str*, qui se rattachent au bâtiment, à la construction. Il laisse supposer qu'une surface se distingue de son environnement de façon physique, ou du moins conceptuelle. On retrouve cette racine dans de nombreuses langues indo-européennes : *strada* en italien ou *strasse* en allemand évoque une zone mise à la disposition du public, qui peut comprendre des espaces avec des démarcations simples et limitées sans forcément communiquer avec d'autres rues. Par conséquent, elle ne mène pas toujours à un lieu précis, mais elle peut déboucher sur une place ou une impasse. En revanche, le mot *road* (route) suggère un mouvement vers une destination et, incidemment, le transport de personnes et de marchandises à pied, à cheval ou en voiture. Il y a une racine anglo-saxonne, *ride* (*ridan* en vieil anglais), qui dénote le passage d'un lieu à l'autre. En ce sens il est identique au mot « rue » en français. *Via*, en latin comme en italien, s'apparente au latin *ire* et vient du mot indo-européen signifiant apporter, conduire (*vahami* en sanskrit, d'où dérivent également *veho*, *wagen* et *wagon*) ; il est en tout point analogue à *road* et à rue. En anglais comme dans d'autres langues, il existe quantité de mots qui dénotent des types particuliers de passages. Pourtant, qu'ils soient décrits séparément ou classés dans de plus larges catégories, ils élaborent la dualité fondamentale suggérée par les deux termes de base : ruelle, par exemple, implique toujours un passage étroit, avenue, une rue large bordée d'une ou plusieurs rangées d'arbres ; boulevard, évoque la même image et a son origine dans une pratique répandue qui consistait à adapter les terrassements défensifs des XVIe et XVIIe siècles au modèle de rue extensible des XVIIIe et XIXe siècles.

[Réf. : J. Ryckwert, « Repenser la rue », in *Le temps de la réflexion*, Gallimard, 1988.]

STRIP angl., ruban, bande.

♦ Implantations linéaires qui se développent le long des voies et où se concentrent magasins et dépôts de la grande distribution, motels, drive-in, attractions foraines etc.

[Réf. : R. Venturi, *L'enseignement de Las Vegas*, Bruxelles, Mardaga, 1982.]

SUQ, SOUK, SOUQ arabe.

♦ Marché, endroit où s'opèrent les transactions, constitué d'une ou plusieurs rues bordées de boutiques et de magasins.

TERRACE angl.

♦ 1 — Rangée de maisons sur un niveau surélevé par rapport au sol d'origine. ♦ 2 — Par extension, rangée de maisons construites d'un seul tenant dont l'entrée se trouve légèrement surélevée par rapport à la rue ; « Regent's Terrace » Londres.

TERRASSE fr.

♦ Levée de terre ordinairement soutenue par la maçonnerie pour la défense, la promenade ou la vue.

« Terrasse du bord de l'eau » (Paris), Terrasse de Saint-Germain, de Meudon.

VILLA fr. de l'ital. *villa*, ferme, maison de campagne.

♦ 1 — Riche maison de plaisance en Italie : Villa Medicis. ♦ 2 — Maison moderne de plaisance ou d'habitation avec un jardin. ♦ 3 — Voie, impasse bordée de maisons individuelles. ♦ 4 — Domaine rural dans l'Italie antique.

À Paris, les villas contrairement aux passages commerciaux des Grands Boulevards, ont une vocation résidentielle. Elles se sont installées le plus souvent dans l'entre-deux-guerres dans les quartiers encore faiblement urbanisés. → PASSAGE, CITÉ, HAMEAU.

VOIE fr. du latin *via*.

♦ 1 — Chemin aménagé pour aller d'un point à un autre. ♦ 2 — Grande route de l'antiquité romaine.

Bibliographie

ALPHAND A., *Les promenades de Paris*, Paris, Rotschild 1867-1873.

AUGÉ M., *Non-Lieux : Introduction à une anthropologie de la surmodernité*, Paris, Le Seuil, 1992.

AUZELLE R., *Documents d'urbanisme*, Paris, Vincent et Fréal, 1946/1952.

AYMONINO C., « L'étude des phénomènes urbains », in *La città di Padova*, Rome, Officina, 1966.

BACON E. N., *Design of Cities*, New York, Wiking Press, 1967.

BANHAM R., *Le brutalisme en architecture* [1970], Marseille, Parenthèses, 2000.

BANHAM R., *Le sens de la ville*, Le Seuil, 1972.

BARDET G., *Pierre sur pierre*, Paris, 1945.

BAUDEZ G., BEGUIN F., *Critique du paysage de l'énergie*, France Image 2, recherche CORDA.

BERNOULLI H., *Die stadte und ihr Boden*, Zurich, 1946.

BERQUE A., *Le Sauvage et l'Artifice*, Paris, Gallimard, 1986.

BRANCH M. C., *Comparative Urban Design, Rare Engravings, 1830-1843* [1913], New York, Arno Press, 1978.

BORDREUIL S., *Compte rendu du Groupe de travail Espaces publics*, janvier 1988, Plan Urbain.

BORIE A., MICHELONI P., PINON P., *Formes urbaines et sites de méandres*, recherche GEFAU/CORDA.

BRESLER H., CHATELET A.-M., *Immeubles à cour, peignes et redans ; la réglementation parisienne*, fasc. n° 7, Versailles, LADRHAUS, 1987.

CANIGGIA G., MAFFEI G. L., *Composizione architettonica e tipologia edilizia*, Venise, Marsilio, 1979.

CARDIA C., *Ils ont construit New York*, Paris, L'Équerre, 1987.

CASTEX J., CÉLESTE P., PANERAI P., *Lecture d'une ville : Versailles*, Paris, Éditions du Moniteur, 1980.

CERDA I., *Théorie générale de l'urbanisation* [1867], Paris, Le Seuil, 1977.

CIRIANI H., *Le fil conducteur*, recherche Plan Construction 1976-1977.

CLOQUET L., *Traité de perspective pittoresque ; trait, couleur, relief*, Paris, 1913.

COHEN J.-L., « La coupure entre architectes et intellectuels, ou les enseignements de l'italophilie », in *inExtenso* (Paris), n° 1, 1984.

CONTAL M. H., « Ville et territoire - Friches industrielles », in *Architecture Mouvement Continuité* (Paris), octobre 1983.

CULLEN G., *Townscape*, Londres, Architectural Press, 1963.

DEMORGON M., PANERAI P., SABATIER R., VOLPE E., *La banlieue comme territoire structuré*, Versailles, ADROS, 1985.

DEVILLERS C., *Le projet urbain en question : continuité et discontinuité*, in *La recherche en architecture*, Marseille, Parenthèses, 1986.

DIVORNE F., GENDRE B., LAVERGNE B., PANERAI P., *Les bastides d'Aquitaine, du Bearn et du bas Languedoc, essai sur la régularité*, Bruxelles, Archives d'Architecture moderne, 1985.

DUBOIS-TAINE G., *Les boulevards urbains*, Paris, Presses des Ponts et Chaussées, 1991.

DURAND J. N. L., *Précis des leçons d'architecture*, 1819.

FOUCAULT M., *Les équipements du pouvoir*, Paris, 10-18, 1976.

FUCHS R. H., *Richard Long*, Londres, Thames and Hudson, 1986.

GACHET F., HOSSIN P., *Étude de la ville de La Roche-sur-Yon*, mémoire de 3e cycle sous la direction de P. Panerai, UPA n° 3, Versailles, 1984, multig.

GARNIER T., *Une cité industrielle*, Paris, 1917.

GIEDION S., *Espace, temps, architecture* [1941], Paris, Denoël, 1990

GRASSI G., « Rural et urbain dans l'architecture », in *L'architecture comme métier*, Bruxelles, Mardaga, 1983.

GREGOTTI V., *Le territoire de l'architecture* [1972], Paris, L'Équerre, 1982.

GRUBER K., *Forme et caractère de la ville allemande* [1952], Bruxelles, Archives d'Architecture moderne, 1985.

GUARDA G., *Historia urbana del Reino del Chile*, Santiago, A. Bello, 1978

GUILLERME A., *Le temps de l'eau*, Seyssel, Champ Vallon, 1983.

HILLAIRET J., *Dictionnaire historique des rues de Paris*, Paris, Éditions de Minuit, 1963.

HUET B., « La ville comme espace habitable, Alternative à la Charte d'Athènes », in *Lotus* (Milan), n° 41, 1984

HUET B., *Anachroniques d'architecture*, Bruxelles, Archives d'Architecture moderne, 1982.

HUET B., « L'architecture contre la ville », *Architecture Mouvement Continuité* (Paris), 1987.

ILBERT R., VOLAIT M., *Tracés et formes, Le Caire 1880-1930*, Paris, Éditions du CNRS, 1996.

KRIER R., *Stadtraum, Theorie und Praxis*, Stuttgart, 1975.

LE CORBUSIER, *Urbanisme* [1925], Paris, Vincent et Fréal, 1968.

LE CORBUSIER, *Les trois établissements humains* [1945], Paris, Éditions de Minuit, 1959.

LANDAU B., « La fabrication des rues de Paris au XIXe siècle », in *Annales de la Recherche urbaine* (Paris), n° 57/58, 1993.

LEFEBVRE H., *Du rural à l'urbain*, Paris, Anthropos, 1970.

LEFEBVRE H., *La révolution urbaine*, Paris, Gallimard, 1971.

LIPOVETSKY G., *L'empire de l'éphémère*, Paris, Gallimard 1987.

LIPSKY F., *San Francisco : la grille sur les collines*, Marseille, Parenthèses, 1999.

LYNCH K., *L'image de la cité* [1960], Paris, Dunod, 1969.

MANGIN D., ARNAULD J.-L., *Versailles*, UPA n° , 1983, multig.

MARTINEZ-LEMOINE R., *El modelo classico de ciudad colonial hispano-americana*, Santiago, U de C, 1977.

MAYER W., WADE R.-C., *Chicago, the Growth of a Metropolis*, Chicago, Chicago University Press, 1969.

MORINI M., *Atlante storica dell'urbanistica*, Milan, Hoepli, 1962.

MURATORI, *Studi per una operante storia urbana di Venezia*, Rome, IPS, 1959.

NOWEIR S., PANERAI P., « Le Caire : habitat informel et territoire agricole », in *Stratégies urbaines dans les pays en voie de développement*, Paris, CNRS, 1985.

PANERAI P., BOUDIER D., FRANÇOIS D. J., *L'architecture anglaise du logement*, Versailles, UPA n° 3, 1973, multig.

PANERAI P., GENDRE B., CHATELET A.-M., *Villes neuves, villes nouvelles : Les composantes rationnelles de l'urbanisme français*, Versailles, École d'architecture, 1986.

PANERAI P., CASTEX J., DEPAULE J.-C., *Formes urbaines, de l'îlot à la barre*, Marseille, Parenthèses, 1997.

PANERAI P., DEPAULE, J.-C., DEMORGON, M., *Analyse urbaine*, Marseille, Parenthèses, 1999.

PLUNZ R., *Habiter New York, la forme institutionalisée de l'habitat new-yorkais, 1850-1950*, Bruxelles, Mardaga, 1982.

PUGIN A. W. N., *Constrast*, Londres, 1836.

PURDOM C. B., *The Building of Satellite Towns*, Londres, Dent and Son, 1949,

RADIG W., *Siedlungstypen in Deutschland*, Berlin, 1955.

RASMUSSEN S. E., *London, the Unique City* [1934], Cambridge, MIT Press, 1967.

REPS J. W., *The Making of Urban America*, Princeton, Princeton University Press, 1967.

RONAI M., « Paysages I et II », in *Hérodote* (Paris), n° 1 et 7, 1976 et 1987.

ROULLEAU B., *Le tracé des rues de Paris*, Paris, Éditions du CNRS, 1975.

ROWE C., KOEFFER F., *Collage City* [1978], Paris, Centre Georges Pompidou, 1993.

SOLÀ-MORALES M., *Los ensanches*, Barcelone, Laboratorio de Urbanismo, ETSAB, 1977.

SOLÀ-MORALES M., *La manzana como idea de ciudad*, Barcelona, 2C, 1982.

SORIA Y MATA A., *La ciudad linear*, Madrid, 1860.

STEFULESCO C., *L'urbanisme végétal*, Paris, coll. Mission du Paysage, 1993.

STÜBBEN J., *Der Stadtbau (Handbuch der Architektur)* [1890], Wiesbaden, Fried Vieweg & Sohn, 1980.

UNWIN R., *L'étude pratique des plans de villes* [1909], Paris, L'Équerre, 1981 (1re traduction française : 1922).

UNWIN R., « Des gratte-ciel et l'Urbanisme », in *L'Architecture d'Aujourd'hui* (Paris), n° 178, mars/avril 1975.

VAN EYCK A., « À l'intérieur du temps », in *Le sens de la ville*, Paris, Le Seuil, 1972.

VENTURI R., *L'enseignement de Las Vegas* [1972], Bruxelles, Mardaga, 1982.

VERNEZ-MOUDON A., *Built for Changes, Neighborhood Architecture in San Francisco*, Cambridge, MIT Press, 1986.

VIGARIÉ A., *Ports de commerce et vie littorale*, Paris, Hachette, 1979.

VIRILIO P., *L'espace critique*, Paris, C. Bourgois, 1984.

ZAKARIYA M., « Le rab' de Tabbana » in *Cahiers d'Études islamiques* (Le Caire), IFAO, 1981.

ZIMMER C., « Cinéma une logique de mort », in *Le Monde diplomatique* (Paris), mars 1988.

Art et espace public, OMAC, Givors, 1993 sous la direction d'A. Charre.

« Espaces publics en ville », in *Annales de la Recherche urbaine* (Paris), n° 57/58, 1993.

Estudi de l'Eixample, Ajuntament de Barcelona, 1983.

Inicis de la urbanistica municipal, Ajuntament de Barcelona, 1985.

La trame foncière comme structure organisatrice de la mise en forme du paysage, IAURIF.

Les vies de Barcelona, Materials del seminari, Ajuntament de Barcelona, 1984.

Misurare la terra : centuriazione e coloni nel mondo romano, Modena, 1983.

Paris-Projet, n° 13-14, 1975.

Paris-Projet, Espaces publics, n° 30-31, 1993.

Zo Groeide Amsterdam, 1275-1975, Amsterdam, 1975.

Table

Cet ouvrage a été composé en Minion corps 10 [Robert Slimbach, 1990]
et News Gothic [M. F. Benton, 1908]
et mis en pages par l'Atelier Graphithèses (Marseille).
Achevé d'imprimer le 27 septembre 2002
sur les presses du groupe Horizon à Gémenos
pour le compte des Éditions Parenthèses à Marseille.

Dépôt légal : octobre 2002.